# THE 觀音菩薩的故事
# KUAN YIN
# CHRONICLES

清・曼陀羅室主人◎著

慈悲・自在・靈驗的
佛門第一聖者

好讀出版

## 目錄
## 觀音菩薩的故事
### The Kuan Yin Chronicles

### 特輯
### 慈悲・自在・靈驗的佛門第一聖者

- 006　觀音菩薩與佛教
- 008　觀音菩薩與道教
- 010　觀音菩薩與民間宗教
- 012　觀音菩薩與儒家
- 014　觀音菩薩與《法華經》
- 016　脅侍觀音菩薩的人與物
- 018　觀音菩薩的道場
- 020　觀音菩薩信仰的東傳
- 022　觀音菩薩形象的變遷
- 027　觀音菩薩與其他宗教中的女神

### 妙善公主的觀音傳說

### 經典／節日／五觀／示現

| | | | | | |
|---|---|---|---|---|---|
| 032 | 菩薩化身 | 122 | 糯米癒疾 | 214 | 《法華經》〈普門品〉 |
| 037 | 明珠投懷 | 126 | 殲除虎患 | 217 | 《心經》（般若波羅蜜多心經） |
| 041 | 慈航聽偈 | 129 | 巴蛇神將 | 217 | 觀音菩薩相關節日與齋期 |
| 045 | 蟻動慈心 | 133 | 白熊靈猿 | 217 | 觀音菩薩以五觀化度眾生 |
| 049 | 捨身救蟬 | 137 | 迷津徹悟 | 218 | 觀音菩薩三十三種化身 |
| 053 | 雪山寶蓮 | 141 | 當頭一棒 | 220 | 佛門密宗六觀音／十五觀音 |
| 058 | 迦葉尋蓮 | 144 | 中原化度 | | |
| 062 | 偈語禪機 | 150 | 甘霖救旱 | | |
| 067 | 違逆父命 | 155 | 止貢消疫 | | |
| 072 | 壽筵妙旨 | 160 | 拒寇現身 | | |
| 078 | 一念精誠 | 168 | 點化番僧 | | |
| 082 | 妙語禪機 | 173 | 市集寶鏡 | | |
| 086 | 捨身耶摩 | 178 | 託夢庇護 | | |
| 090 | 斬斷六根 | 182 | 慈容隱現 | | |
| 094 | 功行滿心 | 186 | 一峰剃度 | | |
| 098 | 往朝須彌 | 190 | 善士孝子 | | |
| 103 | 旁生枝節 | 194 | 治病醫痧 | | |
| 107 | 同伴求援 | 198 | 割股療疾 | | |
| 111 | 聖尼白象 | 202 | 萬里尋親 | | |
| 116 | 赤足行路 | 206 | 回歸南海 | | |

# 觀音菩薩的故事 | The Kuan Yin Chronicles

## 慈悲・自在・靈驗
## ——觀音菩薩

觀音菩薩這名稱，出自一位來自龜茲國的高僧暨知名佛經翻譯家「鳩摩羅什」之手，這種翻譯大約出現在魏晉南北朝時期。唐三藏（玄奘法師）後來譯為「觀自在菩薩」，「觀自在」本來的梵文是「Avalokitesvara」，主要意思是遍觀任何時空萬事萬物與一切現象的根源。

# 觀音菩薩與佛教

傳入中土的小乘佛教與傳入西藏的大乘佛教，均將觀音菩薩當做最重要的崇拜對象，祂所受到的膜拜甚至比釋迦牟尼更廣泛。

### 觀音菩薩唐卡 ▶

唐卡可用以幫助觀想，是西藏密宗寧瑪派（紅教）之物。觀音菩薩是大悲菩薩，或許是藏傳佛教諸菩薩中最受歡迎的一位。祂在《法華經》中占有重要地位，生生世世中，祂不一定都現人形，有時祂會返回極樂世界，即阿彌陀佛國土。

● 洞察本性
前額中央的眼睛，象徵度母洞察一切的本性。

● 手掌
手掌向下張開，結「與願印」。

十一面觀音 ●
上方紅色者是阿彌陀佛，與觀音菩薩的關係特別密切。人們在遇難時祈求觀音菩薩救助，帶他們前往阿彌陀佛的西方極樂世界，那裡是大乘佛教宇宙論中諸多世界之一，而阿彌陀佛則在西方極樂世界護持他們走上涅道。

八輻輪 ●
據說觀音菩薩有一百零八個化身，在此將祂描繪成具有千手，其中一隻右手象徵佛陀之教的八輻輪。

● 洞察痛苦
手掌上的眼睛，象徵度母具有洞察世間各處痛苦的能力。

### ▲ 慈悲的女神白度母

此尊度母（Tara）呈白色造型，祂被視為諸佛之母，以「死亡的欺騙者」聞名，信徒們相信祂能令人平安長壽。度母是觀音菩薩的伴侶，據說觀音菩薩因為看見眾生受苦而流淚，度母即由其中一滴淚所形成，也有說法認為祂是觀音菩薩的一個化身。另一個西藏傳說則描述，綠度母和白度母如何成為西藏首位佛教國王之妻。此尊雕像的前額中央、手掌上皆有眼睛，表示祂有洞察一切的能力。

慈悲之眼 ●
觀音菩薩手掌中央有隻眼睛，象徵祂洞察一切事物的本性及慈悲。

綠度母 ●
綠度母與白度母皆為觀音菩薩的修行伴侶，雖然兩者的象徵意義不同，但此處呈現的差異只在於顏色。

觀音菩薩的故事：觀音菩薩與佛教

● **西藏上師**
在觀音菩薩四周者，為西藏紅教或噶舉派的喇嘛。

● **佛陀**
此佛陀是二十五佛中的最後一位。在遙遠未來的某個時期，觀音菩薩將成佛陀。

● **開悟**
觀音菩薩手持蓮花，此乃佛教開悟的象徵。

● **王子般的裝飾**
觀音菩薩戴著與菩薩有關的王子飾品。戴上了沉重珠寶的耳垂，為西藏圖像專有。

● **合掌**
中間的那雙手，會化成禮拜狀。

● **弓與箭**
弓與箭暗示菩薩能夠瞄準眾生的心，此為常見的密宗象徵。

● **靈光**
觀音菩薩四周的靈光，是由一千隻象徵無盡慈悲的手臂所組成。

● **觀音菩薩**
祂為了幫助眾生證悟，延緩自己進入涅槃的時程，在藏傳佛教中具有崇高地位。

● **白度母**
觀音菩薩的女伴之一，以救世母聞名。祂在西藏特別受到歡迎，是西藏的保護女神。

7

# 觀音菩薩與道教

中國本土宗教「道教」，在後期吸收了很多佛教的元素，特別是在民間傳說中，觀音菩薩的身影更是常常出沒於道家天堂。

### 18世紀絲帛畫——道教天堂

這幅畫描繪了道教天堂，畫有八仙、三星、西王母，在有關祂們的故事和神跡中，常有觀音菩薩的影子。道教的八仙，是人們獲得長生不死的例子，道教經典有許多關於八仙的記載，祂們和佛陀已開悟的弟子羅漢一樣，對世人有許多啟示。八仙與羅漢的圖像，經常同時出現於祭壇和寺廟的壁畫上。

### ▲《西遊記》裡的觀音菩薩、王母娘娘

在這幅有關文學作品《西遊記》的繪畫中，可見到觀音菩薩在道教天堂中自由出入的身影。道教的西王母，在《西遊記》裡幾乎是一個反面形象，而且毫無神力。祂和玉皇大帝遇到孫悟空造反，是觀音菩薩出來解的圍。由此可見，明朝以後，中國人的女神崇拜已經由道教轉向了佛教。所有的民間女神，包括九天玄女和土地夫人，都漸漸失去了往日的權威性，而觀音菩薩卻如日中天，受到景仰。在這幅年畫中，孫悟空與道教的天兵天將大戰，但王母娘娘卻完全沒出現，只有觀音菩薩和太上老君（道教第一主神）在指揮戰鬥，觀音菩薩在當時的神聖性可想而知。

### 王母娘娘和壽桃 ●

16世紀的中國重要小說《西遊記》是描寫：猴王孫悟空負責看管天上的蟠桃園，卻將能獲致長生不死的蟠桃全部吃掉，他被逮到時，因已達長生不死的境界故免遭處死，但被帶到佛陀面前接受訓誡。大悲觀音菩薩釋放了孫悟空，要他在玄奘赴印度朝聖時服侍玄奘。而為了從印度將佛經帶回中國，玄奘的旅途一路險象環生，前後歷經十四年。

### 三星 ●

三星自左起分別是：壽星、祿星、福星。壽星手持蟠桃，是非常受歡迎的神。祿星是位階很高的神，一身高官打扮。福星曾是判官，祂請求漢武帝不要征募傜儷，因那會導致他們的家庭破碎，漢武帝於是從善如流。

### 仙人曹國舅 ●

曹國舅因胞弟殺人被處死，內心滿懷羞愧出家修道。有兩位仙人看到他問說：「道」在何處？再問：「天」在何處？他指著自己的心。不出數日，他被確認為仙人。

### 吹笛仙人韓湘子 ●

韓湘子以吹奏笛子聞名，是文人韓愈的姪子，捨棄了世俗功名，隨八仙之一的呂洞賓學道。他有個特異法力：能命令百花盛開。

### 丐仙李鐵拐 ●

貌似一名拄著鐵拐杖的跛腳乞丐，相傳有一回祂睡著時，魂魄出外神遊，弟子找到他，以為他死了，就將他火葬。他的魂魄回來看見自己的身體不見了，因此進入一個才剛餓死的跛腳乞丐身體內。李鐵拐善以仙術治病，據說他曾蒙西王母教授醫術和長生不死之術，也曾看管過長生蟠桃。

### 鹿 ●

此鹿象徵福壽齊全。

觀音菩薩的故事：觀音菩薩與道教

● 仙人鍾離權
他是漢朝的術士，在一場饑荒裡，他運用仙術餵飽無數人。

● 仙人呂洞賓
呂洞賓本是儒生，後來得道成仙。他旅行至長安，遇仙人鍾離權教他不死之道，他繼續四處遊歷四百年，幫助世人驅邪降魔。

● 仙人藍采和
藍采和是男扮女裝的詩人和歌者。高唱人生無常，每當有人給他錢，他就分給窮人。某日，當他在客棧外喝得酩酊大醉時，留下微薄的財物後，便駕雲升天。

● 仙人張果老
張果老騎驢遊歷，他能將那匹驢變成紙。他在前往謁見女皇武則天的途中去世，身體雖然腐壞，但不久人們卻看見他在山裡活得好好的。

● 仙人何仙姑
何仙姑是八仙中唯一的女仙，他與武則天是同時代的人，自幼便誓不婚嫁，並赴深山苦修，在深山裡，他夢到有位仙人傳授他長生不死的祕密。何仙姑會騰雲駕霧，經常飛越群山採摘水果奉養母親，而他自己已經無須進食。他的名聲遠播傳到了唐朝宮廷，武則天召他入宮，但因被呂洞賓邀入八仙之列而在途中消失。在民間，何仙姑的形象經常與觀音菩薩的一些化身類似。

9

# 觀音菩薩與民間宗教

## 清朝的觀音菩薩彩印年畫 ▶

這幅清代彩印年畫中的觀音菩薩，祂的神聖性已被推到了極限。祂位於火德眞君和關帝之上，由善財童子和龍女侍奉，地位如日中天。圖中的另外兩位主神是藥王和財神，分別位於圖畫下方兩角。關帝、火德眞君、藥王、財神，是中國民間最受重視的幾名神祇，分別代表武功、健康、財富，而觀音菩薩則凌駕其上，代表絕對的救苦救難、無限慈悲。這說明觀音菩薩不僅早已進入中國的民間宗教信仰，而且擁有至高無上的地位。

### 觀音菩薩 ●
明、清以來常被描繪為面目慈祥、衣著簡樸的中年婦女形象。居於蓮花座之上，全身受背光烘托，於樸素中顯示神性。

### 龍女 ●
佛經中一般記述祂為婆竭羅龍王的小女兒，是法華會上的有名人物。龍女自幼智慧通達，八歲時已善根成熟，在法華會上當眾示現成佛。為輔助觀音菩薩普度眾生，龍女又由佛身示現為童女身，成為觀音菩薩的右脅侍。

### 三國人物 ●
周倉、關平等三國人物圍繞在關帝（公）的周圍，顯示祂們在民間均已受到神格化。

### 關帝 ●
「面如重棗」的紅臉三國名將關羽，因為集忠、信、神武於一身，死後被道教、佛教、民間均奉為神。祂是道教的「關聖帝君」（俗稱關公）、佛教的護法伽藍神、民間的武財神。香蠟業、廚行、銀錢業、典當業、軍人、武師等等，都奉祂為祖師。關帝主要做為道教的神，在中國南方和海外華人之中尤其受到普遍供奉。人們認為祂是象徵團結、仁義、忠誠的友誼楷模，是三大慈航之一（三大慈航分別為觀音菩薩、呂祖、關帝）。關帝在民間的威信很高，也是人們普遍供奉的財神之一。

### 文財神 ●
一般做宰相裝束，慈眉善目，手執如意，因為祂常被認為是春秋越國宰相范蠡的化身。據說范蠡在為越王設計滅吳國後，便遁入江湖四處經商，曾三次發財卻將錢財散發給窮人，被民間奉為陶朱公。

### 藥王 ●
中國古代民間對一些知名醫學家均尊為藥王，例如神農、扁鵲、王叔和。各地大多建有藥王廟，並於每年農曆4月28日舉行藥王會等紀念活動。民間最常見的藥王，為6世紀唐代名醫孫思邈的神格化，他可說是醫藥業的祖師，據說他在長達一百零一歲的人生中，一直致力普及醫學知識，著有許多在中醫學史上極具實用價值的手冊。孫思邈同時也是一名煉丹專家，發明了現存最早的火藥配方。佛教中，另有兩兄弟因供養比丘僧眾、到處施藥救人，而修成藥王菩薩和藥上菩薩，在佛教寺廟中，祂們有時取代文殊、普賢菩薩，做為佛陀的左右脅侍。其中，藥王菩薩有獨特修行方法，即應以何身幫助眾生，即現何身，以達最佳療救效果。藥王之道就是獻身、信任、慈悲，祂不遺棄任何人、任何事物。

觀音菩薩的故事：觀音菩薩與民間宗教

● **紫竹**
菩薩身後的竹林可能提示著人們，該菩薩法相為南海紫竹觀音菩薩。

● **天女**
觀音菩薩後方祥雲密佈，天女來朝。

● **善財童子**
據說是福城中一位長者的兒子，因出生時種種珍寶自然湧出，無數財寶與之俱來而得名。儘管家財萬貫，但善財看破紅塵，發誓修行成佛，在文殊菩薩指點下，善財童子歷訪五十三位名師（善知識）而進入佛界，佛經中即有「善財童子五十三參」的佳話。最後，在普陀洛伽山拜謁觀音菩薩，得到觀音菩薩的教化，而示現成菩薩，現童子身，成為觀音菩薩的左脅侍，經常伴隨觀音菩薩身邊施種種神跡。人們因祂的「善財」之名，誤以為祂善於理財與招財，因此民間常以祂的造像招財。又因現童子身，婦女常拜求祂以治不孕，相傳拜求定能投胎其中而得貴子。

● **火德真君**
民間推崇祂為陶瓷、冶鑄、糕點、書坊、煙業的祖師，為道教信仰的五星七曜星君（七位星神）之一。五星指的是：歲星（木星）、熒惑星（火星）、太白星（金星）、辰星（水星）、鎮星（土星）。五星又稱五曜，加上日、月，合稱七曜。道教尊日曜為神，名為日君。道教以日為陽精，稱其為月宮黃貨素曜元精聖后太陽元君，做女像。這五星也都各有名號：東方歲星真皇君（又稱木德真君）、南方熒惑真皇君（又稱火德真君）、西方太白真皇君（又稱金德真君）、北方辰星真皇君（又稱水德真君）、中央鎮星真皇君（又稱土德真君）。

● **寶馬火駒**

11

# 觀音菩薩與儒家

觀音菩薩信仰在漢化的過程中，與中國傳統儒家思想的結合非常緊密。儒家的精神與審美不斷影響著觀音菩薩的內涵與形象。儒家注重「現世」，使中國的觀音菩薩平添了許多「實際」的法力：祂是大慈大悲的菩薩，也是送子娘娘，還常常化身為成年女子幫助遭遇災難的人。每當人們陷於困境時，便會持觀音菩薩名號求祂救助——「若有無量百千萬億眾生受諸苦惱，聞是觀世音菩薩，一心稱名，觀世音菩薩即時觀其音聲，皆得解脫。」（摘錄自《法華經》〈觀世音菩薩普門品〉，於法會中唸誦）；而任何從事危險旅行者，也都會供奉祂。

## 10世紀時供養觀音的圖畫 ▷

此圖描繪對觀音菩薩的供養，由當時的高官米遷德託人製作，以紀念他們全家到中國西域敦煌寺廟朝聖之行。他之所以安排這次旅行，是因為他必須前往山西的太行山巡察，這次的遠行巡察顯然需得到觀音菩薩的護佑，虔信佛教的他祈求得到觀音菩薩的保佑。

● 焚香爐

● 委製此畫的施主

這位身著宋服的官員手持焚香爐，正在禮拜觀音菩薩，他就是委製此幅畫的施主米遷德。銘文上記載——「施主米遷德永遠一心供養」。他的幾個弟弟伴隨在側，以表對觀音菩薩的敬意。此處對觀音菩薩的禮拜形式，與傳統儒家供奉祖先的儀式幾乎完全一致。對古人而言，儒家的「禮儀、忠孝」觀念，與觀音菩薩信仰並行不悖。

● 施主的兒孫親屬

圖畫下方是出資製作此圖施主米遷德的兒孫，他們被描繪成禮拜觀音菩薩的信徒。在他們上方是施主之妻及其姒娌，或是施主的妾。全家人按照儒家傳統的尊卑順序，井然排列。此外，在儒家觀念裡，觀音菩薩的慈悲也被視為女性的美德。

觀音菩薩的故事：觀音菩薩與儒家

● 天嬰禮拜
嬰兒禮拜觀音菩薩。由此可以確定觀音菩薩與小孩的關聯，祂常常以「送子娘娘」的形象出現。嬰兒結手印以表恭敬，此手印亦代表身心合一。

● 西方極樂世界的佛
在觀音菩薩頭冠上的是阿彌陀佛，即淨土或西方極樂世界的佛，禮拜祂們之中任何一位，將來都會往生那方國土，親近阿彌陀佛。

● 禪定的法器
觀音菩薩衣著華麗如王族，最顯眼的是祂那串鑲有寶石的大念珠。念珠，是佛教信徒以及坐禪時必備的法器。此觀音菩薩像右手結「說法印」。

● 閃爍奪目的寶石
觀音菩薩手持璀璨寶石，象徵著祂「有求必應」。此寶石在佛教是主要象徵，代表「法」（佛陀教義）的光輝和清淨，以及教義中蘊涵的真理。佛、法、僧（修行的團體）名為「三寶」。

● 天侍
觀音菩薩的兩位侍者均手持卷軸，這幾乎可以確定是《法華經》（佛教最重要的經典之一）中講到觀音菩薩的〈普門品〉。圖畫中，侍者的衣服款式有如皇室的侍者。

● 圓滿的蓮花
蓮花是最古老的佛教象徵之一。蓮花的根雖長於淤泥中，莖卻能夠生出美麗的花朵，代表自世俗和不淨淤泥中，超越出純潔和圓滿。諸佛與菩薩的寶座多為蓮花狀。

# 觀音菩薩與法華經

《妙法蓮華經》（Saddharmapundarika-sutra）簡稱《法華經》，是一部古老的大乘佛教經典，在中國一直是最重要、最具影響力的佛教經典之一。《法華經》有兩個主要教義，一是每個人都有能力成為圓滿覺悟的佛；二是佛遍一切時、一切處。它也提及許多佛陀在普度眾生時使用的善巧方便。現行流通譯本一般為七卷廿八品，其中第廿五品為〈觀世音菩薩普門品〉，提供了修行觀音菩薩法門的方法，是觀音菩薩信仰的主要經典和依據。在北魏至唐代以前，中國主要是信仰《法華經》的觀音菩薩，唐代才開始信仰淨土教的觀音菩薩，後者和地藏菩薩與死後前往淨土的信仰緊密結合，由此，中國出現了大量阿彌陀佛、觀音菩薩、地藏菩薩並列的「西方三尊」造像。這部經典在日本也得到了極大推崇，下圖為16世紀日本所製作的《法華經》手卷版畫。

**觀世音菩薩普門品** ▶

這裡展示的是《法華經》第廿五品，即〈觀世音菩薩普門品〉，它經常被視為一部獨立的經典，即《觀世音經》（Kannonkyo）。此品特別讚揚觀音菩薩的慈悲，以及祂救濟眾生（那些一心稱念祂的名號、以尋求幫助之人）的能力。

**國運昌隆** ●

封面上寫著國家興隆、法輪常轉的祈禱，人們一向相信誦念《法華經》可以保護國家。在日本，這部經典被列為「護國三部經」之一。

**觀音伸出援手** ●

此圖中，觀音菩薩的手接住、並拯救從山上墜落的人。《法華經》：「或在須彌峰，為人所推墮。念彼觀音力，如日虛空住。」

**●變相**

將經典的教義和觀念轉成圖畫後，可用以解釋經典的義理，法會時也可當做禮拜的圖像。

觀音菩薩的故事：觀音菩薩與法華經

● **以此開悟**
13世紀時，日本有位名為「日蓮」（Nichiren）的改革者，斷言《法華經》寓有最高真理，他宣稱信徒只要稱念這部經的經名《南無法蓮華經》，就能達到最高悟境。

● **觀音**
觀音菩薩，即「關心世間的喊叫聲者」，是最受歡迎的菩薩之一，祂以種種化身出現在人世間，救濟那些稱念祂名號的眾生。在民間宗教中，觀音菩薩通常以女相出現。

● **祈求幫助**
根據《法華經》，當人身陷危險，若求觀音菩薩幫助，祂定會前來相救。在新興宗教中，祈求幫助極為普遍，且通常是祈求現世利益，例如身體健康或生意興隆。

● **降雹澍大雨**
《法華經》云：「雲雷鼓掣電，降雹澍大雨。念彼觀音力，應時得消散。」

● **海難得救**
在暴風雨中遭遇海難者，只要一心稱念觀音菩薩名號，菩薩必以神通力救之。中國南部沿海地區後來出現的「媽祖」女神，與觀音菩薩有相似法力。

● **免除死刑**
人在最危急時，只需相信觀音菩薩。《法華經》：「或遭王難苦，臨刑欲壽終。念彼觀音力，刀尋段段壞」。

● **雙手合掌禮拜**
佛教徒禮拜時與基督徒一樣，也是雙膝跪下，雙手合掌。合掌，除了用以致敬，也被看成因受惠而表示感謝。

# 脅侍觀音菩薩的人與物

在這幅珍藏於北京法海寺的明代「水月觀音」壁畫中，四個角落分別有護法、善財童子等侍奉，觀音菩薩隨意跏趺而坐，衣著華麗如印度貴族。水月觀音，是觀音菩薩三十三分身之一，儘管稱「水月」，實際畫面卻與水月無關。這是一個隱喻，說佛法如水中之月般沒有實體，只有精神。《智度論》說：「解了諸法，如幻，如焰，如水中月。」這與書中直接以水月比喻觀音菩薩形象截然不同。不過，此圖中，觀音菩薩四周有一圈巨大光輪，讓人聯想到滿月。

**韋馱**
位於水中觀音像右上部。祂是佛寺的守護神，傳說亦是觀音菩薩的護法神。體格魁偉、威武勇猛、面如童子，表示祂不失赤子之心。

**金犼**
位於水月觀音像右下部，是觀音菩薩的坐騎。金犼，獸名，又叫金毛犼。似犬，兇猛異常，食人。每與龍鬥，口中噴火數丈之遠，龍往往無法取勝。

觀音菩薩的故事：脅侍觀音菩薩的人與物

● 鸚鵡
位於水月觀音像左上部。佛經中關於鸚鵡的傳說頗多，例如阿彌陀佛化身鸚鵡教化國人；再如山火燒林，鸚鵡思林恩，取水灑林，天帝感之，降雨止火。

● 善財童子
祂雙手合十，虔誠地敬奉觀音菩薩，形象已完全中國化，就像一般年畫上的兒童，只有美艷的服飾和腳鈴，才會讓人聯想到祂的原型來自印度。據說，祂通過了五十三次考驗，最後才成為觀音菩薩的脅侍，也有人說祂的原型來自《西遊記》中的紅孩兒。北京法海寺壁畫，距離北京市中心二十公里處，曾名龍泉寺。寺裡的十八羅漢像在文革時被毀，但壁畫卻完好保存下來。這些壁畫大多是當時的宮廷畫家所作，筆觸細膩規整，儀容肅穆儒雅，亦描繪出童子的貴族氣質。

白紗衣 ●
水月觀音像各局部，菩薩身披白紗衣，象徵潔白無瑕。披紗畫工極細，紗上每一只六角小花均由約四十八根的金絲組成。

17

# 觀音菩薩的道場

**第一道場：印度普陀洛伽山**

　　普陀洛伽山是梵語「Potalaka」的音譯，另外還被翻譯成「補怛洛伽、布袒洛伽、布達拉」等，意思是「光明山、海島山、小花樹山」等。此山位於印度西高止山的南段，山頂有池，水從池中流出，形成大河。據說觀音菩薩當初就在這裡來往悠遊，感悟生命和佛法。後來，包括善財童子在內的崇拜者，都是來到這裡朝覲觀音菩薩，以參悟佛法。因此，這裡是觀音菩薩說法的第一個道場。

**▼中國第一站：西藏布達拉宮**

　　西藏布達拉宮，是觀音菩薩崇拜傳入中國後最重要的道場，據說也是觀音菩薩來到中國的第一站。布達拉，亦為梵語Potalaka的音譯，是相對於印度Potalaka的比喻。西藏人至今仍認為自己是觀音菩薩的後代，而觀音菩薩與密宗的度母，則都是布達拉宮裡的主神。

觀音菩薩的故事：觀音菩薩的道場

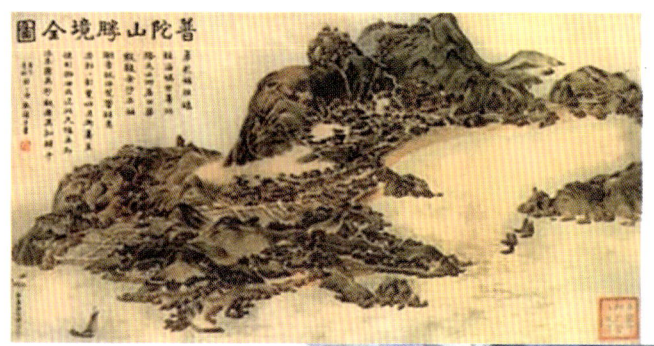

### ▲ 海上佛國：浙江・舟山群島普陀山

　　位於中國東海舟山群島的普陀山，寬約3.5公里，長約8.6公里，南邊還有一個洛伽山，只有0.34平方公里。這是觀音菩薩在東土最著名的道場，也是中國佛教的四大名山。據說唐朝時，有一名印度僧人來此，親自聽到觀音菩薩為他顯聖說法，並傳給他七色寶石，於是這裡就成了觀音菩薩聖地。不過，更多人相信此地另有與觀音菩薩的關聯：據說，日本僧人慧萼曾從五台山請得了一尊觀音菩薩，企圖從這裡返國，但航船總是遇到颶風，回不去。他相信這是觀音菩薩不願意去日本，於是佛定居在這裡，並建造了著名的「不肯去觀音菩薩院」，後來，這個典故流傳華夏，普陀山遂成海上佛國。

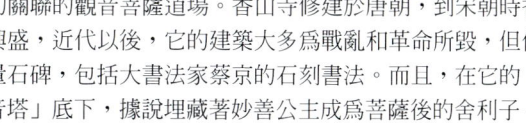

### ◀ 妙善公主成道：河南香山寺

　　香山寺位於河南汝州，現在在寶豐縣城東約15公里的大小龍山之間，傳說是妙善公主修練成道的地方。這是與本書唯一有密切關聯的觀音菩薩道場。香山寺修建於唐朝，到宋朝時香火尤其興盛，近代以後，它的建築大多為戰亂和革命所毀，但仍藏有大量石碑，包括大書法家蔡京的石刻書法。而且，在它的「大悲觀音塔」底下，據說埋藏著妙善公主成為菩薩後的舍利子。

19

# 觀音菩薩信仰的東傳

### 印度大乘佛教中的觀音

觀音菩薩是印度大乘佛教所信奉的菩薩之一。佛教經卷中記載了兩種有關祂的由來：其一，據《悲華經》記載，印度有一位名叫「無諍念」的「轉輪聖王」（印度古代神話中的國王），祂後來修成了阿彌陀佛，而觀音菩薩是祂的王子。當這位轉輪聖王最終修成西方極樂世界的教主阿彌陀佛後，祂的長子不眴、次子尼摩也發願修行菩薩道，要到西方極樂世界脅侍阿彌陀佛，普度眾生前往西方淨土。後來，不眴成了觀音菩薩，尼摩成了大勢至菩薩。佛教寺院中供奉的「西方三聖」，一般而言，中為阿彌陀佛，左脅侍為觀音菩薩，右脅侍為大勢至菩薩，後兩者形象類似，只是觀音菩薩寶冠上方通常以阿彌陀佛坐像為標誌，大勢至菩薩則以寶瓶為標誌。其二，也有這樣的傳說：觀音菩薩和大勢至菩薩是由兩朵蓮花變化修行而來，因而在此印度繪畫中，居中而坐的觀音菩薩一手持蓮花，一手持念珠，西方世界的諸神祇則圍繞四周。但觀音菩薩卻出於大慈大悲，願意為了普度眾生而永留人間。

### 印度婆羅門教的馬頭觀音

以駿馬為冠冕的菩薩，帶著嚴肅的表情，注視天下蒼生。祂的憤怒，讓人感到祂還沒有成佛。馬頭觀音菩薩也稱「馬頭明王」，是畜生道的教主，密宗胎藏界的人物，在印度婆羅門教經典《梨俱吠陀》中，早有關於祂的記載，很多人認為祂才是觀音菩薩的真正前身。馬頭明王出現於佛教產生之前，約西元前7世紀。在婆羅門教中，祂是一對小馬駒，是一般的善神，因為可愛而受到天竺國人的崇拜。釋迦牟尼創立佛教後，將這個傳說吸收過來，稱為「馬頭觀音菩薩」。到了西元1世紀之後，祂的畜生身終於進化為人身，變成了一名印度男子。這樣推算起來，妙善公主觀音傳說的成形，與原始馬頭明王的觀音傳說，大約相隔了兩千年，觀音菩薩的神奇實在是一言難盡。

觀音菩薩的故事：觀音菩薩信仰的東傳

### 傳入東土後的觀音形象：正觀音

中國的大多數學者都認為，佛教與觀音菩薩是3世紀中葉（也就是晉朝前後），經西亞絲綢之路，隨著天馬、葡萄、沙漠和胡服騎射一起傳入中國的。當時，正值五胡亂華時期，戰爭頻仍，人們對觀音菩薩救苦救難的形象十分崇拜，希望祂能解脫眾生的苦難。正觀音，是彼時最流行的佛教形象之一，僅次於釋迦牟尼。這尊雕像是宋朝的正觀音，造型樸素但材料昂貴，以銅鑄金而成。

### 傳入日本的觀音菩薩

隋朝前後，佛教經中國傳到日本，成為那裡最重要的宗教，僅次於國家神道。不過，觀音菩薩卻是在858年左右才傳過去的。此塑像為香川縣鷲峰寺的十一面觀音立像，鑄造於江戶時代，菩薩面目圓潤慈祥，接近日本民間女性的形象。

### 傳入西藏後的觀音形象：度母

觀音菩薩信仰，隨著佛門的昌盛而傳入西藏，後來西藏成了佛教密宗的中心。在藏傳佛教中，對觀音菩薩的說法極其多樣，祂有時被說成以一滴眼淚製造了度母，有時又有度母之稱，而且據說是由佛陀的一滴眼淚所變。此外，觀音菩薩也曾以西藏做為道場。

### 傳入東南亞的觀音

大約在1世紀前後，佛教經印度傳入東南亞，並成為那裡的主要宗教，觀音菩薩也受到了廣泛崇拜。不過，每個國家與民族對觀音菩薩的看法不同、印象不同，鑄造的雕像與繪畫也不同。在東南亞的很多地方，觀音菩薩仍是一位男性。

# 觀音菩薩形象的變遷

中土佛教也稱「像教」，這份信仰與神像崇拜是分不開的。佛教在中國的傳播過程中，深奧抽象的教義總是與畫像或雕像的具體形象相互輝映，並且伴隨不同朝代的特殊價值取向和審美情趣，不斷發生微妙的變化。不同時代的觀音形象，既有當時的政治、經濟、文化生活的深刻印記，又集中了中國民間的無窮智慧，反映了當時人們的思想感情和審美觀。

## 兩漢時期

兩漢末年佛教東漸，佛教造型藝術經西域傳入中土，觀音的造像開始在中國興起。

● **神態溫柔敦厚**
西域印度式的「豐乳細腰肥臀」菩薩，到了中國產生較大變化。早期的中國菩薩，形體一般造得較粗拙，神態溫柔敦厚，以符合中國儒家的傳統。

▲ **甘肅省永靖炳靈寺石窟第169窟北壁6龕的「西方三聖組像」**

完成於西秦時期（西元420年），其中的觀音是中國最早有明確紀年的觀音菩薩形象（一旁站立者為大勢至）。此時的觀音造型單純、神情安詳，為蓄鬚的男性形象，造像手法清晰可見受到西域風格的影響。

▲ **11世紀印度喀什米爾地區觀音菩薩雕像**

六臂的菩薩，一腳置於寶座底下，一腳做盤腿半跏姿勢，這是為了幫助眾生準備降臨地面的準備姿勢。寶冠的正面有個小阿彌陀佛，裡頭這縮小的佛像表示菩薩的靈「親」——這種樣式在唐代以前，對中國影響很大。觀音手持三叉戟、左肩披著鹿皮，均與印度教中濕婆神圖像相類似。

▲ **陶質搖錢樹座上的「一佛二菩薩」像**

製作於東漢末年，中間為釋迦牟尼，兩側為大勢至和觀音菩薩。有學者認為這是中國最早的觀音造像，造型簡單，但受到犍陀羅藝術風格的影響（四川彭山縣崖墓／南京博物院藏）。

觀音菩薩的故事：觀音菩薩形象的變遷

## 北魏

　　西元494年，北魏孝文帝改漢制，遷都洛陽，官場禮儀、服飾一律漢化。中原的瘦骨清像之風成為造型藝術的主流。觀音的面相從豐潤變為清瘦，長頸削肩、身材修長、嘴角上翹、衣裙飄逸。衣服一般不再是斜披式，而是以寬大的披巾遮肩，不露肌膚。

▲ **甘肅天水麥積山127號窟的正壁龕**

　　製作於北魏時期。中為主佛，左立者為觀音菩薩。觀音雙目含情，顯得神態慈祥、器宇軒昂。頭部和雙手用圓雕處理，其餘皆為浮雕，形象十分突出。

## 隋代

　　隋代的觀音不再具有北魏時期的瘦骨清像、瀟灑飄逸風度，臉型變得方且厚重，身姿拙重粗樸。到了隋代，無論是壁畫還是石窟造像，觀音形象已展現出主流，即慈悲的風格。所謂「悲」是解除人們的痛苦，所謂「慈」是予人快樂。隋代開始，逐漸出現大量單獨的觀世音造像，表明對觀音的信仰已從正統的佛教中游離開來，成為一個相對獨立的崇拜體系。

● **儀容端正**
觀音本身各呈其態，既有男相，也有無鬚的女相，均儀容端正，挺然直立，神情靜穆。

● **富裝飾性**
與北朝時期不事雕琢的儉約之風大不相同，菩薩的寶館、臂環及下垂的束帶，都雕有各種極富裝飾性的圖案。

### 菩薩造像

**犍陀羅樣式**
古早位於古印度北部的犍陀羅王朝，發展出影響極深遠的佛教造型藝術。其風格混合了希臘後期的寫實特色，與印度傳統雕像的造型風格。這尊說教中的佛陀製作於西元5世紀，沉靜的眼神、穩定的表情、健壯的身材、輕盈薄軟的法衣、如卷貝般並列的螺髻，這些都是犍陀羅樣式的典型特徵。

**曹衣出水**
出身於中亞的北齊時代重要畫家曹仲達，以畫梵像著稱，風格優美纖巧。其造像特徵是薄衣貼體，似完全透明，皺摺稠密，如同身著浸水的絲衣，此所謂「曹衣出水」。圖中的菩薩像殘軀，為北齊時期作品，是曹衣出水式代表。

23

## 唐代

唐代社會國力鼎盛，造就佛教信仰和佛教藝術得以更本土化、系統化地普及。觀音菩薩的形象開始朝世俗化發展，變得豐滿嫵媚、端莊美麗，這很可能是女性信眾大量增加的緣故。女相觀音菩薩成為主流，即使是有鬚的男相觀音，亦都已發展出十分女性化的優美身姿和嫵媚表情。

### 敦煌第45窟觀音雕像

**眼**
觀音的使命是普度眾生，因此要下視百姓。

**五官**
側面或半側面的形象使五官富於變化，具有優美的形態和立體感，並創造了一條富有節奏的輪廓線。

**身形**
上身半裸，腹部隨微傾的身體自然突出，極顯女性魅力。胸前的瓔珞配飾亦十分豐富。

**姿態**
在唐代，無論是站像還是坐像，觀音都出現了微微傾斜的姿態，很有親切感與人情味。

**服飾**
唐代婦女流行穿著華麗的羅帔，還盛行石榴裙，這些最時髦的裝束也全用在觀音身上了。

### 敦煌第328窟觀音雕像

**陰柔之美**
由隋代至初唐，無論是男相或無性相的觀音，都已顯示出女性神的端倪。這尊初唐時期的塑像，充分運用了泥塑彩繪的特長，使肌膚、衣裙、配飾都極富質感。觀音菩薩形象顯得端莊，氣質高貴典雅，雖仍為男相，但已充滿陰柔之美。

## 菩薩造像

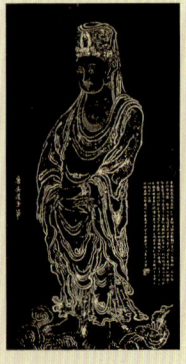

### 吳帶當風
唐代大畫家吳道子所繪製的觀音像，衣服飄舉，人物如沐風中，恰好與「曹衣出水」式造像形成對比。

### 瘦骨清像
梁朝時期，士大夫階層風行「褒衣博帶」、「大冠高履」，致使顧愷之等一批畫家形成以清瘦為美，追求風姿清秀、超然獨達的畫風。「瘦骨清像」之風對北魏時期的佛教造型藝術有深刻的影響。圖為北魏時期典型的瘦骨清像造型。

觀音菩薩的故事：觀音菩薩形象的變遷

## 宋　代

　　宋代以來，理學開始風行，思想的禁錮卻促使觀音的造像反其道而行。宋代的觀音形象較唐代更世俗化，流傳下來的觀音大多擁有尋常人的傳神表情與姿態。臉部表情不矜持也不狂躁，只有關切和寧靜。宋代的觀音造像藝術，達致了無法超越的高峰，像是位於四川重慶大足轉輪經藏窟的「數珠手觀音菩薩」，便極具代表性。

**宋朝木雕觀音**

### 四川重慶大足石刻／數珠手觀音

**寶冠●**
寶冠的造型華美，層層高聳，加上飛舞的飄帶，予人向上飛升的神聖感。

**姿態●**
伴隨著微轉的上身，頭部稍向前傾，這一姿態使觀音顯得更加溫和。

**表情●**
臉上沒有矜持和狂躁，只有關切和寧靜，難怪當地農民送祂一個極好聽的外號：「媚態觀音」。

**服飾●**
胸前密集的瓔珞配飾底下，一般都有一層內衣。

**體態●**
女性化的菩薩，依然是重胸，無明顯性徵。

**●五官**
面龐較唐代清秀，柳眉櫻唇重頷的形象也完全中國化。南宋以後開始流行以清瘦為美，觀音的面孔將進一步變得纖美。

**●身形**
雙肩較唐代消瘦，體態婀娜，身體的裸露部分較唐代少。

**●雙手**
雙手自然交叉於腹部，右手持念珠。手部造型優美纖細，極富表現力。

## 遼金時期

　　遼金時期，是中國歷史上一個戰亂頻仍、民族衝突和交流均相當頻繁的時期。此時期觀音造像的最大突破是，各地都出現了密宗式樣的造像。與宋代共存的幾個少數民族政權，例如回紇、高昌、遼、西夏、金、大理等，更是留下大量密宗造型的觀音。此時的觀音既非瘦骨清像，也不見豐腴肥美，而是融合了唐代造像特色，同時又具備北方民族的臉部與身體特徵。

**天津薊縣獨樂寺／遼代彩塑十一面觀音立像(局部)** ▶

25

## 元代

元代戰爭頻繁，觀音崇拜尤其昌盛，在西藏，又稱觀自在菩薩觀音，是為主要的神靈。這尊觀音菩薩具有很典型的慈悲相，微笑、禪定、四臂，被稱為「雪山的救主」。祂的臉逐漸接近漢族，幾乎失去了印度的一切特徵。

## 清代

清代以佛教為國教，觀音崇拜再度昌盛了起來。翡翠觀音，在眾多佛教工藝品中流傳頗廣。翡翠是玉石的一種，多綠色。這尊翡翠觀音，價值約三百萬港幣，由於材料特殊，青白相間，更添觀音的神祕感。

## 明代

明代是儒家的天下，民風保守，觀音的形象也受到影響。這尊觀音雖是金身，但雕塑家將祂塑造得猶如一名官家女子，從謹慎的表情和方形的頭顱來看，幾乎難以相信祂是菩薩，反而更像一名女管家。只有跏趺而坐的雙腳，能確定祂的身分。

## 近代

到了近代，觀音崇拜更加普及，民間到處可見觀音菩薩的小雕像。其中，以壽山石雕刻的觀音十分普遍，成為人們最喜愛的裝飾物和護身符。當然，觀音的形象也越來越世俗化，面貌臃腫、老氣、圓滑，似乎除了保佑平安與帶來金錢，毫無任何宗教哲學上的涵義。

# 觀音菩薩與其他宗教中的女神

　　觀音菩薩是中國佛教信仰和民間宗教中的重要神祇，祂是慈悲的化身，是人類進入極樂之地的引導者，是人世間各種苦難的解救者。在世界其他宗教中，亦有許多女神的神格和世俗功能，與觀音菩薩類似，以下選列幾位比較重要的女神。

## 聖母瑪利亞

　　基督教所尊崇的聖母瑪利亞，祂以聖潔之身生下了耶穌。對基督徒而言，處女生子表示上帝透過凡人瑪利亞，將人類的生命復原到罪與死都被克服的狀態。這位聖母與「聖三位一體」同樣享有至高的神聖地位，因為祂以自己的子宮拯救了人世，將人從罪與苦難中拯救至天堂樂土。聖母的慈悲本性與救苦救難的本質，和觀音菩薩竟驚人地相似。

● **聖三位一體**

老人、嬰兒、鴿子，是基督教聖父、聖子、聖靈的象徵。基督徒相信，上帝從創造（做為天父與王）、拯救遭困者（做為上帝之子），以及聖靈不斷顯示和贈與之中顯示自己，上帝是這三種關係的愛，祂將這份愛延伸到祂的創造及全人類身上。

● **天使**

天使是天堂與人間的使者。祂不但顯現於宣告聖母懷孕之時，更在許多時候擔任傳報、以及拯救受苦者與受難者的角色。觀音菩薩在人間化危解難的功能，與此類似。

● **聖嬰**

受崇拜的聖母形象，通常與嬰兒時期的耶穌相繫。上帝天父存於凡人耶穌的生命中，耶穌稱自己是「人子」，一個必定會死、但將被上帝拯救的平凡人。祂的復活與升天即代表上帝的拯救，這使祂和全人類的人性與上帝永遠結合在一起。中國的觀音菩薩身邊也經常可見兒童形象，例如善財童子或送往人世的嬰兒，前者是觀音的脅侍，後者是觀音變成中國民間的「送子娘娘」之後，所具有的一項法力。

● **時間之父**
長鬍子的時間之父拉起布幔，試圖遮住愛神。

● **親吻**
維納斯與祂的兒子小愛神「邱比特」，正在親吻。在16世紀畫家的筆下，祂們之間的關係顯得十分曖昧。

● **嫉妒**
被愛與美折磨得快發狂的「嫉妒」，生氣地撕扯自己的頭髮。

● **金蘋果**
在舉世聞名的《帕里斯的判決》畫作中，維納斯戰勝了天后和智慧女神，贏得象徵最美貌的金蘋果。

● **面具**
在西方，面具象徵欲望和享樂。

### ▲ 愛與美之神——維納斯

維納斯的父親是宙斯，丈夫是殘疾且醜陋的冶煉之神。祂複雜的情人名單上，包括了許多天神和凡人。在中國民間，觀音化身為「馬郎婦觀音」的故事流傳甚廣，其中一個說法是，觀音化身為美貌的馬郎婦，在「金沙灘上與一切人淫，凡與交者，永絕其淫。」馬郎婦一直受到佛門的認可，是清淨法身的代表。如果說，維納斯的諸多性愛是出於「欲望」，那麼中國的馬郎婦則是「以欲止欲」。

### 觀音美神 ▶

在這幅初唐時期的敦煌第57窟觀音壁畫中，觀音體態婀娜、肌膚細膩、長目修眉、唇紅鼻直，是典型中國美人形象。

觀音菩薩的故事：觀音菩薩與其他宗教中的女神

● **歡喜**
並非指凡俗的男女媾和，而是說：佛以大無畏大憤怒的氣概、兇猛的力量、摧毀的手段，戰勝了「魔障」，使內心發出喜悅。

● **男女雙修**
以氣功脈流控制精神，並入定悟空，叫做「樂空雙運」，也就是平時常聽到的：「以欲治欲」「以染而達淨」。

### 歡喜佛

歡喜佛，是藏傳佛教供奉的佛像。歡喜，原為古印度傳說中的神，即歡喜王，後來受觀音菩薩以大慈悲心點化信奉佛法，成為護法神，又稱歡喜佛。藏傳佛教的蓮花部，以印度佛教中的多羅菩薩（即現女身說法的觀音菩薩）為「明妃」（密宗時常稱之為白度母或綠度母，來由亦說法不一），祂是觀音菩薩的修行伴侶。同時，密宗的無上乘，則將男女雙身修法做為成道的途徑。

### 多羅菩薩

這尊大乘慈悲菩薩多羅石雕像，由印度人於2世紀製作，表現的是極受歡迎的慈悲菩薩。據說祂是由觀音菩薩的眼瞳所化，通常被認為是化為女身說法的觀音菩薩。祂背負光芒，左手持蓮花，右手結「與願印」，一腳往下擺，表示進入人間解救眾生之苦。

29

# 觀音菩薩的故事
## The Kuan Yin Chronicles

## 妙善公主的觀音傳說

觀音菩薩是印度大乘佛教信奉的菩薩之一，傳說祂是印度古代神話中的一位王子，後來修練成觀音菩薩。而印度婆羅門教中的馬頭觀音（也稱馬頭明王），很多人認為祂才是觀音菩薩的真正前身，祂出現於佛教產生之前，在婆羅門教中原是一對小馬駒，後來祂的畜生身才終於進化為人身，變成一名印度男子。中國民間流通的觀音傳說則來自《香山寶卷》這本書，經宋末女畫家管道升改寫成《觀音菩薩傳略》後，妙善公主的觀音形象才逐漸完善，開始深入人心。再經清末曼陀羅室主人的編輯，才有了現在的詳細故事。

# 01 菩薩化身

觀音的宗旨，是要使世人大徹大悟，共登覺岸。照《法華經》上所說：「苦惱眾生，一心稱名，菩薩即時觀其音聲，皆得解脫，以是名觀世音。」我們看了這幾句話，就可以知道世尊的宗旨。

我們中國的宗教，向來分為儒、釋、道三大門派。三教之中，儒家、道教是中國自創的，釋（佛）教是由西域傳入的。佛教以「覺世度人」為宗旨，信仰它的人也就人數眾多，所以勢力也與儒家、道教鼎足而立，流傳到現在，依然保持著它的地位。

佛家把全世界劃分成四大部洲，稱為東勝神洲、南瞻部洲、西牛賀洲、北俱蘆洲，中國是屬於南瞻部洲。南瞻部洲有四座名山，號稱佛國。這四座山就是九華、五台、峨嵋、普陀。掌管這四座山的分別是：地藏菩薩、文殊菩薩、普賢菩薩、觀音菩薩等四位大士。所以，九華禮地藏王，稱為大行；五台禮文殊，稱為大智；峨嵋禮普賢，稱為大勇；普陀禮觀

**普陀山佛學院** 攝影／當代

禪海無邊，心量無涯，寂靜的晚鐘召喚著千萬信徒的皈依。這裡就是位於中國東海舟山群島的普陀山佛學院。自宋朝以降，普陀山逐漸成為觀音崇拜中心，時至今日，普陀山設有大小寺院、庵堂等佛教建築共兩百四十餘座。每年有無數佛門僧侶來此參拜，研修觀音深奧的教義。古印度曾稱中國為「震旦」，普陀山則有「震旦第一佛國」美譽，與供奉地藏菩薩的九華山、供奉文殊菩薩的五台山、供奉普賢菩薩的峨嵋山齊名，並稱中國的四大佛教名山。做為觀音的道場，它的盛名甚至超過了西藏的布達拉宮。

觀音菩薩的故事：菩薩化身

**千手千眼觀音**
雕塑／明代／西藏拉薩大昭寺藏

這是千手觀音與十一面觀音合併而成的菩薩像，結構複雜、裝飾豪華，好似時間的轉輪，將人的視覺帶往一個神祕的「黑洞」。佛法無邊，充盈於智慧之海，無人不能拯救，無物不能超度。關於妙善公主的其中一個傳說，她就像莎士比亞筆下李爾王的三女兒一樣：父親生了重病，需要人手與人眼做藥引。妙善的兩個姐姐都不願犧牲自己，只有妙善願斷手挖眼。此舉感動了佛陀，於是賜給她千手千眼。不過，觀音在宗教中要說的並不是一般意義上的孝道，而是一種包羅萬象、精進勇猛、見性成道的佛教精神。

音，稱為大慈。領域是很分明的。

　　在這四位大士中，最受一般人崇敬的無疑首推觀世音菩薩。我們只要在人群中提起祂的法號，那是婦孺皆知的，在世人的腦海裡無不深深嵌著一尊觀音菩薩的寶像。這種普遍的崇拜是觀音法力所感化的嗎？這倒不是，其實這之中有九成以上是迷信觀念造成的。世人的想望，恰恰與觀音大士相反。

　　觀音的宗旨，是要使世人大徹大悟，共登覺岸。照《法華經》上所說：「苦惱眾生，一心稱名，菩薩即時觀其音聲，皆得解脫，以是名觀世音。」我們看了這幾句話，就可以知道世尊的宗旨。

　　可是現在我們看見信仰觀音的人，誰不在迷信裡討生活呢？他們認為，只要相信觀音，隨便自己怎麼做，觀音都會來保佑；所有達不到的欲望，觀音也會賜予圓滿。他們害怕死，以為只要平時多燒香，多念佛號，便可以祛病延年。他們最怕死後被打入地獄，永不超生，以為只要平時多齋戒，多誦經卷，死後便能到天堂佛國享樂。甚至以為，犯了一切罪惡，只要念幾聲觀音菩薩就沒事了。如此，念佛人的心理就走入歧途了，以致發展出「若要心凶人，念佛淘裡尋」這兩句俗語。

　　相信觀音的人，存了這種自私自利的心理，就會鬧出許多奇形怪狀的供奉。尋常的求長壽多福，供著白衣觀音；求子延嗣的，供著送子觀音；打漁人家求致富發達，便供著魚籃觀音。越是這樣，越是與佛理相去甚遠。所以世上崇奉觀音的人雖然多如牛毛，卻少有能明瞭正道的，這的確是件令人歎息的事。

　　我提筆寫這部書，並不是要提倡

**女媧**（上圖左）
無名氏／白描

女媧是華夏民族的第一個女神。相傳祂是伏羲的妹妹，用泥土創造了人類。據說上古時代，天破了一個洞，結果暴雨不斷、洪水氾濫，多虧女媧煉五色石補上了天漏，治服了洪水。人們對祂的崇拜顯然要早於觀音很多年，估計應在先秦以前，因為《楚辭》中已經有關於祂的描述。

**九天玄女**（上圖中）
無名氏／白描

九天玄女的原型是燕子，也就是玄鳥，是上古商族人的圖騰。傳說祂總是騎著鳳凰降臨人間，傳授上自兵書戰策、下至床笫密技等種種人間珍稀的智慧。據說，祂因為曾幫助黃帝戰勝蚩尤，所以受到崇拜。在明代小說《水滸傳》中，宋江也曾夢見祂傳授兵書，並預言了梁山的未來。過去，中國有很多九天玄女廟，在觀音菩薩傳入中國以前，九天玄女的香火一直很旺，觀音崇拜開始後也不見冷落，直到近代才逐漸衰落。

**觀音菩薩現辟支佛身**（上圖右）
版畫／明代／南京

此圖刻繪觀音菩薩法像莊嚴，以碧草結台，盤腿跌趺坐於滿月雲端，身著禪衣寶冠，瓔珞當胸，雙手持經，正在講道授教。下方有一身披黃色衲衣的如來佛像，頭頂佛冠，雙手合十，坐於磐石之上。另有一穿藍衣裙、梳雙髻的童子，衣帛垂地，合掌作禮，拜於佛前，虔誠至極。佛祖所坐之地，草木仰స，空中雲霧蒸騰，直上天界。此圖是繪製觀音度世說法，正如《法華經》〈普門品〉所述：「應以辟支佛身得度者，即現辟支佛身而為說法。」

封建迷信。而是一來想將觀音菩薩的前後事跡介紹給世人，讓世人真正認識觀音；二來是想揭示佛經的奧旨，使一班誤入迷途的佛門弟子能大徹大悟，同登覺岸。但是雖然有此宏願，不知道手中的一支拙筆能否助我達到目的？

我現在既然決定替觀音菩薩作傳，在這開宗明義的第一章，有兩個疑問不得不先解答一番。

第一點，觀音菩薩究竟是男身還是女身？我們現在所見的觀音菩薩法像或畫像，都很不一致。有的打扮是男身，有的裝束是女身，這就引發了疑問。依照世俗的見解，都當祂是女身，所以許多人稱之「觀音娘娘」。但是，據胡石麟的《筆叢》、王鳳洲《觀音本紀》，又都指觀音菩薩是男身，說得有憑有據。另一方面根據《北史》記載，徐子才病中所見，以及北齊武成皇帝夢中所見的觀音菩薩，又都是美女變的。因此這個疑問不易解答。

但從觀音菩薩的前後事跡來看，這個疑問也就迎刃而解了。因為觀音菩薩

憫念眾生，曾經三十三次化身成人，顯化成不同的莊嚴寶像，到各地去救苦度劫。她化身庶子學徒、宰官玉人、或者天龍神鬼，不過是隨時間地點的變換，方便她進行點化工作罷了。因此，世人所看見的觀音寶像，也就或男或女，或老或少，各不相同了！這不是我的無稽之談，《冰署筆談》一書也明載著這些事跡。至此，觀音到底是男身還是女身的疑問，就可以省略不提了。

第二點，就是觀音菩薩只有一位，為什麼會有許多不同的頭銜呢？像「白衣觀音」、「高王觀音」、「送子觀音」、「魚籃觀音」等稱謂，法像也因此不同。這許多不同頭銜的觀世音，是紫竹林中那位觀音菩薩呢？還是另有幾位不同的觀音菩薩？

關於這一點，我敢說是因為當初菩薩現身時的法像不同所引起的。例如，祂老人家在這個地方化身成一位美女，穿著白色的衣服，設法點化眾生。後來大家知道這位白衣美女是菩薩化身的，自然就依照他們所看見的法像，塑像供奉，於是後世就有了「白衣觀音」。而因粵海鼇魚害人，海邊的居民無法安居樂業，觀音菩薩就化身為漁民，前去降鼇，救助眾生，於是就有了「鼇頭觀音」的法像。其餘種種的寶像，也都是祂化身時留下的，後人並未察覺，就產生種種附會的理解了。

諸位不信，且讓我在正傳開始之前先舉一段觀音化身的歷史做個引子，證明以上的話。

現在，別處的觀音寶像都先不說，只說少林寺裡那尊法像是多麼的與眾不同。法像塑得環眼巨鼻、粗眉人口，頭上亂髮如蓬，兩隻耳朵長大無比，還戴著一對粗大的金環，直垂到肩膀，衣服的摺痕也是散亂不整，然後光著一雙大

**蓮花手觀音**
雕塑／西藏後弘時期／西藏昌都地區八宿縣八宿寺藏

這尊觀音的表情十分特殊，男性化特徵很濃厚，是典型的印度風格觀音。觀音菩薩在佛教及印度歷史中的確是一位男性，面相飽滿，長耳廓，彎眉大眼，與本書中妙善公主的少女形象大相逕庭。此雕塑神情莊重，四肢結實有力，完全是一位印度藩王的模樣。祂的目光含著一股憤怒，似在表達祂對當時西藏排佛運動的反抗情緒。觀音有時也被人們設想成一位極具英雄色彩的菩薩，尤其當佛教有難的時候，祂的出現往往就不再溫文爾雅，而是威猛獷悍。

腳，手裡還斜抓著一條黃金寶棍。這尊法像倒像五百羅漢裡的「鳩摩羅多尊者」，世上的人大概誰也不會當祂是觀音大士。但少林寺卻明明將祂供在觀音殿中，和尚們也都認為祂是觀音菩薩。這就奇怪了。原來，少林寺的觀音法像之所以雕塑成這模樣，中間有一段故事，聽我慢慢講來。

少室山是中國的一座大山，歷史很悠久。自從禪宗初祖達摩禪師開山創立少林寺以來，不但禪教思想廣為傳播，而且少林功夫也是天下聞名。但是在初建少林寺的時候，卻並沒有觀音殿。直到元朝，天下大亂，戰亂蔓延到中州，有個首領叫李全，他知道少林寺僧武功厲害，想招降寺中的和尚擴充軍隊。不料，少林寺的和尚都是嚴守戒律、不肯殺生的人，所以拒絕服從。於是李全惱羞成怒，率軍圍攻少室山，聲稱非剿滅少林寺不可。

那時，少林寺的弟子雖說擅長武功，但因敵眾我寡，無法退敵。大家雖拚死防守，也漸漸體力不支。正在萬分危急的時候，忽然從寺中殺出一個莽和尚，手持鐵棍，直衝到李全的軍隊中。眾人一看，那是個剛來掛單的和尚。只見他鐵棍一揮，如疾風猛雨一般，寒光萬道，殺得李全的軍隊人仰馬翻，就是那為首的鐵槍李全也戰敗身亡。等到大軍撤退後，眾人忽然覺得眼前金光一閃，就沒了那莽和尚的蹤影。四下巡視，才看見他正站在嵩山禦寨頂上，現出丈六長的法身，自稱是觀音大士化身緊那羅王，來解救少林寺這場大難。

於是少林寺就依照菩薩顯化的寶像，塑成那座觀音像，建造觀音殿供奉。這件事在《少林寺志》也記載得清清楚楚，並不是我杜撰的。從這個例子就可知道，觀音之所以有種種不同寶像，正是現出化身時留下的遺跡。

**觀音菩薩**
雕塑／清代／西藏拉薩布達拉宮藏

這尊矗立於布達拉宮的觀音像，比一般的中土觀音像更加奢華，寶石和金銀鑲滿全身，似乎要讓人憑此徹悟佛教的「色空哲學」，明白所有現世財富皆虛妄的道理。此觀音左手結「說法印」，頭上的冠冕與首飾看上去像是一位正宮娘娘，彷彿出家前的妙善公主帶著珠光寶氣和深宮的氣息，看護著芸芸眾生。

# 明珠投懷 02

那一顆明珠，忽然冉冉地升起，轉瞬之間變成一輪旭日，漸漸逼近海岸，不多時已高高地懸在我頭上。又是「轟」的一聲響，那輪旭日竟直落到我懷中來。

周朝末年，中原列國互相攻伐，戰亂連連，使得生產倒退，民不聊生。而在西方的興林國卻正值太平盛世，國內風調雨順，人民安居樂業。

說起這個興林國，在西域眾多國家中，可稱得上是巍然獨立的大國，它領導著西域各邦。由於地勢的關係，它與中原一直未通往來，雙方隔絕聯繫。兩國之間隔著一座須彌山，這座山高可接天，橫亙於西北高原，就像天然邊界一般。那時候，中原人雖然知道有這座山，但由於交通不便，加上山中幽深險阻，氣候又非常寒冷，所以始終沒有人敢冒險西行。而興林國又恰恰建在須彌山的西北部，在當時閉塞的社會情況下，自然不會與中國有什麼聯繫了。

興林國在西方所有部落中，歷史最為悠久，開化也比較早。它占據著三萬六千平方里的國土，有幾十萬人民，自然稱霸一世，唯我獨尊，小部落也不得不臣服於它。

那時在位的國王名叫婆迦，年號妙莊，是個賢明的君主。他統治著數十萬人民，男耕女織，安居樂業。在位十多年，他把興林國治理得國富民強。妙莊王做為一國之君，富貴尊榮自不在話下。他的正宮王后娘娘名叫寶德，是個非常賢良的女人，他們夫妻倆十分恩愛，家庭和睦。

但是天下沒有十全十美的事。妙莊王雖貴為一國之君，富甲天下，但有一件事情不是擁有權力和財富就能實現的。那就是，他膝下只有兩位公主，並沒有兒子。妙莊王已是六十多歲的人了，還沒有繼承人，自然是盼子心切。為了這件事，他總是悶悶不樂，長吁短嘆。

### 蓮花手觀音
雕塑／西藏後弘時期／西藏昌都地區八宿縣八宿寺藏

觀音頭戴三葉冠，冠冕中央有化佛。觀音修長的耳朵垂掛在肩膀上，嘴唇小如櫻桃，上身赤裸。這是西藏後弘初期的銅合金雕塑。當時，一些沒有被西藏滅法運動消滅的僧侶，逃到了甘肅青海一帶，取道回紇，繼續傳教。等到排佛運動解除，祂們又再回到西藏，尤其是阿里地區，當地後來成為後弘初期的藝術中心，是喀什米爾藝術和藏地藝術的結晶。

觀音菩薩的故事：明珠投懷

俗話說得好：子嗣是有錢買不到，有力使不出的。他再煩惱也無可奈何。時間在他的希望和焦慮中，一天天地過去。春去秋來，又過了幾年。

這一年，正是妙莊十七年的夏季，御花園中的一池白蓮正迎風爭放，香霧輕浮。寶德王后知道妙莊王心情愁悶、鬱鬱寡歡，就在蓮池旁的涼亭擺設筵席，請妙莊王飲酒解悶。夫妻二人亭中坐，宮娥彩女分班送菜斟酒。妙莊王心中雖煩惱著子嗣問題，但想到寶德王后的一片心意，仍舊強顏歡笑。看著池中的萬朵白蓮參差地開放著，襯著碧綠的荷葉，相當清雅可愛。微風吹過，蓮花輕輕顫動著，好像含羞欲語。一陣陣淡遠清香從風中飄送過來，沁人心脾。妙莊王處在這怡然的環境裡，也覺得別有天地，很是有趣，心中愁悶逐漸讓清風吹散，為蓮香蕩盡。就這樣，他與寶德王后互相舉杯，開懷暢飲，有說有笑起來。寶德王后見他高興，自己也歡喜，親自執壺斟酒，又命群姬當筵歌舞。這

**觀無量壽經變** 壁畫／唐代／敦煌榆林窟第25窟

觀音也稱「觀無量」，按照佛教的說法，祂的前身是一匹馬，實際上這是源於印度教的明王傳說。這幅巨型敦煌壁畫描繪的是，阿彌陀佛與觀音菩薩、大勢至菩薩在觀看歌舞，情景就像妙善公主出家前在父親的皇宮裡那樣。宏偉的宮殿、蓮花，而姿態曼妙的舞女、童子和無數樂手正在歡歌踏舞，兩側描繪的則是「未生怨」和「十六觀」的佛教故事，中間穿插花朵與飛禽走獸，十分複雜撩亂，但又往中心聚焦，是曼陀羅藝術的上品。

樣一鬧,已是月明西斜。妙莊王飲酒過量,覺得有些困乏,乘著一團酒興,命撤了席,扶著宮女,攜著寶德王后,回寢宮歇息去了。

一覺醒來,已是日上三竿。寶德王后梳洗完畢,便服侍妙莊王起床,待他盥洗畢,一面伺候飲食,一面對妙莊王說:「我昨天夜裡做了一個奇怪的夢,不知道是吉是凶?夢裡去了一個地方,好像是海邊,周圍一片白茫茫的,波濤滾滾,無邊無際,很是嚇人。

「正看著,忽然『轟』的一聲響,海中湧出一朵金色蓮花。剛出水時,大小與尋常蓮花沒有什麼不同,離水面也很近。但誰料到這金色蓮花卻越長越高,越放越大,金光也益發耀目,照得人連眼睛也睜不開。於是,我就將眼睛閉了一會兒,等到重新睜開時,哪裡有什麼金色蓮花呀?聳立在海中的,卻是好端端的一座神山。山上縹縹緲緲的,好像有許多重疊的樓閣,以及寶樹珍禽,天龍白鶴。這許多景象,由於距離很遠,時隱時現的,看不真切。中間的一座山頭上,湧出一座七級浮屠。浮屠頂上,端端正正安放著一顆明珠,放射出萬道奇光異彩,十分耀眼。

「我正看得出神,那一顆明珠,忽然冉冉地升起,轉瞬之間變成一輪旭

### 觀音菩薩
**雕塑／西藏吐蕃時期／西藏拉薩布達拉宮藏**

這尊高十八公分、以銅與純金合成的觀音像,表情恬淡,左手持一朵銅鑄蓮花,右手結「與願印」撫恤蒼生。倒三角的體形和突起的乳頭,使人聯想到妙善公主超越性別、非雌非雄的成道境界。西元7至9世紀,松贊干布統一西藏後所建立的吐蕃王國,佛教信仰日益昌盛,佛教藝術也跟著發達,這尊雕塑即該時期的精品。佛教藝術當時是從兩個方向傳入西藏的,一是唐朝文成公主從長安帶去的釋迦牟尼像,另一個是尺尊公主從尼泊爾帶至中土的釋迦牟尼像,兩者特徵都表現在西藏後來所有的佛教雕像中。這尊觀音,主要是印度風格,碩壯的胳膊、寶座上寬大的蓮花花瓣,略微體現出陽剛之氣。

日,漸漸逼近海岸,不多時已高高地懸在我頭上。又是『轟』的一聲響,那輪旭日竟直落到我懷中來。我嚇得慌了手腳,正想逃走,可兩隻腳卻像生了根一樣。嚇得我拚命一掙,就醒過來了,發現自己好端端地睡在床上,哪裡有什麼

海，有什麼山和一切的景象？這才知道是南柯一夢，這種夢不知道是什麼預兆呀？」

妙莊王聽後，心中一陣歡喜，安慰寶德王后說：「愛妻夢中看見的，分明是佛國極樂世界的景象，這是凡人難遇的，自然是大吉之兆。那顆明珠是佛家的舍利子，化作旭日，就是陽象；投入懷中，不用說那是孕育的徵兆了。愛妻做這樣的夢，今朝懷孕，必定生男無疑，那是值得慶幸的呢！」

寶德王后聽了這一番話，自然十分高興。這事傳遍宮中，全宮上下都懷著萬分希望。寶德王后自從這天起，漸漸顯露出懷孕的徵兆，經過兩三個月，腹部明顯膨大起來。懷孕以來，身體很健康，只是魚肉一類的葷腥，一點也不能入口。就是平時最愛吃的東西，只要是葷的，一見了就會噁心。勉強吃一點，連苦膽汁都吐出來。大家認為這是孕婦身上常有的事，也不覺得奇怪，誰知道這其中另有一番奧妙呢！

直到妙莊十八年二月十九日這一天，妙莊王正在御花園觀賞美妙景物，出神地幻想著，忽然有名宮女上氣不接下氣地跑到面前：「王后娘娘今天清晨為陛下添了一位公主，請大王賜名。」

妙莊王一聽生的又是女孩，像被當頭澆了一盆冷水，但想到這也是無可奈何的事，怪只怪自己沒福氣，才致如此。於是他問宮女：「王后身體還好嗎？」，宮女回答：「啟奏陛下，娘娘生產的時候，有許多珍禽異獸聚集在宮中的樹上爭鳴，像奏仙樂一樣。屋中也飄著奇異的香味。隔了不久，三公主就誕生了。如今大小平安，娘娘精神健旺，公主的哭聲很洪亮。」

妙莊王聽了，想起寶德王后懷孕時做的夢，隱隱覺得這三公主是大有來歷的，於是他便取「妙善」二字做三公主的名字。因為前面兩位公主，一個叫妙音，一個叫妙元，都是他拿自己年號第一個字來做排行的。當下，他用金箋朱筆寫下公主的名字，交給宮女去了。

**觀音菩薩頭像** 石雕（無名氏）／宋代

月牙般的眉毛、波浪般的髮式展現出貴族氣息，華美的王冠則更表明了妙善公主的身分。修長的鼻子是福氣的象徵，儘管這有悖傳統女性之美，但卻完全符合佛教的審美觀。這尊觀音頭像高約三十八公分，刻畫得栩栩如生。

# 慈航聽偈 03

說也奇怪,老者這樣一念,那妙善公主果然像懂了似的,豎著耳朵聽,睜著眼睛看了看老者,明白了他的意思,立刻就不哭了。

朝野的臣民,聽說宮中又添了一位公主,大家都歡欣鼓舞,於是舉辦慶祝大典。妙莊王也在宮中大宴群臣三天。這三天,興林國真是舉國歡慶,到處張燈結綵,喜氣沖天,一派歌舞昇平的景象。本來百姓安享太平,又逢喜慶之事,自然更加快樂了。

妙莊王在宮中歡宴的第三天,命令宮女將妙善公主抱到殿上與群臣相見。不料,這小公主在內宮倒也無事,一到殿上見了席間的酒山肉林,馬上放聲大哭起來,怎麼哄都停不下來,連餵她喝奶都沒用。鬧得乳娘慌了手腳,群臣驚異,妙莊王更是滿腹不快。

正在這時,忽然有黃門官上殿啓奏:「朝門外有一位龍鍾老者,說是有禮物獻給公主,求見我王。」

妙莊王便命宣到殿上,只見那老者仙風道骨、品貌不凡。妙莊王便問他:「老人家,你叫什麼名字?哪裡人氏?今天來這裡,有什麼事情?」

老者回答說:「大王不要問我的姓名來歷,我先把今天來這裡的原因,講給大王聽聽。我聽說大王添了一位妙善三公主,在這裡大宴群臣,所以特地趕來,一來向我王道賀,二來要將這位公主的來歷告訴大王。要知道這位三公主,是慈航大士轉世投胎,來解救世間萬般劫難的。」 妙莊王聽了此番玄妙之言哈哈大笑:「看不出你這麼大年紀,

**觀音菩薩** 雕塑／唐代／敦煌第328窟

此尊觀音表現出遊戲的姿態,暗示祂前世曾經是印度貴族。在眾敦煌雕塑中,這是歷經西方冒險家劫掠之後,保存較好的一尊。儘管一千年過去了,嫻熟的技法使觀音的皮膚看上去仍白皙細膩,身上的綢緞還是那麼柔滑尊貴。祂冷靜地看著大地,不怒而威,無言而慧。歷史上的這位觀音的確是男性,是印度藩國的貴族,而且像中國古代男子一樣留著鬍鬚。

觀音菩薩的故事：慈航聽偈

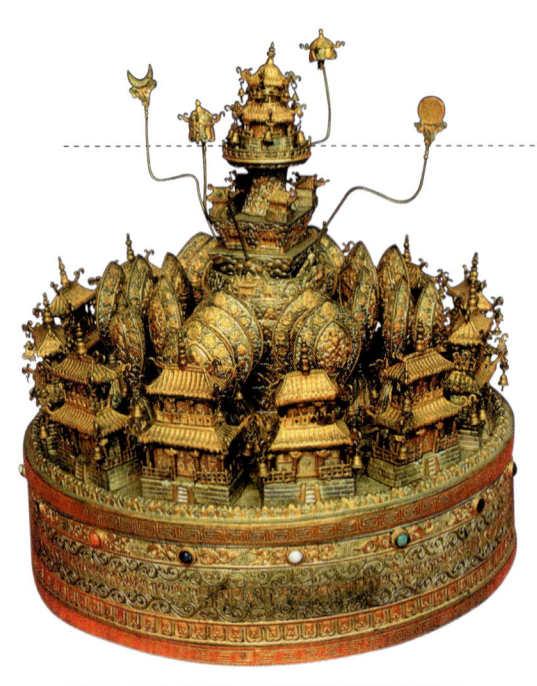

**壇城**
工藝品／清代／中國北京雍和宮藏

由須彌山、四大洲、日月、廟宇、宮殿、海洋、樓閣等組成的壇城，金碧輝煌般的烏托邦仙境讓人目眩，令人神往。壇城又名「曼荼羅」或「曼陀羅」，是古代印度哲學對宇宙形式和終極奧祕的一種特殊比喻，後來則做為承載東方藝術精神和哲學思想的著名藝術品。佛教中的曼陀羅繪畫（唐卡）、雕塑、建築等作品相當多，工藝往往精美絕倫。這尊銀製的鎦金壇城鑲嵌了鑽石，此聖物現藏於雍正皇帝當年捐造的喇嘛寺雍和宮，與佛陀、觀音等造像受到同樣的崇拜。

倒會胡說八道！那慈航大士不在西方極樂世界享清福，倒肯入這人世間受苦，投胎做個凡夫俗子，這怎麼會是合乎情理的事？根本就是你這老頭兒編的謊言，你想騙我？」

老者說：「大王有所不知，佛門修練的人，雖大都抱著出世成佛的觀念，但也不是沒有抱著入世度人觀念的人。

慈航大士就是因為看到世人罪孽深重、苦難難消，所以發了濟世救人的宏願，投胎入世，這怎麼會不可能呢？我哪敢在大王面前說謊？這件事的確是真的。」

妙莊王說：「就算你這老頭兒的話有些來歷，縱使慈航大士發願入世度人，也該化作男身，不該投生做個女兒，這也是超乎常理的事！我就是有點不相信。」

老者聽了連忙說：「善哉，善哉！這其中的原由，乃天機不可洩露，怎能向大王說明白呢？如果你不信就由著你不信，將來總有一天會清楚的，如今我也不用再多做解釋了。」

兩人說話時，讓乳娘抱在懷裡的妙善公主，哭得越來越厲害了。妙莊王聽了女兒的哭聲，心頭一動，向老者說：「這麼說來，你既然知道我女兒的出生來歷，想必是個成道之人。現在公主不住地大哭，究竟為什麼，你知道不知道？」

老者笑了笑：「知道、知道，一切前因後果，沒有我不知道的。公主的哭，叫做大悲！因為今天見大王為了她的誕生大擺筵席，供大家吃喝，不知殺了多少牛羊雞鴨，害了許多生命，給自己增加了無窮的罪孽。她於心不忍，所以不停啼哭。」

妙莊王說：「既然如此，你有什麼方法，能讓她不哭？」

老者忙說：「有、有、有，等我念一道偈語給她聽，自然就不哭了。」說完，他走到妙善公主身邊，用手摸著她的腦袋，喃喃念道：「不要哭、不要哭，不要哭昏了神，閉塞了聰明；不要忘了你大慈的宏願，入世的苦心。要知道，有三千浩劫等你去拯救，三千善事待你去實現。不要哭，聽梵音。」

說也奇怪，老者這樣一念，那妙善三公主果然像懂了似的，豎著耳朵聽，睜著眼睛看了看老者，明白了他的意思，立刻就不哭了。這麼一來，妙莊王與文武百官，無不驚疑得面面相覷，嘖嘖稱奇。

此時，老者忽然說：「如今公主不再哭了，我也不能在此久留，就此告辭了。」說完向妙莊王鞠了一躬，兩袖一揮，大步下殿而去。看他健步如飛，哪像是老人在走路呀！妙莊王此時才知道他不是凡人，錯過了未免可惜，便吩咐值殿侍衛：「快點去把老人給我請回來，說我還有事情要向他請教，一定要請他回來，但是要好言好語，不可莽撞得罪了他。」

侍衛領命去追，一直追到朝門，都沒看見老人的蹤影。於是大家騎著快

**佛手**
塑像／西藏後弘時期／西藏墨竹工卡縣瑪拉寺藏

這只巨大的佛手，矗立在西藏墨竹工卡縣瑪拉寺，攝影師故意以背光突顯神祕意境。它獨立於大地，穿破藍天雲層，似乎宇宙的全部奧祕都在掌握之中。這具佛手雖僅五十公分高，卻讓人感到雄偉大氣。傳說中，妙善公主聽到父親生病，需要人的手做藥引，便毫不猶豫砍下自己的手。她的慈悲感動了佛陀，於是賜她千手。這則傳說顯然帶有中國儒家盡孝道的色彩，卻也體現了所有宗教在民間普及的初期，都必然倡導重視親情。佛手的傳說不僅見於觀音典故，《西遊記》中也屢見不鮮，像是「如來佛的手掌心」後來也成了民間俗語，比喻控制和包容一切。

觀音菩薩的故事：慈航聽偈

**大勢至菩薩**
雕塑／唐代／敦煌第328窟

微微勾勒的鬍鬚，使這尊雕塑染有一絲貴族氣息，殘缺的手掌使人聯想到敦煌慘遭破壞的歲月。這是與觀音菩薩一樣神聖的大勢至菩薩，祂是觀音的兄弟，其實祂的法力在佛教中幾乎與觀音同等，也是無所不能，而且十分慈悲。不過，由於中國人篤信觀音，而忽略了祂，正如本書作者忽略了妙善公主的姐妹一樣。

馬，分東南西北四路追尋，可是找遍了城中每個角落，都不見老人的影子。眾人沒有辦法，只好先回宮覆命。

妙莊王說：「我親眼看到他走的，就一會兒的工夫，下令去追，怎麼會找不到呢？難道他長翅膀飛走了嗎？」

群臣個個驚異，大臣婆優門對妙莊王說：「臣想今天舉國歡慶，城中應該是非常熱鬧的，那老者又健步如飛，他闖出朝門，混在人群之中，自然不容易發現，要是侍衛挨家挨戶地搜，一定可以找到那老者。」

他話還沒說完，左丞相阿那羅搶著說：「使不得！百姓都在慶祝盛典，要是挨家挨戶地搜尋老者，豈不打斷了人們的興致，擾亂了大典嗎？照老臣看來，那位老者絕不是等閒之輩。聽他剛才說話，就可以知道。既然他不肯留下，找也是沒有用的，不如就讓他去吧！我看這位老者，一定是佛祖現身指點我們。」

妙莊王聽了阿那羅的話，又仔細回想一下剛才發生的事，不覺有些將信將疑。他說：「如果真像你說的那樣，難得佛祖降臨，那是我們的幸運，只可惜我們肉眼凡胎，不認得佛祖，真是可惜呀！看來都是我道淺福薄，現在也沒什麼好說的了！」

當下，阿那羅丞相安慰了妙莊王好一番，君臣暢飲一場，才都高興地散去。不過，佛祖現身點化的事情，從此傳遍民間，被大家當成一件奇事宣揚，人人都在談論它。興林國的百姓，大部分都是佛教信徒，另外一小部分雖然不信佛，但腦海裡還是有佛祖印象的。所以聽說這事後，大家都更誠心了，好像釋迦牟尼佛祖就在興林國似的。

# 蟻動慈心 04

這小小的螞蟻，就是安安穩穩地過日子，一生的時間也很短促，何況還有其他動物的殘害，自保都來不及，為什麼還要自相爭鬥、不顧性命呢？

自從阿那羅丞相說「那位遍尋不著的老者，是佛祖現身」之後，話傳出去，興林國的百姓，沒有一個敢不信的，而且不免加油添醋地多了許多猜測和想像，鬧得全國百姓都要向著佛門了。而這也是西方佛教發達的開始。

再說妙善公主，由寶德王后悉心撫育，漸漸長大，轉眼之間已是三、四歲了，出落得美麗聰明，能說能笑，比起兩位姐姐更是高出一籌。不過，她的個性卻大大地與人不同。一般小孩子總是喜歡漂亮的衣服、好吃的東西，但小小年紀的她，對這些綾羅綢緞、山珍海味卻一概不喜歡，只喜歡布衣粗食。最奇怪的是，她生來就吃素，從不吃葷腥。並非是她不願吃，實在是不能吃，油膩葷腥一入口，立刻就會嘔吐出來，再也不能下嚥。寶德王后見她這樣，雖覺得奇怪，但也無可奈何，只好準備一些淨素的食物給她吃，才合她的心意。

妙善公主六歲上學讀書，十分聰明，一教什麼立刻就朗朗上口，並且過目不忘。因此，妙莊王與寶德王后都很寵愛她，視如掌上明珠，心中十分安慰，有女如此，和男孩也沒什麼不同。

妙莊王常對寶德王后說：「等到妙善公主將來長大成人，一定要替她招一個文可安邦、武可定國的十全十美人物做她的駙馬，那時候，郎才女貌才叫好呢！就算到時候還沒有太子繼位，興林國的王位也可以傳給駙馬，不至

**蓮花手觀音** 雕塑／西藏後弘時期／西藏拉薩布達拉宮藏

這尊觀音像古鏽斑駁，體現出年代的久遠和佛教思想的深邃。祂的左右手結「寶樓閣法印」，露出莊嚴神聖的表情。一支蓮花插在祂的左臂上，與若男若女的S形曲線美身材交相輝映，靜穆而空靈。9世紀中葉，西藏腹地政治動盪，以「郎達瑪」贊普為首的世俗統治者，推行了震驚東土的滅法運動：佛教被宣佈為非法信仰，無數僧人被迫遷徙，寺院被摧毀，連著名的大昭寺也變成了屠宰場。但是在藏民心中，佛教及觀音菩薩仍是他們心中最聖潔崇高的護佑者。他們依然製作類似這樣的觀音雕塑，菩薩以充滿寧靜和悲憫的心注視著生靈塗炭、災難頻繁的世界屋脊，表現出高貴的達觀及對佛教的無上信念。

於斷了婆迦氏的血脈。」寶德王后也十分贊成這個主張,夫妻倆自從安了這個心眼兒,連望子之心也漸漸淡薄下來,只顧著暗中物色合適的人選。

這件事不知怎的,傳到妙音、妙元兩位公主耳裡,她倆不免自嘆命薄起來。

有一天,兩位公主一同在花園中賞桃花,無意間走到仙人洞旁邊,只見妙善公主蹲在地上,旁邊站著一名宮女,兩人都默不作聲,不曉得在那裡做什麼?兩位公主見了這種情形,不免心裡好奇,慢慢走過去一看,原來妙善是在看螞蟻打仗。

妙善也看見了兩位姐姐,便喊道:「兩位姐姐快來幫我挖個坑,將這些死去的螞蟻埋起來。」

妙音、妙元兩人相視一笑說:「妹妹,你自己去瘋吧!我們怕弄髒了手,不幫你做這些玩泥巴的遊戲。」說著,兩人便牽手離開了。

妙元低聲對妙音說:「姐姐,你看三妹專門喜歡做這些玩泥巴的遊戲,父王母后還當她是寶貝,說什麼要找一個文武全才的人招為駙馬。萬一母后以後不再生育了,這個駙馬還可以繼承王位,她還要做皇后娘娘呢!世上哪有玩泥巴的皇后?你想可笑不可笑!」

妙音說:「三妹的舉動,我也覺得不妥。只是父王母后偏愛著她,這是沒辦法的事。怪只怪你我命淺福薄,輪不到

**觀世音菩薩** 唐卡 / 近代 / 西藏大昭寺藏

這尊觀音菩薩有一位身材美好的明妃(修行伴侶)與祂相擁,兩口相對。觀音手中拿著蓮花,神情萎靡,似正思索神祕的教義;腳下踩著經文,上書:「皈依勝海觀音菩薩」。這幅唐卡的背光簡潔,如一輪紅日照耀著密宗的修行。觀音菩薩在藏語裡名叫「堅熱斯」,有時頭戴骷髏,完全像一個印度王子。

那些好處，這都是命中注定的啊！」

再說三公主妙善，她究竟在那裡幹什麼呢？這倒要講個明白。原來，那天妙善公主在宮中覺得無聊，就帶著一名宮女到花園玩耍，無意間走到仙人洞旁，突然看見地上一隊黃螞蟻、一隊黑螞蟻，在那裡打得難解難分，雙方死傷累累。妙善見了很不忍心，暗想：這小小的螞蟻，就是安安穩穩地過日子，一生的時間也很短促，何況還有其他動物的殘害，自保都來不及，為什麼還要自相爭鬥、不顧性命呢？地上這麼多死傷的屍體，多麼淒慘啊，還是讓我替你們和解吧！

她於是蹲下去用手去拂，卻又下不了手。原來黃黑兩隊螞蟻已進入了混戰狀態，鬥成一團，牠們的身體又小，哪裡分得清楚啊？要是捉到將牠們分開，分到什麼時候才能完呀？況且螞蟻這小東西，不鬥便能，要是真鬥起來，真是全死方休，並且要是咬住了敵人，就算到了力盡而死的那一刻，也不肯鬆口。

假如真有人一對對地去分開牠們，牠們一定會同時受傷，就算不受傷，你一鬆手放在地上，牠依舊會去找敵人死鬥。這麼一來，一對還沒分開，一對又鬥起來，那是永遠也分不完的。所以每次蟻鬥之後，戰場上總有許多捉對同死的蟻骸。

妙善公主想到這一切，不由得縮了

**觀音菩薩觀自在天身** 版畫／南京／明代

此圖刻繪於明初，因無文字可考，故圖說依清代復刻的「優婆塞沙福智」本〈普門品〉寫成，雖文字未必相符，卻能略窺中國元代版畫風格，值得重視。圖畫上方，觀音菩薩為祥雲環繞，真身頭戴珠花寶冠，身披紅色袈裟，翠玉項鍊垂落胸前，袖手盤膝坐於蒲團上，低首俯視，正欲從天而降。下方盤坐於須彌石上的，是一位頭戴佛冠，髮梳雙髻，身著衲衣，手戴金釧，雙手做轉法輪勢的菩薩。左手邊站立了一名粗眉慈目、鬍鬚濃密的異教徒，此人頭戴金箍，藍袖長袖，腰繫長巾，拱手作禮，衣著頗像漢唐服飾。按圖中人物形象，應是〈觀世音菩薩普門品〉中記載的：「應以大自在天身得度者」或「應以長者、居士、宰官、婆羅門、婦女得度者」，這是觀音菩薩現婦女之身以傳道說法。

手。但她畢竟是個聰明絕頂的孩子，細細一想，琢磨出一個方法。她想，螞蟻彼此爭鬥，無非是為了食物，只要雙方都有充足的食物，自然會想各自把食物搬運回洞，爭鬥就能解決。於是，她命宮女取來許多香甜餅屑，一方面查看兩隊螞蟻的巢穴，把餅屑撒在洞口的四周。果然，兩隊螞蟻後來的生力軍，見了食物，便不再趕赴戰場，都去搬運糧食了，雙方的戰爭也漸漸鬆懈下來。妙善拿來一把小掃帚，輕

**蓮花手觀音及脅侍**
雕塑／西藏後弘初期／西藏昌都地區八宿縣八宿寺藏

憔悴的蓮花手觀音，是西藏後弘時期民眾的寫照。由於政治動盪，人們對佛教更加依賴。兩個童子被演繹成虔誠的教徒，觀音臉上滿是皺紋，眼神充滿對滅佛運動中無辜殉教者的同情，這就是所謂的「愁面觀音」。右側的侍者鳥首人身，是十分典型的佛教護法神大鵬鳥的化身像。

輕撥掃鬥住的螞蟻，讓牠們的陣線變得散亂。此時，後方傳令的螞蟻也來了，大家得到信息，都趕回後方去運糧食，一場惡鬥才終於結束。

可是在戰地死傷的螞蟻，已有好幾百隻，妙善看了那種折頭斷足的場面，心中不免傷感。暗想，螞蟻雖然是隻小小蟲子，到底也是一條生命。這麼一打架，就失去了許多的生命，也不知道牠們前世造了什麼孽，現在死在這裡已經很悲慘了，萬一鳥兒又來啄食，那不是慘上加慘嗎？還是我來挖個坑，埋了牠們吧。

她就在附近挖了一個小小的坑，正在埋葬螞蟻屍體時，恰好遇到妙音、妙元兩位姐姐走來，於是喊她們幫忙。不料，她們竟不理。妙善也不在意，將蟻屍全部撿起放到坑中，用土掩埋，圓滿了這場功德，她這才帶著侍女回宮，心裡覺得十分平靜。

再說妙音、妙元兩位公主，因為父母偏愛妙善，又聽了「物色駙馬，預備繼承大統」的話，女兒家心胸狹窄，不免由羨慕變為妒忌了。她們平時對妙善的行為就有點看不順眼，今天又見她挖泥葬蟻，譏笑她一陣後，立刻趕回皇宮去，告訴寶德王后這件事。她倆原以為，這樣一來可以減少母后對妙善的憐愛之心，轉而疼愛自己。但是寶德王后聽了，卻只付之一笑，還說妙善的舉動是上天好生之德的體現。妙音、妙元哪裡料想到，寶德王后會說出這種話來，心中很是氣苦，連眼淚都流出來了。

妙善公主圓滿功德後，帶了侍女回宮，見過母后，看見兩位姐姐那種氣苦的神情，以為是受了母后的訓斥，也不敢多問。寶德王后看著她，問她到哪兒玩去了？妙善便將剛才的事詳細說了一遍。

寶德王后笑說：「你也太淘氣了，花心思去做這種事情，也不怕弄髒雙手。要是遇著毒螞蟻，被牠咬了，生起螞蟻瘡來，就夠你受的，以後快別玩這些東西了！」

妙善公主聽了母后的教訓，一邊答應，一邊又說出一段道理來……

# 捨身救蟬 05

那隻蟬分明是在向我求救,我要是坐視不管,牠的一條命就斷送在螳螂的爪牙之下了。好在那枝條並不算高,站在石凳上應該搆得著。

寶德王后聽了妙善葬蟻的事情,教訓了她一番。她一邊答應以後再也不做,一邊等母后說完,接著說:「母后您哪裡知道,螞蟻雖是個小小蟲子,但到底也是一條生命呀。孩兒看到牠們兩隊爭鬥,死傷累累,十分淒慘,心中不忍呀!所以設法將牠們分開,以免牠們繼續爭鬥,害了自己的性命。那些螞蟻也好像有靈性一般,沒有一隻咬了孩兒呀!」

她正說到這裡,恰好妙莊王也回到宮中,問起大家在這裡講些什麼,寶德王后又將此事告訴他一遍。妙莊王聽了,也笑著說:「這孩子聰明伶俐,別的都好,只是生了這種古怪脾氣,一點都不像小孩子,舉止動作像佛門弟子一樣,讓人不大喜歡!還得你多費一點心,好好地教導,讓她改了這種習慣。」寶德王后唯唯應諾。

妙莊王這一席話,妙善公主聽了倒不在意。可是妙音、妙元兩位公主聽了卻十分開心,一改剛才的不快情緒,露出了笑容來。她們知道,妙善公主的脾氣生在骨子裡,是改不了的。父王既然說了這幾句話,由她鬧下去一定會有失寵的一天。古人說得好:「江山易改,本性難移。」又說:「三歲定終身。」這就是說,人的生性從小到老,是永遠不會改變的啊!妙善公主既然生來就是佛性佛心,任你外界的力量如何,也休想改變她一分一毫。寶德王后雖然時常以關懷的言語勸導她,她卻依舊我行我素,半點也不動心。

一個夏天傍晚,妙善公主因室內悶熱,到屋外柳蔭下乘涼。真是好風送爽,清靜非常。有隻蟬附在枝頭,不住地唱著,好像有什麼開心事一樣。

妙善公主在這一片寂靜清爽當中,忽然陷入深思:「世界上的人都在勞勞

**蓮花手觀音** 雕塑/西藏後弘初期/西藏拉薩布達拉宮藏

華麗的銀鑄花圈纏繞觀音全身,祂的臉龐猶如身邊的蓮花,光明而寂靜;頭上裝飾幾乎與西藏貴族的王冠一樣複雜精緻,上面有一化佛。祂的右手結「施無畏印」,光著雙腳,高眉長鼻,目光柔和而充滿神祕感。這尊銅鑄鎦金的雕塑,僅六十九公分高,卻氣象萬千,具有喀什米爾藝術風格,彷彿是西藏後弘時期的佛難時刻裡,一道予人希望的靈光。

觀音菩薩的故事：捨身救蟬

碌碌，爲了爭名奪利，使自己遭受了不少磨難，增加了許多罪孽，到死也無法醒悟，這是多麼可憐啊！如何才能想個方法，讓世界上的人都大徹大悟，免除這人世間的痛苦和劫難呢？」因此，她的思路越想越遠，凝神靜坐，像佛家坐禪入定一樣。

正出神時，那一片原本和悅的蟬聲，忽然變得焦急，似乎遇到什麼危險。妙善公主心頭一驚，於是收斂心神，循聲望去。只見一根綠色的枝條上，一隻蟬正抱在枝頭嘶聲哀鳴，旁邊另有一隻螳螂，兩把大斧般的前爪已將那隻蟬抓得牢牢的，昂起細長的頭頸，正要把那蟬咬來吃呢！

妙善公主見此情形，心想：那隻蟬分明是在向我求救，我要是坐視不管，牠的一條命就斷送在螳螂的爪牙之下了。好在那枝條並不算高，站在石凳上應該搆得著。於是便不遲疑，走了過去站到石凳上，伸手去捉螳螂。螳螂見有人來了，急忙放開了蟬，舉起一對利斧抓公主的手，那隻蟬也趁機飛走了。公主看得一呆，轉念想，現在蟬已飛走，不用再去捉螳螂了，於是

### 觀音菩薩現小王身
版畫／南京／明代

1950年秋，在中國中央文化部舉辦的一場「參加蘇聯中國藝術展覽會」展品之中，有一幅於明代洪武28年（1395年）刻繪的〈觀世音菩薩普門品〉其中一函。該卷末刊上書：「京都應天府，弟子沙福智刊造大藏經，印施廣流布」的字樣。此卷卷首之圖與本圖相同，但無色彩，可知本圖為六百年前所作，色彩為後世信士填加而成。本圖所繪的觀音菩薩頭戴蓮花寶冠，長髮披肩，瓔珞當胸，著淡藍色佛衣，衣帛繞地，袖手趺坐於滿月之中，面前放了三足香爐、淨水小盅，四周雲山霧海，霞光萬道。下方龍椅上坐一帝王，頭戴皇冠，身著黃袍，面留五鬚美髯，雙手藏袖放於膝前。旁有一名頭戴軟巾的侍者，雙手抱於胸前，站在一面屏風前，態度十分恭敬。屏風雕刻極其精緻，上有藍雲聚日，下方海波翻騰，飛龍流雲穿梭奇峰之間，境界實在超然。

想將小手縮回來。沒想到一念之間,螳螂的前爪卻毫不留情地抓住了她的手背,使勁地一拖,深入皮肉,拖出兩條長達一寸多的血口子,鮮紅的血立刻冒了出來。

公主突然受了傷,真是痛苦難當。她眼前一暗,兩隻腿也痠軟下來,一時間站立不穩,倒栽蔥般摔下石凳來。這一摔非同小可,右額角正磕在一塊石子上,成了一個小小窟窿,左腳踝又被樹根一絆,扭脫了臼,頭上鮮血直流。妙善公主哪裡受得了這種疼痛,立刻就暈死過去,不省人事。直到覺得渾身痠痛醒過來時,已躺在寢宮的臥床上了。妙莊王和寶德王后等人都守在旁邊,大家手忙腳亂,見她甦醒都說:「好了、好了、醒過來了。」妙善才想起剛才的事情,不禁痛得呻吟起來。

妙莊王一臉擔憂地問:「兒啊!你怎麼摔成這樣?現在覺得身子怎樣?快快告訴父王。」妙善公主雖然心憚妙莊王的威嚴,明知說出來一定會被父王責備。但她生性誠實,不會說謊,只好硬著頭皮將剛才驅螳螂救蟬,以及摔倒的情形,一五一十地說了出來。

妙莊王聽了,不住地搖頭說:「兒啊!我不是常跟你說,不要幹這些無聊的事,你偏偏不聽。今天為了救一隻蟬摔成這種模樣,這不是自討苦吃嗎?俗話說得好,叫做『吃一塹,長一智』,今天你既然吃了

**觀音半身像** 木刻(無名氏)/宋代

觀音表情沉默如唐朝武士,飽滿的胸部呈流線型鼓起,前額眉心上的紅點不像一般佛雕那樣突出來,而是凹進去,使這尊罕見的宋朝木刻,更顯個性十足。觀音的形象受到無數次的修改、演繹和變換,每位藝術家都按照自己心中的菩薩模樣去塑造祂。

這麼大一個虧,往後應該要牢牢記住,不要再任性地胡鬧了。」公主聽了,只得連應兩個「是」字,接著又呻吟起來。寶德王后見她那種痛苦的神情,十分傷心,忙問她說:「兒啊!你哪裡覺得痛呀?」

公主忍痛回答:「全身都疼,右額角與左腳踝痛得更厲害,左腳踝像斷了一樣。」

寶德王后的手往她左腳踝一摸,骨頭果然錯位了,急得直跳起來,連說:「該怎麼辦呀?該怎麼辦呀?」

## 彌勒佛
雕塑／西藏日喀則地區扎什倫布寺藏

這尊彌勒佛鼻梁挺直，頗有古希臘雕塑的風格，寂靜的目光似在哀憫一切生命的苦難。彌勒佛也稱「布袋和尚」，在中國人的印象中，祂是一位笑咪咪的大肚子佛爺。實際上，祂不僅以妙善公主的父親妙莊王為原型，而且在佛教中名列「賢劫第五佛」，據說將來會從兜率天重新降臨人間，猶如基督教的彌賽亞，在婆娑世界裡拯救眾生。早在北魏年間，彌勒佛和兒子觀音的造像，便已在數量上超過了釋迦牟尼，充分說明祂們比佛陀更受到中國人的敬愛。

妙莊王便傳旨宣了一位大夫入宮，替妙善公主把骨頭接上，又開了藥給她吃下，忙亂了好一會兒，疼痛才慢慢減輕。看著公主靜靜地睡著了，大家這才放心。

妙善公主這麼一睡，就是個把月無法起身，每天臥床不起，跟生了一場大病一樣。如果是一般人，因為蟬和螳螂的緣故，害自己吃這麼大的苦，必定要生怨恨的心情。可是這位公主卻不以為然，一點兒也不懊恨，反以為如此一來，身體上雖吃了點苦，心中卻得到萬分安慰，躺在床上，也不感覺有多痛苦。

一個月後，妙善公主漸漸復原了，腳踝的傷已經完全好了，手背上被螳螂抓傷的輕微傷痕也都好了。只有右額角受傷的地方，還沒有長好。大家又花了不少心思醫治她，過了一些日子，才總算好了。但額角邊卻留下一個龍眼大小的黑疤，就像美玉生了瑕疵，很不雅觀。

寶德王后見了此疤，心中很不高興，她對妙莊王說：「一個如花似玉的美貌女孩，現在頭上有了一個疤，不是影響美觀嗎？咱們國內有不少名醫，陛下又貴為一國之君，要是下旨求醫，找個靈驗的藥方來治女兒的創疤，我想應該不是什麼難事。陛下何不下詔試試？」

妙莊王點頭稱是。第二天真的降旨廣求治疤良方，說是如果有人能使三公主額上的疤痕消退，賞白銀千兩，封為御醫。

聖旨一出，興林國境內的醫生為了拿到重賞，爭著進獻藥方，絡繹不絕。可是依他們的方法去試，一連試了幾十種，沒有一例有用的。妙莊王很不高興，心想：我這麼大一個國家，竟沒有一個有真本領的人，看來女兒頭上的疤痕，是沒法子除去了。一塊美玉有了瑕疵，怎不叫人惋惜呀！他正煩惱時，卻來了一位奇人。

# 雪山寶蓮 06

有座陡峭的高峰叫做雪蓮峰,那流落人間的一朵寶蓮,就生長在這座高峰的冰窖雪窟中,山下有時能望見,山上白雲環繞,遠遠的就能聞到花香,那真是件寶物。

得不到好藥方退除妙善公主額上的創疤,妙莊王心中老大不快,決定要將國內的醫生全都驅逐出境,不准留在興林國內,以免百姓受他們欺騙。他曾將此想法與阿那羅丞相商量,而且恨不得立刻實行,幸好阿那羅多方相勸,才定下了七天的期限,說是如果七天內,再沒有人能治好公主頭上的創疤,就實行驅逐醫生的計劃。

消息一傳開,把那些靠治病吃飯的醫生,嚇得面如土色、叫苦連天,只希望蒼天保佑,能來個奇人把公主的疾患治好,讓自己免受流離之苦。可是這種希望如何才能應驗呢?一天過去了,又是一天,仍然沒有好消息。又過一天,依然是了無訊息,那一班醫生的焦慮真是與日俱增。轉眼之間,已到了第七天,只剩這短短期限,希望自然是格外渺茫。

**觀音菩薩現佛身**
版畫／明代／
中國南京博物院藏

這是一幅將觀音菩薩的人、佛雙重身分同時表現在繪畫中的作品。圖的下端,釋迦牟尼與其弟子阿難、迦葉尊者,正在點化披髮戴花冠、著連身衣裙的妙善公主。而圖的上端,則是後來的觀音形象,祂坐在綠草蒲團上回望自己的肉身,彷彿天國的靈魂回顧著自己的生前舊事。此版畫無作者姓名,卻是用料古樸,只用赭石和藏青兩種顏色,即完美表達出觀音現身的意境。

忽然，黃門官帶了一位青年上殿。妙莊王將他從頭到腳仔細地看了一遍，只見他生得風流儒雅，相貌端莊，態度大方。書生向妙莊王行過大禮，妙莊王便賜座給他坐下，開口問他：「年輕人你怎麼稱呼，家住在哪裡？」

青年彎彎腰回答：「我叫樓那富律，在南方多寶山居住，一直從事採藥行醫的工作，專替有病的人救治疾苦。路遠，來遲了，還望大王恕罪。」

妙莊王聽了這番話冷笑著說：「好個大膽的書生，我以為你是來獻什麼靈丹妙藥的，原來是替一班庸醫做說客的，衝這點就該治你個欺君之罪。」

樓那富律微笑著說：「靈丹妙藥倒是有。我王既然要治我欺君之罪，我也就無話可說了。」

妙莊王說：「那你先說說，只要能治好公主的病，不但無罪，而且有功。但要是不靈，就是欺騙我，到時候兩罪並罰，絕不寬恕！要是有靈丹妙藥，快快拿來吧。」

樓那富律打了個哈哈：「談何容易呀！大王，你以為公主的疾患，是凡間藥物能治得好的嗎？」

妙莊王聽他亦真亦假地說著，心頭大怒、大聲說道：「不是凡間的藥物可以醫得好，難道要仙丹不成？這麼說，如果不遇到神仙，公主的病是治不好了，看你一個小小書生，難道會有仙丹嗎？」

樓那富律點頭說：「大王果然聰明，要說這樣東西，雖然也出在人間，但多少帶些仙佛靈根，我雖是沒有，卻知道它的出處。」

妙莊王說：「光知道有什麼用？尋求不到，仍是枉費苦心，有什麼用呢？」

樓那富律說：「凡事只要有虔誠的真心，肉身都可以成佛，更不要說這人間的東西，有什麼是找不到的？」

阿那羅丞相這時彎腰向妙莊王說：「老臣看這個人的確有點來歷，他的話也許可以相信。倒不如讓他講個明白，或許真的有效也說不定。」

妙莊王點了點頭，又向樓那富律說：「你這個書生不要拐彎了，果真有什麼靈丹妙藥，這藥位於何處，如何找到？就快說給我聽，我好派人去尋找。如果真將三公主的創疤除去了，我一定重重有賞。你現在說話不需要再吞吞吐吐了。」

樓那富律這才正色說：「我哪敢戲弄大王呀？剛才我是因為大王不信任我，所以不願說出來。如今既然大王不再懷疑，自當說個明白。我所說的東西，不是別的，卻是一朵蓮花。」

**盛唐觀音** 彩塑／唐代／敦煌第45窟西壁龕內北側

由於女信眾廣泛，中國的觀音形象很早就開始女性化了，及至明清以後完全變成了女性。但在明清以前，觀音形象一般仍具有明顯的男性特徵。最顯著的是，許多觀音都有鬍鬚，胸部也比較平坦。這尊盛唐時期的敦煌彩塑觀音，雖以「無性」狀態呈現，但祂頭戴寶冠，髮梳高髻，上身半裸，肌膚豐盈光潔，身上佩飾披巾、瓔珞、臂釧、手鐲等物，俊美中蘊含著女性的嫵媚。祂的目光低垂，神情專注，彷彿正在聆聽超聖者的傾訴。祂是慈悲和善良的化身，是理想與藝術創作的完美結合。

妙莊王哈哈大笑說：「這有什麼稀奇的？在我御花園的荷池中，寶貴的青蓮不下萬朵，要一朵有什麼難的，值得如此大驚小怪！」

樓那富律雙手亂搖說：「不是、不是，那種青蓮，不要說萬朵了，就是百萬朵也沒有用。我所說的蓮花，是長在深山裡，出泥而不染，趁雪而盛開，聞聲而隱滅的。要是得到這蓮花的一瓣花葉，公主的病立刻就能痊癒。」

妙莊王聽了，哪裡肯相信，連連搖頭說：「這分明是你編造出來的謊話，世界上哪有這樣的蓮花？」

樓那富律說：「有倒是有，只是少有。從古到今，一共只有三朵：一朵被王母娘娘移上天宮，種入瑤池；一朵被佛祖帶往西方，做了蓮台；還有一朵流落人間，專等有緣分的人去摘取呢！」

妙莊王說：「這樣說起來，這朵蓮花哪是凡人能夠得到的？說了半天，還是白費唇舌。究竟這流落人間的那一朵，哪裡才找得到？怎麼才可以弄得到？你說說看。」

樓那富律說：「其實說遠不遠，說近不近。我國東南面有座須彌山，居中有座陡峭的高峰，叫做雪蓮峰，那流落人間的一朵蓮花，就生長在這座高峰的冰窖雪窟中，山下有時能望見，山上白雲環繞，遠遠的就能聞到花香，那真是件寶物。可要想拿到它，沒有緣分的人就算歷盡千辛萬苦，也無法得到；有緣分的人只要心懷真誠，不怕艱苦險阻，總有達願的時候。」

妙莊王沉思了一會兒，搖頭說：「不對、不對，你既然知道寶蓮的下落，以及許多的好處，難道你就不能心

**觀音鼻煙壺**
玻璃工藝品（仇氏製）／清代

自晚清至民國，由於大量鴉片與粉末狀毒品的輸入，鼻煙壺幾乎成了每個有此嗜好者的必備之物，上自大總統、軍閥、官僚和前清貴族遺民，下至尋常百姓、市井地痞，幾乎人手必藏。鼻煙壺的製作，也因此發展為一種輕工業和民間工藝。由於此物的用料大多是玻璃、琉璃、玉石或翡翠等透明固體，所以內繪（即在壺內作畫）工藝也受到普遍歡迎。吸毒，是一種人類欲望膨脹的惡習，為各種宗教深惡痛絕，而佛教的觀音形象居然變成這種麻醉品的裝飾物，可見製作者只想到了觀音的美，而不是祂的教化意義。

存真誠的去求取嗎?還到這裡來搬弄唇舌,分明全是胡說八道,這仍然是在替那一班沒用的醫生做說客,來我這裡搗鬼。如今我也不必與你再說,先將你關起來,等派人到須彌山雪蓮峰下探個究竟,要是真的發現那朵蓮花,那時再向你賠罪。要是沒有的話,你就別怪我執法如山,不饒你的性命。」

樓那富律連聲稱好,又說:「既然如此,驅逐醫生的事也要停下來,等一切有了分曉再說。」

妙莊王低頭沉思,一時也想不出個合適人選去尋寶蓮,便說:「這件事等明天早朝時,召集文武大臣共同商議,再來定奪。」說完就回到宮中,阿那羅也下殿回府不提。

次日早朝,妙莊王將昨天的事情向文武百官說了一遍,問誰願意去?值殿將軍迦葉出班表示願意前往,妙莊王十分喜悅,因為此人在武將中算得上是智勇雙全,又是自己的心腹忠臣,的確能擔此重任。當下賜了三杯御酒為他壯行。

迦葉退朝之後,回到家中,挑選了五十名勇武精壯的士兵,預備了路上的清水糧食、篷帳衣服等物品,騎著駱駝,啟程一路向東,去尋找那須彌山中的寶蓮。

**彌勒菩薩頭像**
雕塑／明代／西藏日喀則地區扎什倫布寺藏

彌勒菩薩髮髻高聳,由呈金色,雙眉修長,寶相威嚴,似在閉目沉思世間眾生的苦難和救度。「彌勒」在梵語中叫「Maitreya」,意思是「慈祥者」,是佛教中最重要的菩薩之一,也是釋迦牟尼的繼承者,以及三世佛中的「未來佛」。關於祂的傳說很多,有人認為祂就是歷史上觀音的父親——印度的一位藩王,據說他篤信佛教,最終與孩子一起成道。

# 07 迦葉尋蓮

這座峰難道就是雪蓮峰嗎？這奇異的光芒難道就是寶蓮所發出的嗎？他聚精會神地觀看，果然看到一朵很大的白蓮，亭亭玉立在積雪裡面，散發出奪目的光芒。

迦葉準備好路上需要的一切，帶著五十名士兵，立刻騎著駱駝出發了，他們朝著須彌山的方向前去。這隊人馬一路上遇的不是廣闊的沙漠，便是幽僻的森林，走得十分艱難，萬般辛苦。大家白天趕路，晚上就在曠野中休息。常常數十里內看不見一個人影，就是水草都難以看到，所幸騎的駱駝能耐饑渴，否則就更加艱難了！

像這樣日行夜息，一連走了半個多月，才隱約看見須彌山各峰的雪頂。遠遠地望去，好像許多頂著滿頭白髮的老人，高矮不一地並排站著，真算得上是一種奇觀。

大家心想就快到須彌山了，心中都非常高興，走起路來更加輕快了。只花了一天工夫，就來到須彌山的北坡。可是方圓數十里內卻找不到一個部落，他們不知道這三十、五十座高峰中，哪一座才是雪蓮峰？現在，連個能問路的人都找不到，該怎麼辦呢？看見天色不早了，迦葉就命令眾人埋營做飯，過了今晚再說。

大家飽餐一頓，各自回篷帳休息。迦葉心裡苦悶，翻來覆去睡不著，於是身著長毛披風，腰佩長劍，獨自走出帳外，觀賞須彌山的夜景。

他一個人走到樹林邊，只覺得暗夜風急，刺人肌骨。抬眼望向遠處，只見黑壓壓的森林，在昏沉的月光中搖擺。反而是山頂上的積雪被月光一映，發出極為燦爛的銀光。迦葉就這樣一峰一峰地看去，感覺很是有趣。突然，居中一個山峰上，光彩有些異樣，他心頭一動，想到：這座峰難道就是雪蓮峰嗎？這奇異的光芒難道就是寶蓮所發出的嗎？他聚精會神地觀看，果然看到一朵很大的白蓮，亭亭玉立在積雪裡面，散發出奪目的光芒。

迦葉不禁欣喜萬分，一口氣跑回篷帳，叫醒了一班隨從，領著他們出帳觀看。那些人都是凡夫俗子，幾時見過這樣的寶貝？一看之下，都高興得手舞足蹈，齊聲歡呼起來。誰知這一鬧，驚動了那蓮花，竟漸漸地躲到雪裡去了。迦葉這才知道，原來它真是聞聲而隱滅。大家只好回帳睡覺，預備第二天再看個清楚。

哪知道自從上次現身以後，它便不再出來，一連三、五夜都沒動靜。迦葉知道等也沒用，好在這次來只是為了打探寶蓮的有無，如今既然已看到，而且

是所有人都看見了,應該可以向妙莊王覆命了,於是整隊循原路回去。

路途一往一返,前前後後共花了三個多月,迦葉一行人終於回到興林國,卻得到一個意外消息:原來妙莊王的王后寶德國母,一個月前過世了。全國上下無不感到悲傷。迦葉屈指一算,寶德王后去世的日子,正是自己在須彌山發現寶蓮的時候,不覺有些奇怪。想到時間點竟如此湊巧,裡面肯定有什麼原因,絕不是偶然的事情。

他安頓好隨從士兵,便立刻上朝覆命,把沿途遇上的艱難及發現雪中寶蓮的詳細情形,從頭說了一遍。妙莊王因為王后過世,心中沉悶不樂,如今聽說雪蓮有了著落,內心更添了許多驚奇和懊悔。他勉強慰勞了迦葉一下,便愁苦地獨自回宮了。

論情理,雪蓮有了著落應該是件值得高興的事,理當開心才對,為何妙莊王反而感到驚悔呢?他驚些什麼、悔些什麼呢?他驚奇的是世上果真有這樣一朵寶蓮花,樓那富律的話並非虛言,足見他是個高人;懊悔的是不該一時糊塗,不信樓那富律的金玉良言,將他軟禁,終至讓他逃跑了。否則,不但雪蓮可以求得,就是其他的事也不難靠他指點解決。如今一切都沒了希望,教他如

**立木千手觀音立像** 木雕／日本福島縣惠隆寺藏

複雜的神祕之手圍繞著觀音的身體,形成各種手印。不過,這張照片的攝影師主要是想強調四隻手臂,其中一為合十,一為禪定。製作這個觀音像的木料相當罕見,是所謂的「靈木」,也就是枯樹受天雷擊打後,整條斷裂的樹幹。日本佛教認為,選擇雕塑材料時若遇到這樣的樹,正是來自神靈的指點,因為樹也是生命,佛教徒不應隨便砍伐,必須得到天意的啟示才行。

觀音菩薩的故事：迦葉尋蓮

**帝后圖像** 絹本年畫（無名氏）／明代

帝后即中國道教的王母娘娘，是傳說中的天后。祂通常頭戴鳳冠，手捧象牙玉圭，身穿鳳袍，坐在雕花的鳳椅上，就像本書中的王后。從這幅年畫，我們能很明顯看到明代的帝后造像受到了佛教的觀音形象影響，這在臉部和下巴的皺紋、耳垂和背光上的表現尤其明顯。這是因為自唐朝以後，中國民間就認為佛道一家，觀音既為女性，那麼祂與帝后的形象自然體現出中國人對福相的解釋：天庭飽滿、地閣方圓。

何不驚悔呢？

原來，自從迦葉動身之後，樓那富律本來是被軟禁在一個花園裡，行動自由，也被伺候得很周到，只是不放他走出園門罷了。隔沒幾天，寶德王后突然生了病，起初只是感到精神不振，終日昏昏欲睡，但把她喊醒之後，人還是清清楚楚的，並沒有什麼病狀。後來，她慢慢地不喜歡與人談話，不說話的時候立刻就睡著了，妙莊王問她怎麼樣了，她卻說沒有什麼痛苦。

妙莊王感到有些奇怪，為了謹慎起見，命御醫替她診治。御醫診查以後，不住地搖頭說：「六脈全無，不知道是什麼病，沒辦法用藥醫治。」妙莊王聽了很著急，一連召來好幾個醫生，但他們的說法都一樣，全都束手無策。

妙莊王急召眾大臣商議此事，阿那羅奏說：「前天那個樓那富律，他不是說過在多寶山做採藥行醫的工作嗎？我看他有點來歷，也許有些特殊的本領能治好王后的病。現在他被軟禁在廢園之中，叫來問一下，或者他真有妙方。」

樓那富律於是被內侍帶去診斷寶德王后的病症，大概過了半個時

辰，才回到大殿上。妙莊王一見，急忙問他：「怎麼樣了？你會不會治這樣的病呀？」

樓那富律搖頭回答道：「王后不行了，六脈全無，這是離開人世的預兆。按理說，六脈全無，應該就活不成了，但我仔細診斷後，發現原來六脈中還有游絲般的一縷，延續著生命。所以她還不至於馬上升天，可是神魄已經離開了軀體，最多只剩下七天的壽命。這大概是陽壽未盡，還要受幾天折磨，才能嚥氣呀。」

妙莊王聽了，心如刀絞，含著熱淚說：「不要再說這些沒用的話，我只問你，為什麼會得這樣的病？現在有什麼辦法能治好她？快說，好救救王后的性命呀。」

樓那富律搖頭歎息說：「沒辦法、沒辦法，要想治好這病，除非用西大佛祖的靈藥、太上老君的仙丹，這樣或許可以還魂重生，靠凡間的醫藥是無能為力的。大王無需再存著萬一的希望，還是快些替她準備後事吧。

「至於為什麼會染患這樣的病，這也不是三天兩天的事，說來話長，讓我慢慢說給你聽。人出生在這個世界上，到了懂得世事常理的時候，就會萌發佛家所說的喜、怒、哀、懼、愛、惡、欲這七種情感，還有色、聲、香、味、觸、法這六種欲望也會時時陪伴著我們，擾亂離析天生混然凝聚的精氣神，之後就再也無法獲得和諧的平靜了。所以，人生就像一場春夢那樣短暫，在世不過百年，等到精氣神完全散失，只得長眠不起了。

「寶德王后出身富貴，表面看來，條件比一般人都好，可是這七情六欲的侵襲也比常人來得凶，精氣神的分散也格外來得快。平時為了滿足自己的需要，強奪了世間的許多生命，造下無數的罪孽，今天只等陽世業滿，便自然會嚥氣了。要問這是個什麼病？就叫做七情六欲之症，是無藥可救的。」

妙莊王聽了樓那富律這一番言辭，不覺大怒說：「你不會治這種病也就罷了，為了掩飾自己的無能，還在這裡編造瞎話，侮辱國母，這還了得？左右，給我將這個口無遮攔的賊子綁去斬了，看他還敢胡說！」

兩旁武士一聲答應，便七手八腳地綁了樓那富律，架著他向殿外走去。劊子手拿著寒氣逼人的鋼刀，正準備行刑。眼看樓那富律的性命就要完結，千鈞一髮之際，大殿上忽然閃出一個人，來到妙莊王面前替他求情。

# 08 偈語禪機

> 她心想：佛法能超脫世間萬物，救度一切苦難，使他們共同進入極樂世界，這是最具神通的大道。要想報答母親的恩情，懺悔自己的罪孽，只有潛心向佛這條路了。

眾武士綁了樓那富律，正準備推下殿去斬首，大殿上忽然閃出阿那羅奏說：「希望大王暫時平息怒火，聽我說，這個樓那富律雖然口無遮攔，其罪當誅，但現在王后還在病中，還沒找到治療方法，現在殺人似乎是不祥的預兆！依我看，不如先赦免他，一起商議救治王后的方法。」

妙莊王說：「既然老卿家替他求情，看在你的分上就饒了他。但死罪可免，活罪難逃，給我推回來，重打二百軍棍，然後關在死囚牢裡受罪去。」

阿那羅幾句話總算救了一條性命，自然不好再說什麼，他只好回歸朝列。眾武士將樓那富律鬆綁，按倒在地，結實地打了二百軍棍，押下殿送到死囚牢去了，還釘上鐐銬，穿上鐵鏈，讓他受罪。

到了第六天晚上，典獄官清查各監房時，大吃一驚！哪裡還有樓那富律的蹤跡，只見地上的鐐銬鐵鏈斷裂成了好幾段，上面還放著一張紙條，寫著四句歌偈：「妙法從來淨六根，善緣終可化元真，觀空觀色都無覺，音若能聞總去尋。」

典獄官立刻召集牢頭們詢問，他們都說收監時，明明將他鎖在總鏈上，因為是個重犯，還特地用鐵鏈穿了頭髮，將他吊著。現在連門都沒打開，他是怎麼逃走的呢？於是大家點起火把、燈籠四處搜尋，可哪裡還有他的蹤影呀？

典獄官職責所在，不敢怠慢，急忙稟告提刑大臣。提刑大臣拿著那紙條，連夜入朝啓奏皇上。妙莊王因寶德王后病已垂危，正召集群臣在殿上商議後事，聽到報告之後勃然大怒，要將提刑大臣革職斬首，治他個疏忽之罪。突然有一宮女，跟蹌地跑上殿，跪倒在地奏稱：「王后娘娘已經升天了。」

妙莊王一聽這話，心中萬分悲慟，眼淚長流，再也沒有心情去問樓那富律的事，霍地起身直奔寢宮而去。之後，妙莊王悲傷過度，一切事務全交由各部大臣治理，忙亂一場，不在話下。而樓那富律失蹤的事，自然也沒有再追究下去了。

過了幾天，妙莊王忽然想起樓那富律留下的那首歌偈，拿來讀了又讀，覺得似懂非懂，高深莫測。突然間，領悟到原來是藏頭隱語。第一、第二兩句的排頭上，明明嵌著三公主的芳名「妙善」二字；而三、四兩句的排頭上，是

「觀音」二字，實在弄不懂是什麼意思。他想：觀，是用眼睛看。音，只能用耳朵聽。眼睛是聽不見聲音的，這兩個字用在一起表示什麼呢？

妙莊王對於這四句偈語，雖得不到明確的解釋，但終於明白樓那富律絕非尋常之輩，所以他才能掙脫枷鎖，如神龍般破空而去。既然他已經逃走，以後可能不會再回來了，想找他也沒用，索性就放棄了這個念頭。

而宮中的妙善三公主，自從傷病痊癒以後，寶德王后對她的一舉一動總是特別注意。平時不讓她到外面去玩，就是到園子裡，也得命三、五個宮女陪著，不准再做救蟬葬蟻的事。要是宮女發現這種事，不加阻止，闖出禍來，要被處以極刑的。妙善心地善良，生怕因為自己的行為害他人受苦，增加罪孽，所以行為改變不少。平時她也不願常到外面走動，終日在宮中看書靜坐，閒時就和兩個姐姐弈棋撫琴，排遣寂寞，一直安然無事。

萬萬想不到快樂的日子，竟因寶德王后生病而結束。其實，妙善公主年紀雖然只有七歲，但天性淳厚，一見母親病重，心中焦慮萬分，每天求神問卜，願折自己的陽壽，延續母親的壽命。無奈寶德王后大限已到，無論如何禱告哀

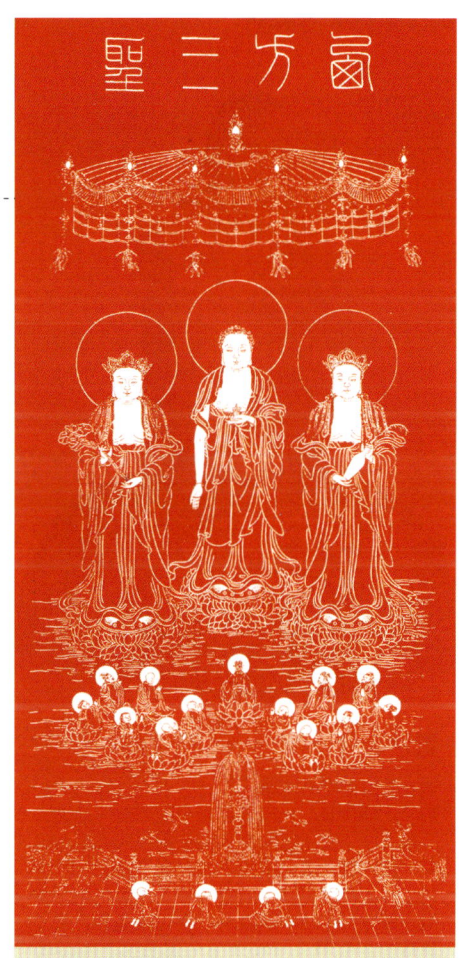

### 西方淨土觀音
朱色拓本／清代

佛家有西方三聖，以阿彌陀佛為主尊，位列正中，大勢至菩薩和觀音菩薩分列左右。但推行佛法、普度眾生最多的是觀音菩薩，大勢至菩薩的慈悲之名則受人忽視，因此世間以觀音菩薩的法像最多，大大超過其他兩聖。此西方三聖圖，畫中三聖並列於蓮台之上，阿彌陀佛為慈目螺髻造型，祂斜披衲衣，左手托著一座蓮花寶幢，右臂裸露，自然舒手下垂做接引式。左邊是頭戴五佛冠的觀音菩薩，只見菩薩秀帶掛肩，雙手捧著白玉淨瓶，瓶插楊柳，祂垂目下觀。大勢至菩薩則在佛祖右邊，穿著打扮與觀音菩薩一致，只是手中捧的是一束蓮花荷葉。三聖的頭頂上方是一只以瓔珞、珠玉流蘇作飾的華蓋；祂們面前是一蓮池，生有十二品蓮花，象徵「十二緣生」。中間一朵大蓮花上跪有一虔誠參拜的菩薩。池中仙鶴孔雀、鳳凰天鳥來去翱翔。池邊欄杆護水，四個比丘尼對空膜拜。一派太平景象，寓示西方極樂世界無爭無奪。

觀音菩薩的故事：偈語禪機

**觀世音像** 木雕（無名氏）／明代

滿是裂紋的明代木雕，使觀音看上去質樸而純粹。「觀世音」一詞曾在唐朝遭廢棄，而讀稱「觀音」，這是因為唐太宗李世民的名字中也有一個「世」字，這在古代是得避諱的。於是後來，人們都稱觀世音為觀音。其實「世」這個字很重要，因為觀世音的意思就是要「看（感悟）到世界上一切受苦的聲音」。到了明朝，觀音的女性形象已十分成熟，名稱也恢復了。祂慈眉善目，就像是一名皇后或成年的公主，廣受人們的崇拜。

求，仍然一點應驗也沒有。公主日夜陪伴著伺候湯藥，時刻不離母親左右，直到她彌留之際。

寶德王后握著妙善公主的手，有氣無力地說：「兒啊，娘等不到你長大成人了，留下你一個人，我是多麼傷心啊！娘死後，你要孝順父王，不要再使倔強的性子，讓你父王多添傷感了。」說到這裡，王后哽咽著無法再說下去。妙善公主聽後，胸中猶如萬箭穿心，忍不住兩行熱淚直淌下來，眼前一黑，就暈倒在地。寶德王后也在這一剎那間，長辭人世了。

當大家喚醒妙善公主後，她不住地悲傷痛哭。眾人之中，除了妙莊王，就數妙善公主悲慟最深。然而她在悲傷之中，卻又了悟到一片禪機。她想，母親辛辛苦苦生我養我，一直把我撫養到這麼大，真是恩德似海，現在我還沒有絲毫的報答，但她已離我而去，這深重的罪孽怎麼消受得起呀？她又想到了慈悲的佛祖，心想：佛法能超脫世間萬物，救度一切苦難，使他們共同進入極樂世界，這是最具神通的大道。要想報答母親的恩情，懺悔自己的罪孽，只有潛心向佛這條路了。

她有了這層想法，便發願修行，立志做一個佛門弟子。雖然有這樣的願望，在當時卻並未告訴其他人，只是自己每天誦經禮佛，把漫長的時間都消磨在經卷裡面。

正巧她有個死了丈夫的姨媽，也是個虔誠奉佛的人，來到宮中做她的保母，兩個人在一起天天吃齋念佛，水乳交融一般。有她做伴，妙善益發能感受到清修的情趣了。

但是妙音、妙元二人看了她們的行為，心中不以為然，背地裡總是偷偷笑

她們傻，常說：「生在皇宮之中，本來大富大貴，卻有福不會享，反而癡心妄想要修道成佛，真是讓人不能理解。」她們在妙莊王面前也總絮叨這些話。一開始，妙莊王心煩意亂，沒有閒心思去問這些事情，以為這是一種消遣方法，至少妙善不會再去做些救蟬葬蟻的事，使自己意外受傷，所以便由著她去念經禮佛，但他萬萬沒想到妙善卻早已立志捨身佛門，發願堅持到底了。

世上不管什麼事，大都隨心而至。妙善公主信仰堅定，心中常想著西方佛祖，以及將來功德圓滿、超凡入聖之後，如何救助世人的苦難，使他們能和

**馬頭金剛**
唐卡／近代／西藏薩迦寺藏

一切可怕的鬼怪都被祂踩在腳下，周圍的火焰燃燒了所有虛幻和苦難，並以憤怒的神情向世間怒吼佛教的真理，這正是唐卡中的馬頭金剛，即馬頭觀音，藏名叫「丹真」，是六觀音之一，也是觀音傳說的真正源。祂原本是印度婆羅門教的一名馬身善神。藏密認為，馬頭金剛是阿彌陀佛的憤怒身，以馬頭裝飾，體現威猛奔騰的金剛之力，能夠蕩滌一切妖魔鬼怪。馬頭金剛通常被塑造為三面，紅色而有獠牙，並有一位明妃與祂相擁。

觀音菩薩的故事：偈語禪機

**全相觀音圖**
楊柳青年畫（潘忠義繪）／近代／北京民間收藏

一般將包括畫有善財童子、龍女、韋馱的觀音像，稱為觀音「全相」。此圖結構清淡典雅，大量使用淡藍色，看上去一片清涼，突顯觀音的素潔安詳和寧靜本色。潘忠義是近代知名的楊柳青年畫畫家，曾師從古佛寺的畫僧學藝，繼承宋元釋道人物畫的精髓。他筆下的觀音具有強烈女性色彩，讓人很容易與本書中妙善公主成道初期的形象做聯想。

自己一樣到達極樂世界。因為常常有這種想法，她不免就造出一種境界來。

這一天，她躺在床上似睡非睡，朦朧間忽然看到滿屋大放光明。光明中，佛祖現出了莊嚴寶像，丈六高的金身，腳下的蓮花遮地，頭上的舍利子放射出萬道金光。妙善見了，忙拜下身去，請求佛祖指點迷津。

佛祖說：「你塵世的劫難還沒有解除，苦難還沒有經歷完畢，怎麼能夠成道呢？但只要你能堅定信念修練下去，心境自然能夠一塵不染如明鏡般，到那時，世間萬物你都能參透覺悟了。」

妙善又問自己什麼時候才能成道，佛祖說：「早著呢！要等你取得須彌山上的白蓮花，有人送你白玉淨瓶，才是你成道的時候。記著！我去了。」

妙善只覺眼前金光收斂，剛才的景象消失了。驚醒過來，才發現自己依舊睡在床上，哪裡有什麼佛祖顯靈？明明是一個夢而已，可是她卻認為剛才發生的事，的確是佛祖顯靈特地來點化自己，於是信心更加堅定了。

# 違逆父命 09

孩兒心志已決,一定要修行到底,一來是為了報答父母的養育之恩,替父王和已故的母后積些功德;二來是為了懺悔自己的罪孽,圓滿自己的功德。孩兒願意替天下蒼生受一切苦惱,而且已經發下重誓,絕不後悔。

妙善公主因為心中常有佛祖,久而久之幻化成夢境,就像真的見到佛祖降臨似的。她信仰虔誠,並不當這是夢境,而認定是佛祖前來為她指點迷津,她起身對天空拜了幾拜,多謝佛祖的指點之恩,然後才回到床上。

這一來哪裡還睡得著,她不住地反覆思索佛祖說的話。想到須彌山白蓮的事情更是喜出望外,因為以前曾聽父王說過,樓那富律說這寶蓮能治好自己頭

**四臂觀音及金翅鳥** 壁畫/唐代

金翅鳥就是大鵬鳥,傳說它時常伴隨在佛陀左右,息羽聽經。在這幅西藏壁畫中,大鵬鳥做為裝飾觀音主像的花紋,點綴著祂的莊嚴,暗示觀音的神聖性不亞於釋迦牟尼。觀音菩薩成道與說法的道場,在印度有普陀洛伽山,在中國有舟山群島的普陀山,還有西藏的布達拉宮,而河南寶豐的香山寺甚至還有觀音的舍利塔。觀音菩薩在西藏尤其有名,直到今天,藏民們還自稱是觀音的後代。五世達賴喇嘛阿旺洛桑嘉措曾在著作《西藏王臣記》中,把西藏的起源、繁衍、形成,說成是以觀音的慈悲力化育而成。

上的創疤,父王也曾派迦葉前往探訪,結果真有這樣的寶物。現在看來,這朵白蓮花倒和自己的命運緊緊相繫,要想成道,非找到這朵寶蓮不可了。

想著想著,不知不覺天已亮了。她哪裡睡得安穩,一骨碌爬起來,恰好這時保母來到她的房間。盥洗過後,妙善公主將昨夜的事繪聲繪色地對保母說了一遍。保姆先是聽得目瞪口呆,後來聽到關於妙善公主將如何成道又喜形於色,雙手合十,不住地宣誦佛號。她本來就是虔誠信佛的人,現在聽到妙善有成道的希望,就存了「一人得道,雞犬升天」的想法,希望妙善將來真能修成正果,自己也少不了會有很多好處。這樣一想,怎麼不教她喜出望外呢?

從此以後,妙善公主的心中又多嵌上一朵須彌山的白蓮花,就連在夢中寶蓮也時常不期而至地湧現出來。她也曾想:自己住在深宮大院中,無法外出一步。須彌山又在千里之外,即使有這朵白蓮花,要怎樣才能求到呢?求助別人吧,但想想那不算是自己的功德,看來這不是件容易的事。

然而她又想到:不對、不對,修道的人,應該是不怕困難的。越是艱難,越是要度過難關,這樣才會有光明之路。像這樣一步步走下去,緣法來時,就算有千里的路途,總有機會達到目的,就是再困難也一樣不能阻止自己實現心願。她這麼一想,便完全摒棄了一切雜念,一心一意研究起佛家的經典,專心等緣法的降臨。光陰似箭,轉眼已是幾個秋冬。妙善公主已經十六歲了。她的道行自然是與日俱增,從靜心清修達到入定的境界,到這時候,心地更覺光明清澈,一塵不染。

不料此時卻又遭遇一場劫難,是什麼呢?原來寶德王后過世後,妙莊王因為長次兩位公主年紀已經不小,便先後替她們招了駙馬。兩個駙馬一文一武,都是興林國知名的英俊少年。但他對於妙善公主的終身大事卻特別注意,因為以前曾對寶德王后許下傳位的承諾,如今膝下依舊無子,他想實踐以前的諾言。現在妙善也已經長大,這件事便被提上日程了。一方面他示意各大臣,留心物色合適人選,一方面向女兒說明緣由。不料,妙善公主一聽父王要替她招駙馬,大大吃了一驚,然後一口予以回絕。說是情願終身修道,救世間疾苦,心意已決,不願嫁人,並且早已在佛祖面前盟誓,捨身佛門,要是違背了信誓,就會永墜沉淪,萬劫不復啊。她這一番話,把妙莊王氣得一佛出世,二佛涅槃,乾瞪著眼,半天說不出話來。

隔了好一會兒，妙莊王才和顏悅色地開導她：「你可別執迷不悟，想想這世上的人，哪一個不想成家立業、享受天倫之樂呀？怎麼會放著現成的榮華富貴不享受，反而要修練虛無渺茫的佛經、妄想成道？你現在不過是一時受了佛經的矇惑，閉塞了本性才至如此，以後是要後悔的，還是聽我的好了！」

妙善又說：「孩兒心志已決，一定要修行到底，一來是為了報答父母的養育之恩，替父王和已故的母后積些功德；二來是為了懺悔自己的罪孽，圓滿自己的功德。孩兒願意替天下蒼生受一切苦惱，已經發下了重誓，絕不後悔。希望父王成全孩兒的志向，再不要提婚嫁的事了。」

妙莊王聽到這裡，不覺震怒地對保母說：「這都是受你薰陶造成的，就由你來勸慰公主，限你在三天之內將公主勸得回心轉意，聽從王命，否則到時候讓你們兩個人一同受罪，絕不寬恕。」

保母唯唯諾諾地答應著，妙莊王此時拂袖而去。保母雖然明知道這是個大難題，但王命又不能違背，只得苦苦勸導公主。哪知她竟是心意堅定，任憑怎麼勸也不能動搖她的意志。說得急了，公主便斬釘截鐵地說：「千刀萬剮，全憑你們處置，只有嫁人這一條，卻萬萬

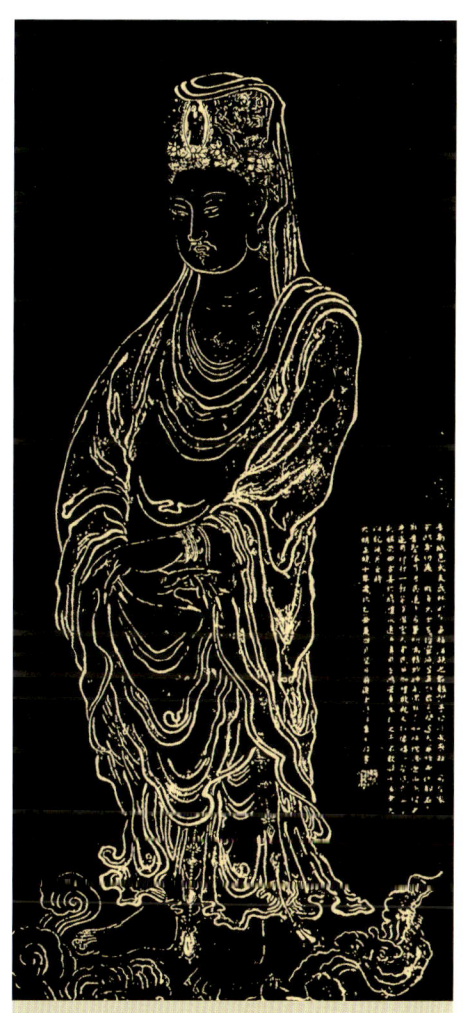

**觀自在菩薩**
石刻拓片（原畫吳道子繪）／唐代

相傳此作品原畫為唐代大畫家吳道子的真跡。觀音頭戴華冠，冠上有一佛立於蓮花座上。觀音菩薩雙眼低垂，神態安詳，雙手交叉下垂，手勢優美，雙腳赤足踩在一團祥雲上。此石刻雖非吳道子真跡，但線條圓潤流暢，渾厚優美，粗細有節，疏密得當，筆法仍具備唐宋明家的風範。

不能答應。」保母也被弄得沒了主意，只好準備去大王面前領罪。

三天時間轉眼過去，妙莊王傳保母問話，保母照直說了一遍。妙莊王狠狠地說：「諒這個賤骨頭的丫頭，不給她一點苦頭吃，肯定無法醒悟過來。」於是下令將妙善公主貶入御花園，擔任澆水養花的雜役，若有過失另行處罰，除非悔悟了自己的過失，順從了大王的心意，才能恢復公主名號，否則與做雜役的宮女同等待遇。

這道旨意下來，大家都非常吃驚，但妙善公主卻非常坦然，她跟保母一起搬到御花園居住。清晨起來，也不偷懶，凡是挑水澆花、掃地抹桌的事情，件件事必躬親，盡心去做。園中地方又廣又大，要收拾周到，不是件容易的事，幸虧有保母幫她一起料理，才算省力了些。可是她終歸是嬌生慣養的公主，從小什麼事都有人侍候，不用自己操勞，幾時做過這麼累的工作？沒幾天，就被弄得筋疲力竭了。

妙莊王之所以忍心出此下策，是想她一定受不了這種折磨，等到吃了苦頭之後，自然會回心轉意。不料，妙善公主卻另有一番想法。她認為禮佛通道的人，一定得經歷許多磨難，等到劫數過後，才會成就正果。現在所受的痛苦，不過是這些劫數的開始，算不上是很大的困難，如果連這些都受不了，那就永遠不會有成道的希望了。於是，她不但不回心轉意，通道的心志還益發堅

**白衣觀音圖**
絹本國畫（牧溪繪）／宋代

白衣觀音的名聲僅次於正觀音和千手觀音，形象標準，幾乎沒有什麼特異之處，因此畫家在描繪祂的時候用筆也很平淡，通常是著重渲染古雅的意境。觀音的冠冕很接近唐朝的文成公主，白袍略顯陳舊，線條有些模糊，似乎是一個夢境。

觀音菩薩的故事：違逆父命

### 釋迦牟尼佛、弟子和大師
雕塑／明代／西藏博物館藏

釋迦牟尼是佛教的主要創始人，但祂生前一直以做為一名哲人、修行者和精神導師而受到尊敬。此雕塑中，佛陀居中央，弟子舍利佛與目犍連居兩邊，周圍環繞著出自大師手筆的各種雕像，氣勢宏偉，襯出佛陀精神的偉大。但是其中卻沒有觀音像。這是因為在唐朝以前，很多佛教流派中，觀音並不特別重要。但到後來，觀音受到眾多信徒崇拜時，甚至連佛陀也會被暫時忽略。尤其在女性信徒看來，佛就是觀音，觀音就是佛，因為祂經常化為女身，充分理解女人的煩惱和苦悶。

善公主一大早就入宮祝壽。妙莊王看到她粗布麻衣，舉止動作和一個尼姑沒什麼兩樣，心中好不自在。看到她神情憔悴，到底還是心疼自己的女兒，心中不忍，卻也不知道該說什麼，只是微微地歎了一口氣。隔了好一會兒，才向她問起：「女兒啊，你受了這麼多苦，總該有些醒悟了吧？」

妙善公主答：「孩兒並未受苦，所有的一切都是人生在世應該經歷的，算不上什麼。至於我的心境，一向都很清楚明白，從來都沒被矇蔽過，所以談不上醒悟。請父王明鑒！」

妙莊王聽她這樣說，冷笑一聲說：「好、好、好，看來你苦還沒吃夠。回頭兩位姐姐和駙馬都要來拜壽，我要在御花園中擺筵迎接他們，你好好地來侍候著，稍有差池有你好看的，還不去把花園打掃乾淨！」

妙善公主領命回到園中，將各處打掃乾淨。這座園林由她管理以來，各種花草樹木全都生長得欣欣向榮，生機暢茂；各處的亭臺樓閣也都整理得井然有序，十分潔淨。今日再加一番打掃，真是窗明几淨，一塵不染。她和保母收拾完畢，就等妙莊王他們來這裡開筵席。到了中午，只聽見悠揚的音樂和一陣笑語聲，便知道是他們來了。

決，身體雖然受了不少痛苦，心中卻很平靜。後來做慣了，竟連辛苦也不覺得了。妙莊王也經常派人暗中探聽公主的舉動，見她如此，心中就算惱怒，也無可奈何。

有一天，正好是妙莊王的生日，妙

# 10 壽筵妙旨

如果一心向佛，最終修成正果，到那時即能普度眾生、救度世上一切苦難的人們，讓所有人都去到極樂世界，那才是最自在的事。

妙善公主將園中整理清潔，到了中午，耳邊傳來一陣悠揚的樂聲，接著又是一片和樂融融的笑語聲，妙善知道他們來了。本想迎上去接駕的，可又想起剛才妙莊王說過，有兩位駙馬同來，男女有別，貿然出去相見覺得有點不妥，只好先看看兩位駙馬是不是一起來，再做打算。於是她站在僻靜的地方，暗中觀察。

只見引路的宮女奏著音樂，妙莊王居中，妙音與妙元兩位公主各自拉著駙馬的手，依序跟在後面，再後面便是一班隨從。看他們一個個滿面春風、喜形於色的樣子，妙善公主不覺微微地歎了一口氣，暗想，人一生的壽命不過百年，這種榮華歡樂能夠享受到幾時？到頭來還不是一場夢幻，何苦呢？她見兩位駙馬果然一同前來，便轉身回到佛堂去了，再也不肯出來相見。

妙莊王帶了一班人向逍遙閣走來，卻沒看見妙善的影子。原以為她在閣上等著，不料到了閣上，卻只有保母一人接駕。妙莊王問保母：「妙善到哪裡去了，為什麼不出來迎接我？」保母與妙善公主朝夕相處，知道她的脾氣，便說：「公主本來準備在御花園門口迎接您的，後來看見兩位駙馬也一起來了，因為男女有別，不好見面，才躲起來了。」

妙莊王說：「胡說！這分明是她目無尊長，故意逃避。兩位駙馬是自己的姐夫，見面也是應該的。難道永遠躲著不見面嗎？快去將她傳來。要是再這樣裝模作樣，我就讓人把她抓來。」

保母聽了，哪敢說半個「不」字，連連答應，跌跌撞撞地一路跑到佛堂，將妙莊王的話向妙善公主說了一遍。一開始，妙善還堅持不肯去，經保母再三苦勸，知道躲也躲不了，只好硬著頭皮跟著保母走。

拜見了父王和兩個姐姐，妙莊王又要妙善向兩個姐夫行禮，這下可讓妙善公主羞得無地自容了，勉強各行了一個禮，就退立在一旁。她瞧了閣上一眼，只見一共擺著四席：居中的一席，自然是妙莊王；下面上首的一席，是大駙馬與大公主並肩坐著；下首的一席，是二駙馬與二公主並肩坐著；最下的一席，卻也設著兩個位置，但都空著沒人坐。她心中不免百般猜測。

忽然妙音公主扯著妙元公主，一起走到妙善面前，開口說：「好妹妹，

觀音菩薩的故事：壽筵妙旨

**觀無量壽經變**　壁畫／唐代／敦煌第172窟

儘管此圖已經有些模糊，但從它紛繁宏大的構圖與對中軸線的運用，我們仍可看到觀無量（觀音的別稱）在佛教中的重要性，彷彿壁畫四邊的諸神與飛天，都是為阿彌陀佛這一家三聖而存在的。觀音菩薩與祂的兄弟（大勢至）、父親（阿彌陀佛），畫得比所有其他神祇都大，如眾星拱月般被圍繞在中間。飛天樂伎也被描繪得婀娜多姿，玲瓏神秀。

我們自從分手之後，時常惦記著你。又聽說你不遵從父王的旨意，被貶在這園中受苦。今天見面，你果然消瘦了許多。雖然說是父王罰你，卻也是你自找的啊！你想想，人生在世為了些什麼？榮華富貴，人家想都想不到，你有卻不要享受，不是很愚蠢的想法嗎？何況男婚女嫁，是理所當然的事，你怎麼可以違背呢？看看我和你二姐姐，現在不是很幸福美滿嗎？別的不說，就是夫妻兩人一起遊樂休息，也就夠人羨慕了！這不僅做人應當如此，你看那屋梁上的燕子，不也是雙宿雙飛的嗎？」

妙元公主接著說：「是啊，大姐的話說得一點不錯。我暫且不說眼前的快樂生活，為了傳宗接代你也該成婚呀！如果世上女人都和三妹有一樣的想法，那人不就要滅絕了嗎？那時還成什麼世界呀？父王的希望，也就在這一點。所以今天也替三妹設下一個雙人席位，你就去坐了末席，留個座位給你未來的丈夫吧！好妹妹，看在兩個姐姐面上，不要再使性子了！」

說完，妙音與妙元各牽著她一隻手，想強拉她入座。妙善急得雙手一陣亂搖，連吁帶喘地說：「兩位姐姐先別

動手，聽我說。兩位姐姐的話，固然不錯，但那是對尋常人說的，也就是世俗的見解，卻絕不是對修真學道的人說的。世俗的人看不破榮華富貴，因為看不破，於是人人想著要享受，人和人之間就會互相傾軋、爭名奪利，甚至採取陰謀暗算，不顧生死非達目的。就算爭奪到了，也是其中很少的一點點。然而這些又能讓他們享受多久時間呢？轉眼間，一切都會化成泡影，又何苦要拋棄人的良知和道德，去爭奪那些永遠得不到的東西呢？為了自己的慾望什麼都敢做，一切傷天害理的事都從這裡產生出來，造下彌天罪惡。可見榮華富貴這四個字，實在是迷人靈台的毒霧、閉人聰明的魔障，也是讓人萬劫不復的苦海，一落下去，永遠無法自拔了。

「只有佛門廣大的胸懷，佛法的清心明智，才能使人回歸真我。如果一心向佛，最終修成正果，到那時即能普度眾生、救度世上一切苦難的人們，讓所有人都去到極樂世界，那才是最自在的事。只有虔誠信佛，才能與天地同壽，這是不貪圖榮華富貴的結果。

「小妹因看透了這些道理，才立志皈依我佛，絕不是要故意違抗父王旨意。兩位姐姐一片好意，小妹只有心領了。至於那一席，我實在不能坐，一來不成體統，二來小妹生來吃素，從不曾開戒，席上都是葷腥油膩的食物，我是絕不會吃的。請兩位姐姐坐下喝酒，讓我來侍候父王就是了。」

妙音、妙元二人，聽了她這些玄妙的解釋，不知說什麼好，便各自回座位去了。

妙莊王本來已有幾分怒氣，一直忍著沒發作，如今聽到她這麼說，不由得大怒，氣得大拍桌子罵道：「你這不識抬舉的賤骨頭！自己情願做下等人，卻還編造出這些瞎話來哄人，還敢當面嘲諷自己的生身父親和兩位同胞姐姐，好一個修真學佛的公主，你幾時看見無父無君的人，能夠到極樂世界成佛的？」

妙善公主說：「父王不要生氣，孩兒再大的膽子也不敢犯上。剛才的話真是發自肺腑，實在不知道會讓父王生氣，是孩兒該死，還請父王寬恕。讓孩兒侍候父王飲酒，替父王祝壽。」

妙莊王怒氣沖沖地瞪了她一眼說：「誰要你這個不識抬舉的賤骨頭獻殷勤，你不把我氣死就萬幸了，還祝什麼壽呀？」

一氣之下，妙莊王下令左右拿來粗布衣服讓妙善換上，連鞋襪也不准她穿，要她從今天開始到廚房去燒火做飯。每天要挑滿十七個石缸的清水，劈

**三尊像**
工筆國畫（張大千繪）／近代

這是張大千就他臨摹敦煌壁畫的基礎，修改而成的「西方三聖」像。觀音的比例看上去比他的父親要小很多，優雅的花邊和背光則體現出盛唐的光輝。張大千十分注重對釋道人物的描繪，在這方面花的工夫甚至超過了山水畫，所以他的工筆極有古意，與他的潑墨山水相比，幾乎判若兩人。

兩擔燒火的木柴，一切事情都要自己做，不准別人幫忙。還派了一名宮女隨時監督檢查，如果做錯事或偷懶就用皮鞭抽打。工作中若有空閒，還得編織草鞋，沒有休息時間。

妙莊王處置完妙善之後，才與兩位公主和兩位駙馬開席飲酒。妙莊王之所以用如此殘酷的手段對付親生女兒，一來是因為在氣頭上，處罰難免過分了些，二來也有他的用意。他以為妙善現在做澆園養花的工作還不夠辛苦，所以還能這麼安逸，空閒時間也多，一有空閒，就會去誦經念佛。因此罰她每天從早忙到晚，沒有時間休息，一方面讓她受極度勞累的痛苦，以悔悟自己的錯誤想法；另一方面使她沒有空閒時間誦經念佛，以逐漸脫離那個虛無縹緲的世界，不要再執迷不悟。可是妙莊王的這一番心計，最終還是失敗了。

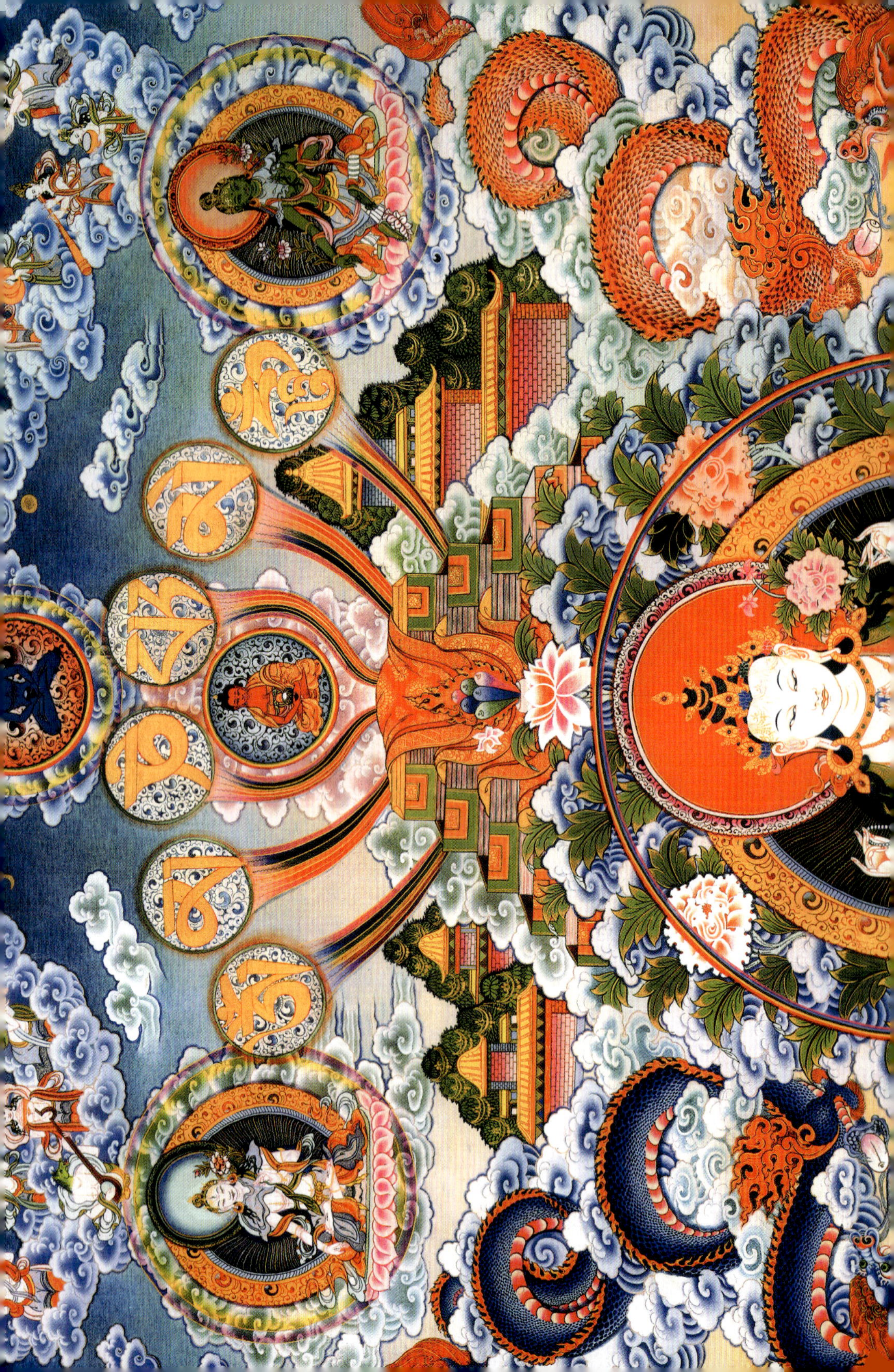

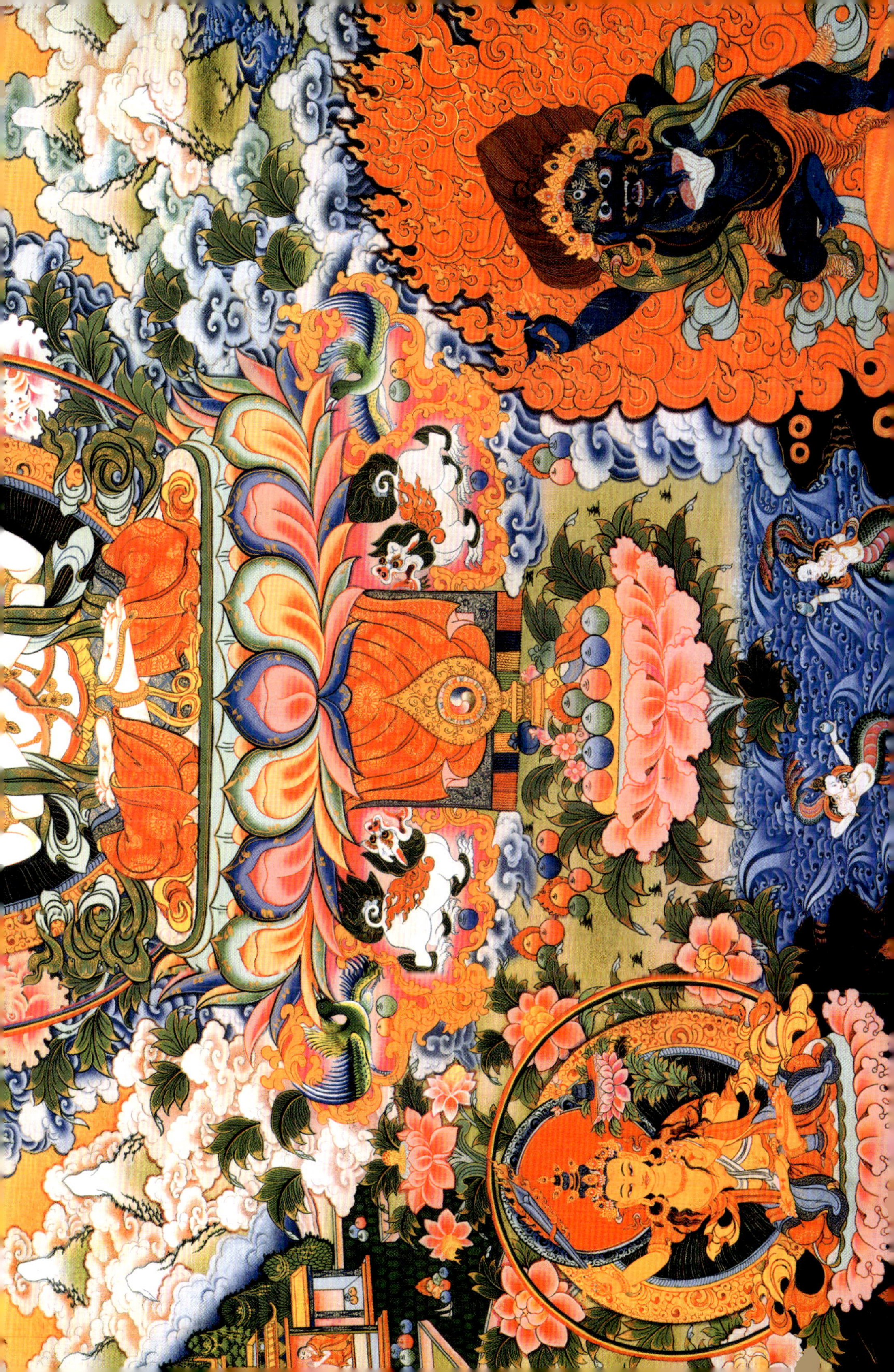

# 11 一念精誠

禮佛修道，重點是在修心，只要內心虔誠向佛，就是不誦經、不做功課，也會得到感應；要是心裡沒有佛，就算做盡了禮佛修道的形式，也絕不會有什麼功德的。

妙莊王與妙善公主畢竟骨肉情深，大王之所以狠心讓自己女兒做工受苦，原是想讓她受些折磨，回心轉意，順從他。哪想到這位公主意志堅決，情願身體上受盡苦痛，也不改修道的初衷。

自從到廚房擔任燒火做飯的苦工後，妙善每天很早就起床，到井中挑水，雖然力氣不夠，還是勉強去做，直到十七個石缸的水都裝滿，已經到了中午，然後再去淘米燒火。午飯之後，拿著刀去劈柴，等到規定的柴劈完了，太陽早就下山了，又要去做晚飯。一天到晚，沒有一點休息的時間。這麼繁重的工作，就算是身強力壯的男人來做，也必然感到疲累，更何況是嬌小柔弱的公主呢？這麼一來，她絕對沒有時間做禮佛的功課。但她堅定的信心，哪裡會因為這些痛苦而磨滅呢？她強忍著身體上的痛苦，在晚飯後，燃起一炷清香，一面取來麻草編織草鞋，一面誠心念佛。夜深了，才在草堆上睡覺。

第一天，在廚房工作的下人們，以為妙善公主是一鼓作氣，勉強忍受，所以不足為奇。以後卻見她天天都是這樣，從不鬆懈偷懶，都不由得敬佩起她來，大家都很同情她的處境。連妙莊王派來監督她的宮女永蓮，也十分同情她。大家都不再冷眼旁觀，這個想幫她挑水，那個想替她劈柴，爭著幫她做事。不料，妙善公主生來就是古怪脾氣，她一一婉謝了他們的好意。只說：「我因為得罪了父王，才致如此，真要論罪的話，死都不可惜。幸虧父王格外開恩，只貶我到這裡來做苦力，已經對我十分寬大了。要是我還不肯自己做，借助別人，不要說對不起父王，也對不起天地良心，那是萬萬使不得的。我該做的事，還是讓我自己做吧，大家的關懷愛護，我只有心存感激了。」

永蓮等人勸她說：「公主說的話自有道理。但公主一念精誠，以前每天都做禮佛的功課，現在一天到晚忙著挑水劈柴，再沒有閒暇做功課了。修練也是需要時間的呀，我們替公主分擔這些雜務，是讓公主騰出時間來禮佛修道，早成正果。到那時，我們也能得到公主的救度，請你不要再堅持了！」

妙善公主喜形於色地說：「善哉，善哉！看不出你們原來是很誠心的，但卻只知其一，不知其二。禮佛修道，重點是在修心，只要內心虔誠向佛，就是不誦經、不做功課，也會得到感應；要

是心裡沒有佛，就算做盡了禮佛修道的形式，也絕不會有什麼功德的。現在我雖沒有時間做功課，但一顆心卻無時無刻不在佛祖左右。那些劈柴挑水的工作，還是由我自己去做，不勞你們費心了。要是你們真心向佛，大家可以按我剛才的話去做，總有一天會有感應的。」

永蓮等人見她如此堅決，也不好繼續強求，只好由她去，然而暗中卻想了方法，等公主睡覺之後，大家瞞著她，將石缸裝得滿滿的，木柴也替她劈好了，只剩下淘米燒火一些輕鬆的事，讓她自己去做。

妙善公主第二天起來，正挑著一桶水準備倒入缸中，不料那十七個石缸已裝滿水了，心中覺得很奇怪。再到柴場上一看，該劈的柴也全都劈好了。她問在廚房工作的人：「水缸裡的水是誰挑的？柴場上的柴是誰劈的？你們快說，可不要增加我的罪過呀！」

那班人卻說：「我們都是剛剛起床，誰也沒做這些事情。就算要做，也沒有這麼快的手腳能在片刻間做完這麼多事。真奇怪，難道這廚房出了什麼神

**仁賢臨難** 劇本插圖／清代

王稅司心慈戒殺生，後來他不小心得罪了惡人，遭陷害入獄，判處死罪。本圖是法場上，王稅司被剝去上衣、五花大綁，劊子手拿著鋼刀將要砍王稅司的頭。此時，觀音菩薩顯身，祂覺得王稅司修行時節已到，應該脫離苦海。劊子手手中的刀於是自動斷成數截，王稅司得救。

需嗎？」眾人七嘴八舌地說著，宮女永蓮趁機進言：「公主啊，我倒覺得這些事並不是誰替公主做的，也不是什麼精靈幫忙。是因為公主誠心禮佛，佛祖鑒於公主一片赤誠之心，特地施展法力暗中幫助公主。我們只要等著看，如果每天都是這樣，那肯定是菩薩保佑了。」

妙善公主一聽，也覺得很有道理。於是口宣佛號，感謝佛祖的護佑。現在，水不用她挑了，柴也不用她劈了，每天要做的事當中，少了兩件最粗重

的工作,空閒的時間也就多了。但她卻沒將多餘的時間拿來誦經禮佛,還是依照妙莊王的旨意,只要有時間就去編草鞋。因此在廚房工作的人,益發敬重她的講義守信,把她當活佛一樣看待,自此以後,大家每天都偷偷幫她把挑水劈柴的工作做完。妙善公主看到每天都是這樣,也以為真是佛祖施了法力,所以除了誠心禮佛、報答佛祖的護佑之情,其他的事一概不問。

妙善公主有了這麼多的空閒時間,對於廚房裡的一切自是十分注意。她每次見到殺雞宰羊的慘狀,心裡不忍,一定會念上幾十遍《往生寶咒》來超度牠們。又見人們不知米飯來之不易,一方面勸說大家要愛惜糧食,一方面又將他們扔掉的冷飯生米收拾起來,放在陽光下曬乾,然後用布袋裝好,稻草上遺留的穀子她也一樣加以收藏。這也算是她日常的功課了。轉眼間,妙善已經到廚房工作一年了。妙莊王時常傳召監督她的宮女永蓮問話,卻怎知永蓮早已被公主的行為感動,兩人已是心心相印了,哪裡肯說她半句壞話。

妙莊王聽了,雖不以為然,但見妙善能耐住這樣的勞苦,而沒有半分怨恨之心,倒也十分佩服她的毅力。他知道,這次的希望又落空了,但終究還是有些不甘心。於是趁著過元宵節,讓兩位公主姐姐再去開導勸說她,看看到底還有沒有挽回的希望,不過他心裡明白,這不過是盡些人事罷了。

兩位公主奉了父王的旨意,來到妙善公主的臥室。姐妹相見,免不了互道一下思念之情,然後談話漸漸進入正題。妙善公主不等兩個姐姐說話,搶先說:「二位姐姐的好意,小妹一概都知道。只是小妹心意已決,萬萬不能中途改變。要是兩位姐姐真的疼愛妹妹,看在手足的分上,在父王面前為我說幾句好話,求父王答應小妹修行的願望,給我個寺院做清修的地方,那就感激不盡了。這場功德,勝造七級浮屠,希望兩位姐姐能成全我。」

妙音、妙元二人見她這樣說,知道勸也沒用,隨便敷衍了她幾句,就告辭走了,回去見妙莊王,將事情經過說了一遍。妙音公主勸妙莊王:「依孩兒看來,三妹是不會回心轉意了。她到底也是父王的女兒,與其讓她在廚房幹活受苦,倒不如成全了她的願望,讓她捨身空門吧。她天生慧根,說不定將來真能修成正果,萬一真的成道,對父王也有點好處的呀!」

二公主妙元在一旁也是不停地勸慰,讓妙莊王不由得回心轉意。

觀音菩薩的故事：一念精誠

**阿彌陀如來坐像** 雕塑／日本京都淨琉璃寺藏

無數小金佛圍繞著阿彌陀如來，最上方為釋迦牟尼，左右兩尊小的分別是觀音菩薩和大勢至菩薩。在日本京都的淨琉璃寺，佛教將天國分為九等，其中之一是阿彌陀佛所普度的世界。當然，這些都是妙莊王皈依佛法之後的事情，本書並未述及。

# 12 妙語禪機

現在有一個人，吃的是齋飯齋菜，念的是佛祖真經，可是另一方面卻在做著姦淫擄掠、殺人放火的勾當，給自己帶來無窮的罪孽。你說這種人能夠算是佛門弟子嗎？能夠修成正果嗎？

妙莊王聽了妙音、妙元兩位公主的一番勸慰之後，長歎一聲說：「孩子們，你們真以為父親忍心讓她受苦呀，你們哪裡知道我是另有苦心。我原本是想讓她受點折磨，逼她放棄修行的念頭，好好地招一個駙馬共享榮華富貴。誰知道她的意志如此堅決，這也是無可奈何的事。你們那三妹妹，看來注定是要修行的。她從小就只吃素，言語舉動都帶著佛家的氣息，人家都說她是有慧根的人。最奇特的是，她出生時來祝賀的那名怪老頭，幾句偈語就讓她不哭了，還有那個婁那富律逃走時留下的藏頭偈語，隱嵌著「妙善觀音」四個字。回想起來，似乎都有關聯，現在都應驗在她身上了，說不定她真有修成正果的希望。

「現在既然沒辦法讓她改變心意，只好由著她。城外耶摩山麓，有座金光明寺，本來有僧人住持，後來因為山中出了猛虎，常常出來害人，寺中的和尚一不小心就被猛虎給吃了，嚇得他們再也不敢在寺內居住，逃散到別的地方去，這金光明寺就從此荒廢了。即使是行腳僧經過那裡，也沒人敢進去，一來因為寺中沒有吃喝睡覺的地方，二來又怕猛虎害人不敢久待，所以這寺廟荒廢至今也有十來年了。雖然早就沒有猛虎為害，可是仍然沒有僧侶和尚在寺裡居住。如今妙善既然想要一個捨身佛門的場所，這座金光明寺正好是個絕妙的地方。我先派人把寺廟修整一下，等到竣工之後，再挑個吉利的日子送她入寺。」妙音、妙元二人聽了這段話，才明白妙莊王要妙善做這些苦工的用心。當下大家都表示贊同。

第二天，妙莊王果然下旨動用國庫資金重修金光明寺。仍待在廚房工作的妙善公主，哪裡知道外面發生的一切事。是宮女永蓮最先聽到了消息，她喜出望外、手舞足蹈地跑到妙善公主臥室，著對公主大聲說：「三公主，喜事來了！」她這麼一喊，倒把妙善公主嚇一跳。因為她那時正在佛前靜坐，閉目凝神，做她的內觀修行。忽然被永蓮一吵，打亂了心神的平靜，又聽到「喜事」二字覺得特別刺耳，於是睜開眼看著永蓮：「有什麼喜事值得大驚小怪的，要是換了別人，魂都被你嚇跑了，究竟是什麼事情呀？快說給我聽聽。」

永蓮也覺得自己魯莽，便笑著認錯：「我是因為太高興才會這樣的，沒想到驚嚇了公主，真是我的罪過。可是這件事，是出人意料的喜事呀！現在我先不說，三公主是聰明絕頂的人，你猜一猜，可知道會是什麼事？」

妙善公主聽了她的話，也笑著說：「你這機靈鬼，就會裝瘋賣傻，我又沒有未卜先知的本領，哪能猜得到你心裡的事？你不說算了，好在我不一定要知道那些閒事，還可以省些精神呢！」

永蓮看她又要入定，便說：「好、好、好，我說就是了。大王自從上次派兩位公主來勸導你之後，明白了你意志堅決，就不再干涉你的想法，他准許了你捨身空門，又聽從兩位公主的請求，將城外耶摩山下的金光明寺給公主做清修的地方。三公主呀，你想這不是一件天大的喜事嗎？」

妙善公主聽了，也暗自高興，但怕她的話不可靠，便試試她：「永蓮呀，你不要編造這些謊話來哄我，我不信。」

永蓮急了：「好公主呀，我伺候了你這麼長的時間，哪一次騙過你？我所說的是千真萬確的事，現在大王已經撥國庫的錢修葺金光明寺，還派了大駙馬爺做督造大臣呢！好公主，你要是再不相信，那我只好對天發誓了。」

妙善公主一聽她這樣說，知道永蓮剛才說的話全是真的，不禁喜上眉梢，雙手合十說：「父王

**慈容十四現** 版畫／明代／安徽

世間信徒根據《法華經》〈觀世音菩薩普門品〉的記載，繪製了「三十三觀音」圖像，來映照觀音菩薩幻化成各種形象普度眾生、度劫濟苦的法像。這三十三幅觀音像不僅曾在中國的道、釋宗教畫作中出現，在日本的《佛像圖繪》一書中也曾刊登，稱謂與名目亦如同中國佛教經典所載。本圖所繪的觀音菩薩《慈容十四現》，是清代戴王瀛刊本《慈容五十三現》中的一幅，然而流傳至今該刊本已成殘本，只遺下「四十二現」，其中亦收有善財童子、龍女參拜的圖樣，不同於世間流傳的觀音三十三尊法像。

畢竟是仁慈的人，終於還是成全了我的意志。今天他大興土木重修金光明寺，這是一場不小的功德，將來會有好報的。」

永蓮又插嘴：「這件事雖是喜事，可是三公主日後在金光明寺修行時，一定要多找些獵戶住在附近呀！」

妙善公主說：「這是為什麼？找獵戶與修行有什麼關係？」

永蓮說：「公主有所不知呀，那金光明寺以前本來是有僧人居住的，後來因為耶摩山中出了猛虎，時常吃人，才把他們嚇跑，後來成了廢棄的寺廟。公主要是住在那裡，萬一猛虎又出現，那該如何是好呀？」

妙善公主聽後並不害怕，笑著說：「那不要緊，猛虎是山中之王，是有靈性的，所以佛祖曾封牠為巡山夜叉。牠所吃的都是些作惡多端的人，那些人違背了做人的道理，在猛虎眼裡，他們跟禽獸沒什麼兩樣，並不是人，所以拿來吃了。要是在猛虎眼裡看來是人的話，牠絕對不會吃的，更何況是我們這些皈依佛門、一心修行的人呢？」

永蓮一聽，拍著手，呵呵地笑了起來：「公主呀，這一來你可說錯了！從前金光明寺住的都是和尚，也是佛門弟子呀，他們一樣吃齋念佛，結果還不是有許多人被猛虎吃了。難道這班和尚就不是人嗎？或者是那個巡山夜叉，一時讓沙子迷了眼睛，弄錯了？這就不是可理解的事了。」

妙善公主聽了這話，哈哈大笑說：「永蓮啊！你也算是聰明伶俐，但這片禪機卻參不透？你以為每天吃齋，每天宣誦佛號，就可以算得上是修行？我來說一個比喻給你聽。現在有一個人，吃的是齋飯齋菜，念的是佛祖真經，可是另一方面卻在做著姦淫擄掠、殺人放火的勾當，給自己帶來無窮的罪孽。你說這種人能夠算是佛門弟子嗎？能夠修成正果嗎？

「再說和尚表面看來雖然都是佛門弟子，他們之中真心修行的自然不少，但也不是沒有心術不正的人混雜在內。尋常人犯了過錯，罪孽只有五分；念佛的人犯錯了，就要加倍變成十分，這就是知法犯法、罪加一等的意思。那一班被猛虎吃掉的和尚，一定有他們被吃掉的原因，要不就是前生的冤孽未消，否則絕不會遭遇這種情況的。況且，外來的侵害往往是自己招惹來的，倘若心志專一，外魔絕不會來侵犯。所以耶摩山中雖有猛虎，對我並沒有什麼影響。牠做牠的猛虎，我做我的修行，互不相干，你放心好了。」

觀音菩薩的故事：妙語禪機

**香山還願**
彩印年畫（無名氏）／
近代／山西

年畫香山還願的故事來自《香山寶卷》這本書的前身。該書情節大致與本書的妙善公主傳說相同，只是沒有這麼詳細。在這幅山西臨汾出品的年畫中，簡單表現了妙莊王火燒白雀寺、妙善斷手挖眼、妙莊王治病還願、妙善成道這四個部分。在最後一幅中，妙善已長出千手，構圖雖隨意，仍畫龍點睛地描繪出這一則神奇的傳說。

　　永蓮聽了這一大段話，心境似乎明朗了，連連點頭稱是：「我明白了，公主呀，我願意跟隨你一起出家修行，免除一切塵世的災難和輪迴的痛苦，不知道你願不願意帶我去？」

　　妙善公主說：「你的志向的確值得讚賞，但修行之事不是那麼容易的，必須一鼓作氣地堅持下去。如果將來見到困難就想退縮，還不如現在就不做，以免白費了一番苦功依舊無法成道，這又何苦呢？凡事都要善始善終，你要修行，有沒有始終不變的毅力？」

　　永蓮說：「有！我跟隨公主這麼久了，難道公主還不知道我的脾氣嗎？要是不信，我可以對天發誓。」說著真的跪下：「皇天在上，后土在下，一切過往神明，請為我作證。我永蓮，今天發誓修行，要是有三心兩意，半途反悔，甘願受雷打火燒的酷刑。」說完，磕了三個響頭，站起身來。

　　妙善公主看她如此虔誠，加上多了一個人陪伴自己清修，心中十分高興。

# 13 捨身耶摩

城中百姓把街道簇擁得人山人海，大家都知道今天是三公主捨身入寺的日子。一大早就有許多人夾道迎接，都要看看這位萬民景仰的三公主到底是什麼模樣，也有許多人帶著採集的鮮花，準備獻給公主。

妙善公主見永蓮對天發了重誓立志修行，今後又多了個清修的伴侶，心裡自然萬分高興。她知道，從這一天起，離出家的日子不會太遠了，於是便做好一切準備，專心等著剃度的日子。

再說，妙莊王自從下旨招工重修金光明寺，又派了大駙馬做督造大臣，在耶摩山大興土木，這消息不久就傳遍了全國，一些善於修繕的工匠都紛紛趕來幫忙。還有一班百姓，聽說三公主要捨身入空門，都十分敬佩她為世人獻身的精神。本來嘛，做為一國的公主，放著榮華富貴的日子不享受，卻情願忍受艱難困苦，一個人冷冷清清度過古佛清燈的一生，那是多麼難能可貴啊！

眾百姓既然對她有了敬佩之心，於是爭著獻出自己收藏的奇珍異寶，點綴這莊嚴的寶剎。而這也是因為國家連年風調雨順，百姓富足，所以捐獻才這樣踴躍。

材料既然豐富，工程的進展自然也順利。況且這座金光明寺雖然長年無人居住，房屋毀壞，但還是保持了原來的規模，比起重造一座新的，相對來說已經容易許多。所以，二月上旬開工，趁著好天氣，一路沒耽擱，到了五月初，金殿禪房已全部竣工。原是斷瓦殘垣的金光明寺，如今修建得莊嚴肅穆、金碧輝煌，黃瓦紅牆十分氣派。

房屋樓宇雖已完工，但還有許多雕塑佛像還沒做好。又隔了一些時日，裡面被佈置得井井有條了，督工的大駙馬這才向妙莊王覆命。

妙莊王親自驗收，果然十分滿意。回宮之後，下令司儀官選擇公主出家的吉日良辰。一番忙碌之後，選定九月十九日為公主捨身入寺的日子，十七日行拜別先王祖先的大典，十八日行辭朝的大典。十九日清晨辭宮入寺，一切禮儀都按照佛家的規程辦理，正午由妙莊王親自到寺中，在佛前舉行剃度大禮。

一切計畫擬定後，妙莊王這才召見妙善三公主，將事情清楚地告訴了她，要她做好準備。妙善公主謝過了父王成全的恩德，回去準備一切。

到了十七日這一天，妙善公主穿著公主的服飾，坐著馬車，前呼後擁的一路來到王陵。她祭拜了歷代祖先，禱告一番，不外乎敘述出家的原因，並且自責，最後獻酒奠帛，然後打道回宮。城

裡的百姓由於知曉這件事，所以一路上觀望的人很多，馬車所到之處都是一片歡聲雷動。妙善公主在車裡只是含著笑容，雙手合十，算是向眾人答禮了。

到了第二天，妙莊王照常早朝，召見文武百官，這時黃門官上朝啓奏，三公主在午門外拜別朝野。妙莊王下令召她進殿。一會兒，公主上殿，跪下三呼萬歲後，匍匐在金殿的台階上啓奏說：「女兒不孝，為了禮佛修道，不能伺候父王左右，實在罪該萬死，只求依仗佛祖的法力，為父王增福加壽。明天我將捨身空門，所以今天特來辭別，希望父王萬壽無疆。」

妙莊王聽了這些話，心中萬分難受，好似萬箭穿心，不覺流出了兩行老淚。你想，親生的一位聰明伶俐的公主，好不容易撫養成人，現在卻要和自己斷絕關係，捨身出家，怎能不叫他難受呢？此刻只有勉強忍住了淚，安慰妙善幾句，便下令送公主回宮。

妙善公主雖然意志堅定，但父王十多年的養育之情，畢竟無法完全捨棄，也覺依依不捨。回到宮中，坐了不一會兒，妙音、妙元兩位公主也來了。三姐妹手足情深，殷勤敘話了一番，直到晚上才離開。

妙善公主事先都已安排妥當，此刻

### 阿彌陀如來像
雕塑／日本神奈川縣鎌倉高德院藏

在這尊佛像寂靜的臉上，仍然殘留著帝王般的威嚴，但眼睛已閉上，身體已入定。妙莊王被女兒的孝順所感動，終於皈依佛法，是為阿彌陀如來。這是日本佛教最知名、也最大的一尊佛像——鎌倉大佛。鎌倉是日本的古都，中國曾在元朝攻打日本，結果在海上遇到「神風」而全軍覆沒，無法抵達日本，此事件就發生在以鎌倉為都的「鎌倉幕府時代」。當時佛教昌盛，阿彌陀佛普遍受到景仰。

觀音菩薩的故事:捨身耶摩

> 慈容三十三現
> 茫茫夢裡去游南
> 五十三參發指端
> 大士臂長衫袖短
> 善財腳瘦草鞋寬

**慈容三十三現** 版畫／明代／安徽

世人皆知，觀音菩薩法像的身旁總有一童子拜觀音，這位就是善財童子。善財童子是福城一長老之子，因受文殊菩薩點化，發願歷參五十三善知識，後來被彌勒菩薩度化收為弟子（見《華嚴經》〈入法界品〉）。本圖題有「五十三參」和「善財」的字樣，表示此圖是善財童子求知於觀音菩薩的畫像。圖中，觀音頭戴金箍，金環穿耳，金珠掛胸，身著衲衣，赤足而立；左手托著一個小盅，右手持楊柳枝蘸聖水以救天下眾生。身旁站著一名黑髮赤足的童子，身著裙袍，衣帛垂地，雙手合十向菩薩作禮，正是：「茫茫夢裡去游南，五十三參發指端；大士臂長衫袖短，善財腳瘦草鞋寬。」

反而無事可做。這次出家，除了有保母和永蓮二人做伴，廚房裡的十來個人也願意相隨。他們也不管大王同不同意，各自收拾著東西，準備明天跟三公主一同出宮。他們這樣做，一來是因為妙善為人和善，大家心悅誠服；二來多少有一點佛心慧根，所以願意拋棄世上的繁華，甘願過清淡的生活。

一夜無話，第二日五更起床，盥洗完畢，公主仍舊穿著宮裝。窗外紅日初升，宮女來報：「所有事務都已經辦理妥當，請公主示下。」妙善公主向宮門行了大禮，正準備到妙莊王寢宮去辭行，忽然看到妙音、妙元兩位公主走來，異口同聲地說：「我們奉了父王的命令，特地來送三妹妹，父王要你不必進宮辭行了。」

妙善公主只好邊向父王寢宮拜了九拜，然後與兩位姐姐作別。到底是同胞姊妹，骨肉情深，依依不捨地說了一番傷感的話，妙善才心情黯淡地上了馬車。兩位公主也乘車相送。

走出宮門，只看見到處敲鑼打鼓，梵音高唱，幡旗飄舞，羽葆後隨。宮女手提香爐，裡面燃著奇異的薰香，煙霧裊繞，直上九霄；伴駕的花籃插著美麗鮮花，清新的香氣彷彿在空氣中凝結。保母和永蓮手執白玉如意和鹿尾拂塵，

陪伴在左右。迦葉大將軍則帶著三百名御林軍衛士，一路跟隨護送。另外兩位公主的馬車，也在宮女們的簇擁下，緩緩前行著。

城中百姓把則是街道簇擁得人山人海，大家都知道今天是三公主捨身入寺的日子。一大早就有許多人夾道迎接，都要看看這位萬民景仰的三公主到底是什麼模樣，也有許多人帶著採集的鮮花，準備獻給公主。觀禮的人越聚越多，從王宮到金光明寺的一條大路，真是萬頭攢動，舉國上下，人們就像瘋了一樣。

只要妙善公主的馬車經過一地，那裡的人就會齊聲歡呼，還將手中的鮮花拋向公主的馬車，御林軍怎麼也趕不散擁擠的人群。走沒幾步路，車上的鮮花已堆得像小山似的，遠遠看去，馬車像是以鮮花所紮成，周圍香霧縈繞，一派壯觀的景象。

出了城門，大隊人馬緩緩向耶摩山麓的方向前進。遠處的耶摩山，雖然算不上高峻偉岸，但也是雄奇秀美。距城十里，遠離塵世喧囂，是一塊修真禮佛的寶地。

一路走走停停才來到山前，轉過一個谷口，放眼看去，只見面前是一座金碧輝煌的山門，順著上去是一條玉石砌成的甬道，一直通達天王殿門前。四面環護著紅色圍牆，屋頂都是以金色琉璃瓦蓋成，朝陽的光輝照射其上，反射出萬道金光，直破天際，讓人不能直視，那種莊嚴肅穆的氣氛真是無與倫比。

妙善公主到了山門，便下車步行，到天王殿向四大天王、彌勒、韋馱等佛像行過禮後，再進去便看到一個很大的廣場。場上蒼松翠柏如龍舞螭蟠、翠傘遮天，中間有座白玉砌成的法台，法台後面是大雄寶殿。台座對面站著兩排尼僧，有三十幾個人，看見公主駕到，遣散閒人，一起下台來迎接。原來這些人都是前來投靠公主的雲遊僧人。公主在他們的簇擁下，來到了大雄寶殿。

殿上鐘聲響起，香燭把大殿照得燈火通明，紫金爐內香煙繚繞，紅色的木魚、青色的磬碟全都擺放得整整齊齊。大家閉目合十，高唱佛經。公主拜過佛祖，念完一卷經文後，才由尼僧們引領到禪堂休息。眾尼僧逐一參見，報上法名；又端上香茗，給公主解渴。

殿外一班閒人都擠到了禪堂外面，喧喧嚷嚷，鬧成一片。幸虧妙莊王此時駕臨，大家怕驚了聖駕，這才散去。可是這麼一來，仍將庭院中的花木踏壞了不少，欄杆損壞了一些，大家對公主的熱情可見一斑。

# 14 斬斷六根

從此以後，妙善公主就成了妙善大師，安心在金光明寺中潛心修行。每天相伴左右的有保母和永蓮二人，服侍伺候的那些人都是原來跟著自己的宮女，所以對她來說，這金光明寺無異是西方的極樂世界。

妙善公主聽到父王駕到，急忙站起身來，帶領一班尼僧魚貫而行出了禪堂，一直來到山門外候駕。大約等了一個時辰，才看見前頭開道的騎兵，接著護衛執事蜂擁而來，轉眼間妙莊王已到，大臣們尾隨在後。三公主帶著尼僧在路中間跪拜迎接。觀禮的百姓也都匍匐在大道兩旁，不敢喧嘩。

妙莊王的御駕馬車，直到天王殿前才停下，下了車，便一路不停地走到禪堂，眾大臣在外面候命。三位公主重新見過父王，然後在旁邊伺候著。坐了一會兒，妙莊王下令各殿點亮燈火蠟燭，待他焚香禱告之後，再替三公主完成剃度大禮。下面一聲答應，過了不多時，來報一切已預備妥當。

妙莊王起身，帶著三位公主來到正殿，文武百官在後跟著。在正殿上香後，又到羅漢堂和伽藍閣上香禱告一番。其餘天王殿等地方，則派大臣代為祈福，然後回到大雄寶殿。

尼僧們已開始撞鐘擊鼓，朗聲唱經，妙莊王在中間坐下，妙音公主站在上首，手中捧著一個玉盤，盤中放著一把鋒利的金刀；妙元公主站在下首，手中捧著一個缽盂，盂中盛了半盂清水；保母、永蓮也站在兩旁，一個手捧黃色袈裟，一個手拿僧鞋僧帽；大家都屏住呼吸，凝聚心神，四周一片寂靜無聲。三公主已換上平民百姓的服飾，混雜在尼僧行列中，一同念著法經。

觀天象的司儀官跑上殿來，奏稱良辰吉時已到，妙莊王便宣妙善公主上殿，開始大典。只看到執事的隨人在前面舉著一對經幡大旗，提著一對香爐，引著三公主從尼僧之中走出，到妙莊王面前跪拜。

妙莊王開口說：「兒啊，現在我和你還是父女，等一會兒就是陌路人了。但願你出家之後能刻苦修行，光大佛門，使後世的人都景仰你的風采。願你能得道正果，肉身成佛。更願你能宏揚佛法，救度世間苦難。現在你先到佛祖面前虔誠禱告，然後父王為你剃度。」

公主拜了三拜，起身走到佛祖面前三叩九拜，心中默默祈禱，發出世的宏願。然後回到妙莊王跟前跪下，妙莊王從白玉盤取了金刀，將妙善公主的頭髮四下分開，露出腦門，在她頭上剃了三刀，不由得一陣心酸，眼中久藏的兩股

熱淚奪眶而出，手中的刀也因雙手震顫而搖搖欲墜，心中雖有千言萬語，嘴上卻說不出半句話來。

旁邊執事的尼僧看到這種情形，生怕金刀掉落在地上，忙跪前一步，從妙莊王手中接過刀來，將妙善公主的頭髮「咻！咻！」地一剃，瞬間就變成一個光頭。

妙莊王又從二公主手裡取過手巾，在缽盂中蘸了清水，在光頭上擦拭了一下，親自拿過袈裟，替她披上，又賜給她僧帽。妙善當場換好，合十拜過妙莊王，站起身，重新參拜佛祖，看上去和尼姑沒什麼分別了。

妙莊王見此情形，不忍久留，下令擺駕回宮，兩位公主也跟隨在後。妙善率領群尼，一直送到天王殿外，最後都匍匐在地上告別。妙善口稱：「貧尼妙善率領全寺尼僧，恭送大王御駕回宮，願大王萬壽無疆！」

妙莊王與兩位公主一聽如此稱呼，心上不由得一陣說不出的難受，話也哽

**慈容三十五現** 版畫／明代／安徽

本圖為《慈容三十五現》，觀音菩薩側身靠臥在海邊的大石上，身旁放著淨水寶瓶，中插楊柳細枝，背後有紫竹庇蔭，菩薩安詳垂首，看著石下海潮奔湧，十分愜意，圖上題詩：「青青入座當軒竹，黯黯懸巖屏後山；更有一般堪羨處，夜深流水響潺潺。」字句通俗易懂，人物亦刻畫得神態脫俗，畫功筆勢流暢，繼承了宋代的雕刻技法，疑似臨摹復刻龍眠居士李公麟的──為延安呂觀文所作《石上臥觀音》像。

住說不出來，只好將手招了招，各自上車而去。妙善見他們走遠，才站起身來，帶領群尼回到寺中。觀禮的百姓們見大典已經完畢，再沒有什麼可看的，也扶老攜幼、呼兒覓女地紛紛散去，金光明寺這才清靜下來。

從此以後，妙善公主就成了妙善大師，安心在金光明寺中潛心修行。每天相伴左右的有保母和永蓮二人，服侍伺

候的那些人都是原來跟著自己的宮女，所以對她來說，這金光明寺無異是西方的極樂世界。

那一班常住的尼僧，儘管也天天誦經念佛，但對於佛法的濟世宗旨卻沒有多少瞭解。因此妙善大師在自己清修參禪之後，只要一有空閒，就和她們講經說法，隨時指點。又定下每逢三、六、九日為演講之期，全寺的人都必須到講堂，聽她宣講佛法。住在附近的百姓，只要有心向佛、願意來聽的，也一概不拒絕，還會準備齋菜糕點供他們食用。

如此一來，每逢三、六、九的講經日，許多窮苦的百姓都不約而同來到寺中。一開始不過是想沾光，吃點齋菜糕點，並非誠心來聽講。但妙善大師舌粲蓮花，她的演講使許多愚魯和頑劣之人漸漸開了竅，有了一些覺悟和思考，也建立起信心來。

那些一開始只是想來這裡吃喝的人，最後竟養成了聽經學道的癖好，大有非聽不可的勢頭，還替妙善大師到處宣揚。所以每逢三、六、九日講經說法的日子，來到金光明寺聽講的民眾，一期比一期多。

按照常理，出家人是化緣百家、十方供養的，為什麼妙善大師卻反其道而行呢？這是因為金光明寺有良田千頃，可保衣食豐足，不需向世人化緣過活。妙善大師的用意是想感化世人、光大佛門，透過這個方法才能吸引百姓前來。如果無法達到目的，花再多的錢也沒有用。準備一些食物，花費不了很多錢，然而創造的功德卻是非常宏大的，這又何樂而不為呢？所以連城中的百姓也聞風而至，每逢講經的時候，耶摩山下如同趕集般，一片生氣勃勃的景象。

光陰荏苒，轉瞬之間，嚴冬來臨，北風呼嘯。窮苦的老百姓身上沒有棉衣禦寒，禁不起冷風侵襲，大多躲在家裡不敢出門一步。來聽講的人，也一期比一期少。

妙善大師得知原因後，心生惻隱之心，於是讓人到城裡買了許多布匹棉絮，親自剪裁，裁成幾百件大小不等的棉衣棉褲，交給全寺上下的人去縫合加工。人多力量大，幾天內就完成了。每逢講期，便在寺內安放大鍋煮粥，等到大家飽餐一頓後，再來講堂聽講。凡是沒有棉衣的人，就將寺內準備的衣物分給他們，大家有了棉衣禦寒，有熱粥可吃，再也不愁什麼，於是聽講的人又重新多了起來。

受過恩惠的百姓，到處宣揚妙善大師的善心仁行，以至於全國的人民都把金光明寺當做慈善佈施的場所。一些一

觀音菩薩的故事：斬斷六根

**四臂觀音** 造像稿本／現代／青海

觀音像中以八手為法身，四十手為報身，九百五十二手為化身，共計千手。但四臂觀音像並不多見。此圖為四臂觀音像草稿，只見觀音盤腿跏趺坐於蓮台上，雙手合十於胸前，另有一手拿著念珠，一手拿著一朵青蓮。祂面目慈祥，略帶微笑，頭上的光環像一輪滿月。

貧如洗、無依無靠的人，竟不遠千里地趕到耶摩山，投身金光明寺。妙善大師對每一個人均一視同仁，要是前來的人是出家尼僧，便一概收留在寺中，從不問去留問題，只要他們想留下，也從不趕他們走任由他們住著，幸好金光明寺禪房很多，不愁住不下；要是窮苦百姓來投奔，由於男女老幼都有，寺中自然不好收留，妙善大師就每人發給柴草竹木，要他們到山下蓋茅屋居住，每人還發給少許本錢，讓他們自謀生計，糊口生存。

不久之後，從前淒涼冷寂的耶摩山，竟變成一個很大的村落。居住在那兒的人，都受了妙善大師的恩惠，一個個感激於心，他們視她的話如金科玉律。每逢講經的日子，無論男女老幼全都齊聚講堂，聽她宣揚佛法。因此，興林國中最早覺悟佛法的，反倒是這班底層的平庸貧民。

# 15 功行滿心

妙善大師急忙收斂心神,卻發現自己的一顆心變成一朵半開的白蓮,蓮花上面坐著一位菩薩的法身,低眉闔眼。仔細一看,那位菩薩就是自己的化身,不由得歡喜不已。

耶摩山下,經妙善大師濟貧救苦,已成了一個有模有樣的村落。一班貧苦的人們做做小生意,倒也足以養家糊口,安居樂業。這一切都出於妙善大師的善心仁行所至,因此大家對她的尊敬,也就格外堅誠。她的講經說法深入人心,聽起來十分易懂,不久竟成了一個小規模的佛教集合地。妙善大師見此情形怎能不歡喜?就連永蓮的修行,也有一日千里的顯著變化。

有一天,永蓮告訴妙善大師:「昨天夜裡,我在禪房打坐,忽然進入了似夢非夢的境界,魂魄像脫離了軀殼,飄飄蕩蕩向東方去了。不知走了幾千幾百里,看見許多顛沛流離的百姓聚集在海邊,一個個面黃肌瘦的。我問他們,為什麼這樣困苦不堪?他們爭著說:『我們是來自四面八方的人,只因中原年年戰亂,鬧得男不能耕、女不能織,無衣遮體、無食果腹,還是逃避不了刀兵戰亂的侵擾。不得已逃亡到這裡,雖然生活困苦,但可免除殺身之禍,比起在故鄉的時候,已有天淵之別了。』我看他們拿樹皮草根充飢,以亂草敗絮遮體,比起我們耶摩山下的那些百姓,真有天堂和地獄的區別。只可惜那邊沒有一位慈悲的大師能拯救他們的苦難,我又無能將那班困苦百姓立刻遷移到耶摩山下,一起感受佛祖的恩德,實在無奈。我在離開的時候告訴他們,想要尋覓人間樂土,就到西方興林國耶摩山的金光明寺,受佛祖的庇護,才能免掉劫難。我說完這幾句話,正準備尋路回來,不料一陣狂風吹來,頓時飛沙走石,那些困苦的百姓忽然變成了虎豹豺狼向我撲過來。我正著急,突然聽到有人喊:『永蓮,永蓮,你走火入魔了!』我聽了這句話,才收攝了心神,

**金銅觀音立像** 雕塑 / 15世紀 / 尼泊爾

這尊秀氣而帶著女性美感的觀音像,具有金與銅的特殊質感,古雅宜人,祂那熠熠生輝的皮膚好像透露著佛境的訊息。祂光腳蓄鬚,宛若一名舞者,這是典型的尼泊爾藝術品。尼泊爾是釋迦牟尼的故鄉、原始佛教的發源地,佛教藝術歷來發達。自中國唐朝開始,它的佛教藝術就流入了藏地。

睜開眼睛，發現保母在身邊呼喚。不知道這是什麼預兆呀，還望大師慈悲，指點永蓮。」

妙善大師聞言，合十當胸說道：「善哉，善哉！永蓮呀，看不出你修練得這樣迅速，居然能夠入定了。入定，就是坐禪的功夫到了家，才能神魂離開軀體，神遊十方世界。下可看塵世的煩惱，上可見佛國的清淨。你能夠入定應該是值得高興的事。但入定需要心志平靜、無欲無念，這樣外魔才不能侵擾；要是心中有一絲雜念，外魔立刻就隨心而至；要是動了邪惡的念頭，就會六欲之魔全來，驚擾得你不能出定，以前有很多坐禪坐成瘋癲的人，就是因為這個緣故。你在入定時看到那種情形覺得可憐，便發慈悲心，指示他們出路，原是善念。但不該指點他們到這裡來，這樣就未免自私了些。這念頭一生，就招了外魔，出現後來許多恐怖的景象，好險呀！要不是保母看出你走火入魔，還出不了定呢！往後要小心，不要胡思亂想，要知道這是入道的緊要關頭，失之毫釐，謬以千里呀！」

永蓮合十謝了指教之恩，接著又問：「平時聽大師說法，怎麼從沒聽過

### 慈容三十八現
版畫／明代／安徽

本圖所繪觀音菩薩，頭戴金箍，上嵌佛像，耳穿金環，腕戴金釧，身著緊袖上衣，下著素色長裙，手持數珠側身半跪在草壇之上，雙目微閉，笑而不語地面對一名老者。下首處，老者青巾束髮，身穿皂袍，右手拄著一根古木仙杖，左手遙指向西方，正與菩薩講經論法。有詩云：「佳人睡起懶梳頭，把得金釵插便休。大抵還他肌骨好，不塗紅粉也風流。」告誡世人要反璞歸真，捨棄榮華，皈依三寶，這樣才能長樂長生，終身不辱。本畫作線條柔和，中間老者的衣著紋路是陰刻而成，因此明暗對比強烈，使畫面動感十足，栩栩如生。

這些妙旨？不知道由此入道，還要經過什麼樣的過程？」

妙善大師說：「永蓮，你有所不知。平時聽我說法的人都是平庸的人，講這些深奧的道理給他們聽，無異對牛彈琴、白費心機，反而會閉塞他們的心竅，永無開鑿的希望。我對他們說法，先要指正他們的心志，心志正了，靈台自然光明，開啟聰明之後，再講入道的玄機，他們才能領悟，這是我從不講入定的緣故。

「由入定到正果的過程，說遠不遠，說近不近，只能意授不能言傳。入定，是有了相當的道行，神魂能出竅遍遊十方，但是還不能脫離軀殼，要是入了定無法出定，用不了一會兒，軀殼就會像常人一樣腐爛；脫離軀殼的神魂，也要不了多長時間就會分崩離析，歸於消滅。這與常人的死亡沒什麼分別。所以你這個時期，入定之後一定要能夠出定，從這一步開始做，逐漸進步，就會達到身外身的境界。什麼叫身外身呢？就是在軀殼之外另成一身，神魂可以與軀殼脫離。簡單說就是入定之後，不再要求出定，神魂依然凝聚，永不會分散消滅。到了這一步，就可脫去軀殼，得成大道了。要達到這種境界，不但要禪功深厚、禮佛真切，還要積滿三千功德、受盡萬般苦難才有希望。你沒聽說，佛祖當年也是受了許多魔障苦難才得道的嗎？我們現在，功行還不到，功德未積，苦難未受，要想成道，路途遠著呢！可是只要心志堅定，是不會白練的，你能夠入定就是個證明，只要持續耐心修練就行了。」

這一席話說得永蓮樂不可支，手舞足蹈起來。永蓮的程度已然如此，妙善大師功行之高深，自然更不消說。但為什麼她不能證果呢？因為劫難未滿、功德不足呀！她自己靈根不昧，對這件事也很清楚，卻從不向人說，只在暗中積累功德罷了。

光陰荏苒，一轉眼又是三年。一日，妙善大師在禪房打坐，正要入定，忽然聽到兩個人的對話。一個聲音說：「靈台上的蓮花開了嗎？」另一個人說：「開了，開了，只差一位菩薩。」妙善大師暗暗說了聲：「不好，什麼外魔，敢來侵襲。」急忙收斂心神，卻發現自己的一顆心變成一朵半開的白蓮，蓮花上面坐著一位菩薩的法身，低眉闔眼。仔細一看，那位菩薩就是自己的化身，不由得歡喜不已。眼前的景象登時完全消失，自己仍坐在禪床上。

妙善大師知道玄機所在，也不向人說破，第二天早上做完早課，她對大家說：「我蒙佛祖顯化指點，祂曾說過，要想證果，需要須彌山上的雪蓮花做引

## 慈容四十現
版畫／明代／安徽

佛經《普燈錄十八》中有這樣的字句「坐斷毗盧頂，須是沒量大人」，毗盧全稱「毗盧舍那」，是佛祖真身的尊稱。此圖有一詩句「翻身坐斷毗盧頂」，在這裡毗盧名「光明照」，毗在此云「遍」，一起念為「光明遍照」。所以圖上這句詩可理解成：「登上毗盧頂（光明遍照），就對一切魔障無所畏懼了。」畫中觀音菩薩頭頂華冠，髮髻高聳，面容豐滿仁慈，身穿大士法衣，袖口鑲黑色花邊，精緻典雅。足下蓮花相繞，似在雲中站立。菩薩雙手交疊，做甘露手勢，慧眼垂視下方。畫面下方一團烏雲滾滾，有一頭紮巾帶、腰纏豹皮裙、裸身赤足的夜叉，駄著一名童子。那童子笑容可掬，天真爛漫，與兇惡的魔鬼構成鮮明的善惡對比。

慈容四十
明不屬內外
落思惟入
魔境大丈
夫兒不自
嚴翻身坐
斷毗盧頂

子。我自剃度以來，每天閉門苦修，從未去過名山朝聖，哪裡有得到雪蓮的機會。所以我決定前往須彌山朝聖，順便尋訪白蓮。你們要好生修行，將來都有好處的。」

大家聽了覺得很突然，不免面面相覷。保母和永蓮聽了，都贊成她的決定，並願意結伴前往。妙善大師聽說之後很高興，便將金光明寺的一切內外事務託付給執事尼僧多利，並囑咐她：「以後一切事情務必和以前一樣，不要改變作法。我們這一去，多則一年，少則半年，無論是否能得雪蓮，都要回寺的。」多利一一領教。

妙善大師交代了一遍，就帶保母和永蓮二人回自己禪房，收拾衣帽糧食。她要永蓮打開一只木箱，只見裡面放著一整箱草鞋，拿來一數，有一百零八雙，便一雙雙打疊起來，紮成一捆。又拿來一只木桶，裡面裝著各式米穀，分別裝滿三個黃布袋，每人揹一袋。這些都是她在皇家御廚受苦時編織拾掇的，這次要遠行正好用得著。三人的衣服，裝在一個包裹裡，大家一路輪流揹。紫金缽盂，是出家人出門化緣的信號，而且是妙莊王所賜，自然格外寶貴，由大師自己帶在身旁。

三人收拾完畢，揹著包裹，走到大殿拜過佛祖，虔誠禱告了一番，就動身啟程了。全寺尼僧在後相送，耶摩山的一班信徒也都手持清香，送大師朝山。

# 16 往朝須彌

妙善大師等三人，離開了耶摩山金光明寺，取道向東而行。一路上風餐露宿，饑餓時，就在見著人家的時候化緣求食，這樣走了幾天倒也安然無事。

妙善大師一行收拾好行囊，從金光明寺出發，要去須彌山尋訪雪蓮的下落。全寺尼僧一起出寺相送，山下的一班老百姓感激大師的恩惠，聽說她要離寺遠遊，大家哪裡捨得，所以攜妻帶子、擋道相留，不肯讓她們三人通過。

經過妙善大師虛心開導、言明，說是不久後就會回來，並不是拋棄大家，眾人這才放心。見她們三人意志堅決，料想是阻擋不住，只好手持清香，尾隨著一干尼僧相送，直到山外五里，在妙善大師幾番勸阻之下，眾人才拜別回去。

妙善大師等三人，離開了耶摩山金光明寺，取道向東而行。一路上風餐露宿，饑餓時，就在見著人家的時候化緣求食，這樣走了幾天倒也安然無事。直到第七天下午，來到一個地方，面前有座高山擋住了去路，山勢險峻凶惡，只見南邊有條羊腸小道似乎可行。三人自然選擇有路的地方走，卻忘了須彌山是在東北方向，因此大大耽誤了行程。

三人走入深山，山路崎嶇，行走十分艱難。她們越走越深入，不知何時才能走出山裡，就這麼靠著不屈不撓的毅力堅持地走著。看到天色將晚，便找到石崖，在底下過夜。到了第二天黎

**慈容四十二現** 版畫／明代／安徽

本畫作的觀音菩薩頭戴披風帽，身裹衲衣，右手托腮，左手持數珠斜垂身前，赤足倚靠在一塊青石上，面前一名童子正倒身下拜，態度十分真誠。畫上題贊：「妙意童真末後收，善財到此罷南遊；豁然頓入毗盧藏，悔向他山見比丘。」這裡的「妙意」是儒童菩薩的本名，儒童曾買了五朵蓮供養菩薩，又見地上不乾淨，就將自己的衣服頭巾鋪在地上，讓佛祖通過。佛祖告訴他，待他經歷了九十一個劫難後，便可以成道，名號釋迦文如來（見《瑞應經》上卷）。圖中的童子拜觀音，就像儒童見佛祖一樣，意在讚賞觀音菩薩法力無邊，能夠指點迷津。此畫筆鋒剛勁有力，以陰刻雕青石，襯托菩薩的潔白法衣，自然天成，毫不做作。

明時分，三人即揩起行裝繼續趕路，整整走了一天，才到達山口。她們還以為正往東面前進，不料這座山是對著南方的，依山的走向一路下去，將通往東南方，不知不覺，離目的地越走越遠了。

這樣又過了幾天，終於遇到一個村子。因天色已晚前去借宿，碰到一名年過花甲的老人，將她們留宿家裡。伺候齋飯以後，問她們想到哪兒去？妙善大師對他說明一切，老人聽後呆了一呆：「你們要到須彌山，可惜走錯了路。你們來的時候，不應該出戒首山南谷，而要一直沿山向北去，轉過山口，就會看見一條大路，那才是通向須彌山的捷徑。你們沒往那邊走，卻出了南谷，一直向南走來，就走岔了。走到這裡，已經多行了三百多里路。要是沒遇到老漢，還會越走越岔呢！」

二人聽了這番話，面面相覷。永蓮插嘴：「老丈啊，這樣說來，我們得走回頭路了，回南谷，再向北方走。」

老漢說：「這倒不必，世上的路原本是路路相通的，不過有遠有近罷了。何況南谷那面，並不是安全的去路，深山中有很多豺狼虎豹，平時人們過山都必須集合成大隊才敢進出。你們三人能夠平安過了南谷，已是萬幸，難道要回頭重入虎狼之口嗎？」

**善財朝觀音** 版畫／明代／杭州

此畫選自萬曆三十一年刊版的《顧氏畫譜》。畫作背面書有作者顧野王的生平事跡：「顧野王字希馮，南北朝吳郡人士，七歲能讀五經，九歲能作文章。時常畫古代聖賢之人，尤其善畫蟲草，他與王書贊當時並稱二絕。官拜黃門侍郎。」當時他作此畫不用通俗畫法，而以山石皴法為之，構圖新穎，繪畫精巧，乃大家手筆。畫中巨石懸空，崖高陡峭，了無人跡，然紫竹林卻生於夾縫之中，山中祥雲出岫，月光普照，意境非凡。海浪排空，撞擊岩石，善財童子佇驚濤駭浪之間，立於一片荷葉上，雙手合十向山中靈光朝拜，彷彿觀音菩薩就在其間。只因凡人無法看見菩薩真容，唯有童子有緣，故才禮佛於狂風激浪之中。

妙善大師雙手合十，說了聲「阿彌陀佛」，然後向老者說：「多謝老丈指教，我們感激不盡。現在只求您老人家大發慈悲，指引一條上須彌山的路，使我們早日到達，圓滿功行，這是功德無量的事呀！」

老漢說：「這有什麼難的？明天你

們離開這裡後，一直向東北方向走去，大約走五十里，就會見到一座名叫神鴉嶺的高山，翻越它，一直朝北再走三百里路，轉正東方向走，就是上須彌山的大路了。

「可是這座神鴉嶺卻不是那麼容易過去的。因為山上有一群神鴉，共有兩、三百隻，比老鷹還要大，性情兇猛。山下村子的人家，每逢祭祀，使用的祭肉並不煮來吃，只用來占卜吉凶。占卜的方法也很奇特，是在祭祀完畢後，將所有祭肉全部拋棄在山坡上，如果落下的肉有烏鴉來搶食，那是大吉的預兆；如果烏鴉並未立刻來吃，第二天再去探視，祭肉沒了，也認為是神鴉吃了，這是中平的預兆；要是祭肉丟在那裡，三天之內仍未被神鴉吃掉，那就是大凶的預兆，一定得將肉剁爛了拿去餵狗，才能解除不祥。

「所以，神鴉就此養成了吃肉的習慣，平時沒有祭肉可吃，就在山中搜捕野獸充饑，要是遇到有人在山中行走，神鴉饑餓時也會將人啄死，共同分食。

「村民還有一個風俗，那就是他們對神鴉的尊敬，比敬天地還要虔誠。所以神鴉雖然掠食人畜，他們也不敢驅趕，獵人也不敢以弓箭對付神鴉。山中的野獸就這麼被吃得吃、跑得跑了，所剩無幾，神鴉吃人於是成了平常事。而人被啄的時候，也是連抗拒都不敢，只能任憑牠們分屍果腹了。如果有人被神鴉吃了，大家就認為這個人一定做了虧心事，才受此報應，不但不憐惜他的遭遇，還以為這樣一來他的罪惡就洗清了。

「要想到達須彌山，眼前只有兩條路可走，一是回頭走南谷，二是翻過神鴉嶺。雖然兩條路同樣充滿凶險，比較起來南谷更危險，那裡猛獸多，道路又長，躲避不易。這邊的神鴉雖然兇猛，但過嶺的道路只有十來里，正午時通過，也許不會遇見神鴉。況且現在正逢祭祀期，神鴉有祭肉可吃，就算遇上了，也不至於傷害你們。因此兩相比較，老夫覺得你們應該走這條路。」

永蓮聽了，大驚失色地說：「這麼險惡的地方，叫我們怎麼過去呀？不知除此以外，是否還有別的路可走？」

老漢說：「小路倒是很多，但是比這些路還要更險惡，不但有虎豹豺狼，還有妖魔鬼怪，更別想走得過去了。」

妙善大師說：「善哉，善哉！老人家的指教，一點也不錯。我們明天就按照您說的路走。永蓮，不要害怕。要知道，我們出家人除了誠心修行，其他的事都與我們無關，早就應該悟透生死了。這一路要遇上的危險，豈止這一座

神鴉嶺,如果來到這裡就畏懼不前,那何時才到得了須彌山呀?一切有佛法護佑,包管你可以平安越過神鴉嶺,不用擔心。」

此時老者告退,回頭睡覺去了。她們三人也打坐休息,一夜無話。第二天,起身盥洗一番後,老者又準備了早齋讓她們吃,三人謝過老者,一路往東北方出發。

走了一程,到達山下,剛好有條碎石路可以拾級而上,三人心裡默誦佛號,鼓起勇氣繼續前行,直到山嶺上也沒遇見什麼,更不見任何神鴉的影子。於是轉下山坡,隱約看到數里之外有個很大的村落。

妙善大師說:「善哉!你們看,前面不是有個村落嗎?只要到那裡就好了。」她嘴上雖這麼說,兩隻腳卻早已疲憊無力。幸好此時下山,要比上山省力多了,順級而下,行程還算快,片刻

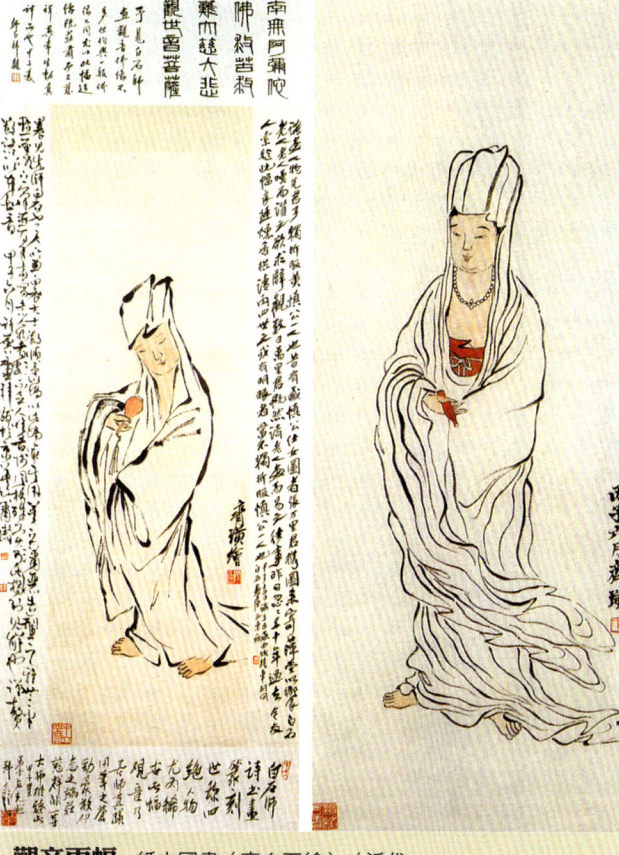

**觀音兩幅**　紙本國畫(齊白石繪)/近代

齊白石酷愛大寫意,號稱自己不過是明代寫意畫大師徐渭的「門下一條狗」。他筆下的寶瓶觀音,構圖和筆觸是那麼自由而隨意,瓶子畫成紅色,而且很小,觀音的身體也主要靠技法嫻熟的衣服皺摺線條構成,好像是一次速寫練筆。觀音的美感被處理得與妙善公主截然不同,以現代人標準來看完全像個「村姑」,但是誰也不知道歷史上的觀音模樣如何,所以也就無所謂對錯了。

之間已來到山腰。這裡是一片寬闊的平地,樹木也長得錯落有致。

此時妙善大師實在是精力耗盡,無法再走下去了,想著一路上沒遇見什麼,心裡倒也安穩,以為今天不會與神鴉遭遇了。她向永蓮、保母說:「我們不停地奔波了半天,已經走了五十來

里。現在我已經是腰痠背疼，真的走不動了。這裡的風景很好，我們不如休息一會兒再走吧。」

保母也說：「我也走不動了，歇歇也好。」

永蓮卻不以為然地說：「大師呀，昨天老漢不是要我們快點通過這山嶺嗎？可別貪圖這一會兒的安閒，要是惹來意外災難就不好了，我看還是堅持趕緊走過去較好。」

保母說：「你又來了，我們走了這麼多路也沒遇上什麼。難道休息一下，就會出岔子嗎？」

永蓮聽了也沒辦法，只得放下包裹，坐在石頭上休息。突然之間，鴉聲四起，把三個人都嚇呆了。

**千手觀音** 唐卡／西藏

無數隻手臂的優美律動，為這尊觀音帶來夢幻色彩。千手觀音有很多種，形制上主要分為繁簡兩種。繁者，的確有千隻手、千隻眼；簡者只有四十隻手、四十隻眼。但兩者都符合佛教的「二十五有」（即所謂的欲界十四、色界七、無色界四），四十乘二十五，總數也正好為一千。它們都是為了紀念妙善公主挖眼斷手、以盡孝道的事蹟。

# 旁生枝節 17

三人在沙漠中行走，為幽靜寂寞的大地帶來了一點生機。她們意志堅定，一路走來完全不覺得艱難恐懼。

走路最忌諱的就是中途停下休息。要是路途遙遠，在半路上覺得疲憊，可以放慢速度慢慢走，雖然勉強，但意志不會減退，最終可走到目的地；要是一旦無力，坐下休息，就會越休息越覺得累，連前進的意志力也減退了，重新再站起來時，會有寸步難行的感覺。

三人都沒走過這麼遙遠的路，不懂訣竅，一坐下來就像生了根一樣，恨不得就在這裡過夜了。幸好永蓮催得急，好不容易催得妙善大師和保母站起身來，正準備拿了包囊繼續往前走，突然聽到頭上「哇！哇！哇！」一連幾聲烏鴉叫，嚇得三人頓時沒了主意。

永蓮說：「常言說得好：『烏鴉一叫，禍事便到』，何況叫的又是吃人的烏鴉？我叫你們快點趕路，你們不聽，這會兒怎麼躲得過這群烏鴉。現在該怎麼辦呀？」

就在她說話的時候，只見四面八方的烏鴉都聞聲飛來了。一整片天空都是「哇！哇！」的叫聲，也不知道有多少隻烏鴉。牠們好像找到了什麼可口的食物，在那裡互相慶賀似的。如此讓永蓮和保母被嚇得手足無措，到底還是妙善大師道行深厚，定力彌堅，這時她反而坐下來，對兩人說：「你們都坐下，收攝心神，不要驚慌，我自有道理。」

兩人沒法子，只好坐下，聽任烏鴉啄食。但那些烏鴉嘴裡雖「哇！哇！」地叫，在三人頭上不停地來回盤旋，卻並不下來啄食。原來在異類的眼中，氣定神閒的人顯得很偉大，因此不敢貿然侵犯。烏鴉不攻擊三人也是這個道理。但烏鴉雖不下來啄食，卻盤旋飛鳴，圍守著三人不肯離去，此景大約有半個時辰了。

妙善大師忽然靈台空明，似有人告訴她：「你這個人好呆呀，烏鴉飛鳴，只是想要些食物，又不一定要吃人。給牠們一些吃的，等牠們吃食的時候，不是可以脫身了嗎？」

妙善大師想及此，立刻將自己身上的黃布袋解開，抓了一人把穀米，用力向遠處撒去，烏鴉見了，果然飛去爭著啄食。約莫撒了大半袋穀米，空中已經看不見一隻烏鴉了，大師這才叫過二人，帶著行李，三步併兩步一路跟蹌地往下跑，也不顧山路高低不平，一直跑到山下。不見烏鴉追來，他們這才安心地緩緩向村落前進，一直走到太陽下山，才到達村莊。

**佛道眾神**
彩印年畫（無名氏）／清代／山東

做為一個多神、多宗教信仰的國家，中國封建時代的宗教政策，通常很有包容性，佛、道、儒三教的融合尤其能體現這一點。例如這幅來自山東的年畫，即包羅了關羽、伏羲、龍王、土地、泰山老母、金童玉女、地藏菩薩、藥王、天官等來自各種宗教的神祇。觀音尤其受到重視，一共有兩尊：一為聖觀音，在第五層；一為千手觀音，在第四層。居於觀音之上的只有玉皇大帝、關帝、釋迦牟尼三尊，其他神祇都是陪襯。由此可見，清代時，觀音在民間的地位已相當崇高。

　　村裡的人見三人打扮奇怪，不像本地人，都上來圍觀詢問。妙善大師對大家說：「貧尼法號妙善，是興林國耶摩山金光明寺的住持，要前往須彌山求道朝聖。與她們二人一路行來，不料路上走了岔道，幸虧遇上好心人指點，才繞道翻過神鴉嶺來到這裡。如今天色已晚，前面又沒有村莊，無法再走，還望哪一位施主慈悲，借一席之地容我們借宿一晚，討一頓齋飯充饑，除此之外別無他求。明天一早，我們就告辭了。」

　　大家聽說他們是從神鴉嶺那邊過來的，無不面面相覷。其中有好事的人問：「既然你們是從那邊來，一路上是

否遇到神鴉？」

　　妙善大師回答遇見了，並將剛才的情形說了一遍，眾人聽了，交頭接耳地談論著：「怪事、怪事，這三人有什麼魔力，連神鴉都不敢傷害她們，莫非是神人？」

　　這時，有個村長模樣的人向眾人說：「大家不要喧嘩。這三人看起來不是尋常人物，他們是悟道修行的人，是世間萬物都十分敬畏的，何況神鴉又能通靈，自然不會為難她們。現在她們既然來到我們村子，前面數十里又無人煙，我們就該好好地款待。我家裡有現成的房子，就請三位到我那裡歇息吧。」妙善大師等三位尼僧合十感謝。村民們也說：「劉老漢，這次叫你占了先。三位神尼如果明天不離去的話，我們也要輪流款待，以盡地主之誼。」

　　說著大家散去，劉老漢便領著三人一同到他家裡。等她們坐下後，要家人出來見面。他們一家人的確都是好善信佛的人，一見家裡不請自來了三位神尼，特別欣喜，一時間端茶倒水，安排齋飯，讓三人吃了。等到天色不早，便為他們準備了一間潔淨的上房，被褥整潔，十分清爽，妙善大師等就在此打坐參禪。

　　翌日一早，劉老漢準備好早飯，請三人吃過，三人要告辭時，他還苦苦挽留。妙善大師滿懷謝意地說：「我們因朝山心切，不便久留，辜負老人家一片盛情，實在不好意思。我們不敢再煩擾您，只求您能指點我們前行的方向，就感激不盡了。」

　　劉老兒情知留也留不住，便說道：「從這裡一直向北走，大概走三十里路，會有一座小山頭，名叫金輪山。你們不必翻過山去，只需沿著東邊走，越過山口，再向北走十七、十八里，就是塞氏堡了，那裡可以投宿。但在金輪山附近卻得悄悄地快速通過，不能有半點停留，到了塞氏堡就沒事了。再往前行的路，可以到那邊探聽清楚。」

　　妙善大師三人連連稱謝，告別劉老漢後，出了村子，一路取道向北前進。起初只看見一片廣漠，除了滾滾黃沙，什麼都看不見，四面連水草都找不到。三人在沙漠中行走，為幽靜寂寞的大地帶來了一點生機。她們意志堅定，一路走來完全不覺得艱難恐懼。試想要是常人走到這種了無生機之境，任誰也要心驚膽戰。

　　三人走了一程，果然看見遠處有座山頭蜿蜒在西北邊，雖然不大，倒也處處蒼天巨木，風景很是雄壯，那裡分明就是金輪山。她們在寂涼的荒原中行

走,昂然見到一座生氣勃勃的山林,不覺精神為之一振,腳步也輕鬆了不少,大家鼓足勇氣向山的方向走去,不一會兒就到了金輪山。

只見那座山嶺,雖不高大,卻生得怪石嶙峋、奇峰疊嶂,山上碧草連天、野花飄香,好一派怡人景象。妙善大師看著四周風景,口中喃喃地說著:「善哉,善哉!我們走了這麼多的路,經過的山水也不少,幾時見過這麼好的風景。想不到在這廣袤的沙漠中,有這樣的好風光,可見天地造物,總是出人意表的。」

她看著這裡的風光,不覺心生愛念,流連於美景之中,忘了要快速通過此處。永蓮這時在旁催促:「大師,勸你不要這麼留戀不捨。劉老漢不是說,到了金輪山下,要悄悄地快速通過,聽他弦外之意,這裡必定藏著什麼危險,我們還是快快過去吧,不要再弄出什麼枝節來。」

妙善大師說:「劉老漢不過是這樣叮囑,又沒說有危險。我看這座山生得如此秀美,絕不至於藏著什麼妖魔鬼怪吧,何況青天白日的,停一會兒不會怎樣的。」

永蓮說:「話雖這麼說,到底還是謹慎點好,貪戀風光畢竟會耽誤我們朝

**麒麟送子** 彩印年畫(無名氏)/清代

古人把麒麟看做瑞獸,而且像「鳳凰」一樣,是雌雄一對的合稱。孫柔的《瑞應圖》中說:「牡曰麒,牝曰麟。」實際上,麒麟來自西域,就是長頸鹿。到了中原後,與印度教的獅子、中國的龍、馬等動物相混,成了現在的模樣。而且為了表示麒麟的善良和吉祥,此畫還讓它長了偶蹄,表示它只吃草,不吃肉,十分具有佛教涵義。麒麟有時是送子娘娘的坐騎,而送子娘娘的形象與送子觀音也時常交叉混淆,很受中國人的喜愛。

山的行程。況且常聽大師說,六欲的心魔都是自己招惹來的。現在大師對此山已心生愛意,留戀不捨,又動了貪念。佛說不能隨便起一念,如今還同時生了二念,這如何了得?我們還是走吧!」

妙善大師聽了這番話馬上警悟過來,於是收攝心神,連說:「好、好、好,走、走、走。」可是等到要走時,已經來不及了。

# 同伴求援 18

永蓮心中掛念著妙善大師,首先說話:「大官人啊,我們二人雖然脫險來到這裡,可是同行的妙善大師,現在卻身陷夜叉手中,生死未卜。」

妙善大師聽了永蓮的勸導,立刻收攝了心神,連連說道:「好、好、好,走、走、走。」三人匆匆上路,走了不到三十步遠,忽然聽到一陣鬼哭狼嚎的聲音從背後黑暗的森林中傳來。三人情知不妙,回頭一看,只見一隊夜叉野鬼從樹林中直撲出來,看得大家心驚膽戰,一心只想逃跑,可是兩條腿好似生了根一樣,一步都邁不動。

看到那些魔鬼越離越近,永蓮在這危急時刻也顧不得什麼了,一把抓住妙善大師的手,拔腿便跑,跌跌撞撞地跑沒多遠,妙善大師一個觔斗栽倒在地。這時有個夜叉,直撲到大師跟前,一伸手將她擒了過去。

永蓮無可奈何,只好捨下大師,狂奔了二、三里路,等到回頭看不見有夜叉追來,才放下心來,放緩腳步,慢慢地向前走著,一邊尋思:「這下可完了,大師被夜叉擄走了,保母老奶奶又不知下落,估計也是凶多吉少了。如今只剩下我一人,該如何是好呀?」就在她毫無主張的時候,後面突然有人喊:「永蓮慢走,等我一下。」

永蓮一聽是保母的聲音,馬上停下腳步,回頭一看,果然是保母一顛一跛

**觀音頭像** 鎏金銅雕(無名氏)/宋代

純粹的銅金漆面相,讓觀音顯得很富貴,斑駁的皮膚則是年代久遠的見證。特別是薄薄的嘴唇,一反佛像嘴唇大都豐潤圓厚的慣例,這造成了此尊雕塑與其他觀音像的最大區別。儘管內裡是銅製,這件雕塑的價值仍難以估量,也許是因為在歷代各觀音雕塑之中,這一尊的模樣最為接近凡人。

地走來。永蓮急忙問她:「老奶奶,你脫險了,大師怎樣了?」

保母搖頭歎息說:「不要再說了,那群夜叉自從抓了大師之後,都歡呼雀躍,簇擁著她往樹林深處去了,哪裡還管我。我見你逃了,特地趕來與你會合,商議救大師的方法。」

永蓮說:「夜叉鬼那麼凶惡,料想大師被他們劫去,絕沒有好結果。我與老奶奶手無縛雞之力,有什麼方法能救得了她呢?」

保母說:「話雖這麼說,但見死不救,不是出家人的慈悲。我想前面離塞氏堡不遠,不如我們先到那邊找幾個善心勇敢的人,一起商議援救大師的方法。這也是無可奈何呀,大家盡人事,安天命吧!」二人商議定了,便取道向塞氏堡走去。

寫到這裡,為了避免讀者誤會,先述說一下夜叉鬼的來歷。其實他們不是真鬼,而是一群住在山中、尚未開化的奇異人種。他們一直過著茹毛飲血的生活,身上不穿衣服,長著寸把長茸茸的黑毛,臉上的毛雖然比較短,但也足以蓋住皮肉,只露出兩隻眼睛和一張血盆大口,遠遠看去,的確很讓人害怕。永蓮一行不知道實情,所以一見之下,就以為是遇上夜叉野鬼了。

這一群未開化的毛人,與外界隔絕聯繫,在山中獵取野獸充饑,吃飽了不是閒遊,就是酣睡,從來不事生產,也不到山外與人溝通。

山外的人若自山前走過,不聲不響,毛人們在深谷中也聽不到,路經之人便可安然來往。要是被毛人聽到聲音,便要出來與人為難了。倘若是來自遠方的人,不知道這裡的厲害,誤入毛人的山谷,那就休想活著出來,因為毛人生性異常殘忍,會將捉到的俘虜開膛破肚、生吞活剝。

因此附近居民除非萬不得已,絕不輕易從金輪山下來往,即使必須從這裡穿越,也都凝神靜氣,悄悄地過去,不敢作聲驚動毛人。

這次妙善大師幾人打從這裡經過,劉老兒雖然曾事先叮囑需快速通過,但沒說出原因。要是早說明了,妙善大師也不至於貪戀山色美景,和永蓮高談闊論,而驚動了毛人,惹出這場災難來。說起來這也是她命中的一重劫難,無法避免。

保母和永蓮二人,腳步不停地一路往塞氏堡走去,足足走了大半個時辰,才來到堡外。堡外正有一班人在那裡挑泥擔水、建築城牆,見了二人,從服飾上一見便知道是外地來的,因為這裡向

觀音菩薩的故事：同伴求援

### 觀音菩薩坐像
木雕／日本香川縣正覺院藏

嘴部線條細膩，是這尊觀音像最明顯的特徵，日本人據此認為祂是鎖國時代裡，由海上而來的荷蘭雕塑家所參與製作。觀世音又名「觀自在」，意思是「洞察世界，無所不在，無所不能。」《觀世音菩薩淨土本緣經》還認為觀世音的原型來自印度一個名叫摩涅婆吒的國家。該國有一個婆羅門，他的妻子叫摩那斯羅。他們生了兩個兒子，長子叫早離，次子叫速離。後來妻子死了，婆羅門娶的後妻虐待兩個孩子，孩子於是逃跑。父親去找孩子，途中看見荒島白骨，由此頓悟，皈依了佛教。婆羅門父親無常後，就變成了釋迦牟尼，前妻為阿彌陀佛，二子分別為觀世音菩薩和大勢至菩薩。這種把祂們混為一家的悲劇傳說，就像妙善公主的傳說如此受人歡迎，正是因為這些傳說都把親情之重要刻畫得入木三分。

來沒有尼僧。他們覺得詫異，都停下手裡的工作圍上來詢問二人。保母便將來歷詳細地說了一遍，接著把妙善大師在金輪山被夜叉抓去的事，告訴了大家。

大家一聽這話，嚇得伸出了舌頭來，半天縮不回去：「好險呀，你們兩位不知福分有多大，才能脫逃出來，要不然現在連命都沒了呢！」

眾人正你一言我一語說話的同時，驚動了堡內一位管事的，以為工人為了什麼事在爭吵，跑出來大聲說道：「你們放著工作不做，在這裡吵些什麼？」

工人說：「是孫大官人來了。」於是當中有個工頭模樣的人，走上前去稟告一番，那位孫大官人便和顏悅色地向永蓮二人說：「請二位先進堡，到我家

中再商量對策。」

原來這位孫大官人，他單名一個「德」字，是塞氏堡的堡主，平日樂善好施，遠近聞名。現在看見這兩個可憐的尼僧，心中不忍，便招呼她們到家裡好好款待。

保母、永蓮二人跟著孫德進了堡，到他家裡。永蓮心中掛念著妙善大師，首先說話：「大官人啊，我們二人雖然脫險來到這裡，可是同行的妙善大師現在卻身陷夜叉手中，生死未卜。求大官人大發慈悲，想個方法搭救她，這場功德比修橋補路還要大呢！」

孫德聽了詳情後，連連搖頭，一面將山中所遇是野人並非夜叉的事告訴她們，一面又說：「這群毛人與外界不相往來，彼此言語不通，又沒有情理可講，山谷是他們的世界，誰敢去招惹他們？現在哪有什麼方法救得了你們那位同伴呢？況且他們生性殘忍，凡是誤入山中的人，抓住後就會被生吞活剝了，絕沒有生還的可能。就算有相救的方法，現在恐怕也遲了，更何況又是無計可施。我看朝山的事，只好你們二位去了，那位被擄的師父，是沒有希望了。兩位再向前走，危險也多得很，必須一路當心呀！」

保母和永蓮一聽，不由得心如刀絞，兩行熱淚撲簌簌地直落下來。永蓮嗚咽著說：「大師啊，你一向心志專一，紅塵俗世的聲色犬馬都不能動搖你的一片誠心。修練到今時今日，因為貪看山色招來一場災禍，弄到功虧一簣，怎麼不叫人可惜呀？」

保母接過話說：「永蓮啊，你先不要一味地埋怨她。她現在雖然身處險境，但是生是死還沒有個確實的消息，我們不要放棄希望。她畢竟是個潛心修行的人，佛祖豈有不保佑的道理？佛法無邊，或許能夠化險為夷也說不定。我們雖沒有救她的方法，但我們三人出來朝山，哪有拋下她不管、我們自己去的道理？就是真像孫大官人說的，大師已經不幸被毛人所害，我們也不該獨活於世，死也要死到一起去，才顯得我們是同心同德啊！」

永蓮說：「老奶奶說得對，現在我們就回金輪山，去尋找大師的蹤跡，就算被毛人生吞活剝了，也是我們前生的罪孽未盡，報應到今生。此地不是久留之地，我們走吧！」

兩人站起，合十向孫德告辭。孫德忙起身勸阻：「你們已經被毛人害了一個同伴，何必憑空再送上兩個，這件事萬萬使不得呀！」正在爭持不下，忽然喜從天降。

# 聖尼白象 19

她正急得走投無路,那白象卻已來到跟前,撩著鼻子,搧著耳朵,頭在她身上摩蹭著,很是友善,卻並沒有傷害她的意思。

　　保母和永蓮兩個人,起身向孫德告辭,要回金輪山尋訪大師的蹤跡。孫德急忙攔阻:「慢著!你們一行已經被擒走了一個,何必再送兩個進虎口,天下哪有這樣的事情?何況那位被抓走的師父,我們實在是沒有能力去解救,只好聽天由命了。現在兩位既然來到我家,還想重入虎口,我怎麼能坐視不管呢!這不是見死不救嗎?這不義的名聲我實在擔當不起。今天無論如何不能放二位離去。」

　　永蓮說:「我們自己心甘情願,與

### 洗塵圖
琢玉稿本（潘秉衡繪）／北京

此圖的觀音菩薩騎坐在象背上,手中白玉淨瓶水流不盡,噴灑在白象的頭頂。白象回頭舒展長鼻,捲住一株白蓮花,菩薩的雙腳則站在寶蓮中央。圖畫中,象與菩薩動感十足,完美地構成整體,而善財童子手舞足蹈地仰望著白象,更為畫面增加了幾許生動情趣。正如妙善大師偶得白象後,心中充滿激動之情,一切如此躍然於畫紙上。

大官人毫不相干。況且我們三人同行，如今失去了一個，不能與她同生共死，豈不是更大的不義。希望大官人不要阻攔，成全我們的志願，雖死也是感恩戴德呀！」

就這樣一邊非要走，另一邊就是不放行，兩邊爭持不下，正在難解難分之時，忽有一個雜役急急忙忙跑到院中來，口中喊著：「大官人，堡外又來了一個尼僧，遠遠地騎著白象往這裡走來。大家懷疑，就是那位失陷在金輪山中的師父，所以特來報告。」

永蓮插嘴說：「不可能，我們的妙善大師是徒步行走的，沒有坐騎，這一定是另外一位師父。」

孫德含笑說：「凡事眼見為實，我們在這裡瞎猜如何算數？既然那邊有人過來，我們不妨一同出堡看個究竟。就算來的人不是你們的大師，既然同屬佛門弟子，也應該見見呀！」

二人也很贊同，便一同出了孫家，直到堡外，抬眼向金輪山來的那條路看去，只見兩里外果然有一隻白象迎面走來，象背上端坐著一位尼僧。距離雖遠，陌生人看不清楚面目，但在保母和永蓮眼中卻是清清楚楚，坐在象背上的不是妙善大師還有誰！

這一來把兩個人樂開了花，尤其是永蓮，更是手舞足蹈，牽著保母的衣袖說：「老奶奶，你看那象背上馱著的，不是我們的大師嗎？她不但沒有遭受殺身之禍，還得到一隻坐騎，因禍得福了！往後行路有了代步，路上要順利多了。」

孫德和眾人聽了這話都嘖嘖稱奇。永蓮的兩隻腳哪裡還收得住，連蹦帶跳地迎了上去。不消片刻，妙善大師已到了堡前，下了象背，與大家合十答禮。孫德讓她們三人進堡，也真奇怪，那只白象也跟著一起走，好像飼養的一樣。

眾人回到孫德家中，重新答禮坐定，孫德說：「恭喜大師得以生還！這座金輪山一直被毛人盤據，凡是誤入其中的人從來沒有生還的，大師算是第一人了。這也是大師佛法無邊，才會有此境遇，敢問大師是如何脫險的，我們也好聆聽教誨，俯仰佛法。」

妙善大師先謝了孫家招待的盛情，然後將被擒入山中、以及如何脫險的經過詳細說出來，聽得大家又驚又喜。

原來，她遇見毛人的時候，衣帽包囊正揹在她的肩頭，因為愛惜那是隨身要用的物件，不肯輕易放棄，所以那班毛人將她扛頭拽腳、擒入山中時，她仍用兩手抓著。

毛人將她拖到一個地方，只見一

**華藏世界海圖** 版畫／清代／南京

此圖畫的是佛家的「華藏世界」，中間有一須彌座，上有蓮台，佛祖趺坐當中，頭上華蓋高懸，背後佛宮宏大，身邊有普賢騎象，文殊坐獅，十佛浮在雲端。畫下有觀音菩薩和眾聖賢百餘尊者，表情各不相同，散佈在圖畫上，如開盛會一般。其實，華藏世界是佛祖釋迦牟尼居住的地方，在這個世界裡，最底下的是風輪，風輪上面是香水海，海中有一朵大蓮花，因住香水海的緣故，所以圖上加了一個「海」字。《華嚴經》記載，普賢菩薩曾告知眾弟子，這裡是如來以往修行的地方。《梵網經》也記載，有千葉之一大蓮花，中間是佛祖，千葉中的每一葉都是一個世界，每個世界都有一個佛祖。所以，按經上所述，這個「華藏莊嚴世界海」不是凡人能達之境，除非念佛修行，方可超脫凡身，羽化成道，來到這極樂世界。

個極大的山洞，洞前有一片廣場，廣場四周是廣袤的森林，望上去一片黑壓壓的，異常可怕。毛人將她放於廣場中央，席地圍坐在四周，口中發出嘘嘘之聲。不多時，就有更多毛人應聲而來，男女老幼不下兩百人。男女的分別，在於裝飾的銅環，男人穿在鼻子上，女人穿在耳朵上。他們除了以一片獸皮遮蔽下體，完全赤裸著，兩隻腳在亂石上走也不穿鞋襪。

毛人將妙善大師團團圍住，為首擒捉大師的人向眾人咿咿呀呀地說了半天，好像自誇勝利似的。大家聽了他的話都歡呼雀躍、捉對跳起舞來，以表示他們的快樂。他們越跳越起勁，足足跳了一個時辰才感覺疲倦，最後圍坐在一起休息。那些可懼的目光都集中到妙善大師身上，看得大師毛骨悚然。妙善自知今天身入虎穴，絕無生機。可她早已參透生死，倒也不覺得害怕，只是凝神坐著，看看他們準備使什麼手段來對付自己。

這時又見許多毛人咿咿呀呀地談論，像在商議處置大師的辦法。不一會兒，其中一個毛人看見妙善大師腳上所穿的麻草鞋，一面指給眾人看，一面不知道在說些什麼。妙善大師瞭解了他的意思後，將草鞋解下，那毛人就上前劈手奪去，拿在手中看了又看。隔了一會兒，又蹲下去穿在腳上，扣緊鞋帶後站起來，試走了幾步，覺得很合適，便翹起拇指在眾人面前讚揚了幾句。其餘的毛人都十分羨慕，紛紛伸手向妙善大師討取。

大師一想，他們喜歡鞋，好在我現成帶著百來雙，拿來送給他們，博得他們歡心，或許可以不殺我，那時就可以趁機脫身了。

打定主意，她便將裝草鞋的包囊打開，露出一雙雙嶄新的麻草鞋。眾毛人一見之下，歡呼一聲一擁而上，七手八腳地一陣亂搶。

這一來可不好了，原本百來雙麻草鞋就不夠兩百多名毛人搶奪，何況在亂搶之下，有人搶到兩雙，有人搶到一雙，有的一隻都沒搶到。一隻都沒搶到的人居多數，搶到的自然沒有問題，那一班沒搶到的，心中氣憤哪能忍受？

在妒忌羨慕的心理下，眾毛人起了爭奪。草鞋是脆弱微小的物品，哪裡經得起毛人們大力搶奪，你一拉我一扯，紛紛毀壞，於是激怒了對方，撇了草鞋，扭打起來，秩序也頓時亂了。

他們拚死地對打，早不把妙善大師放在心上。妙善大師見眾毛人專心於廝打，無暇注意自己，暗想：此時不走，更待何時？顧不得赤著雙腳，站起來一閃身向叢林中跑去。幸虧沒人看見，她一口氣跑了一里多，兩腳被荊棘刺傷，血流如注，疼得難受，行走不得，而且又不知道哪裡是出山的道路，心中好生著急。正在彷徨之中，進退維谷之際，只見前邊有一頭白象緩緩走來。妙善大師暗說：完了，這次我命休矣！剛逃脫了毛人之手，又逢白象之災，哪還留得了性命？

觀音菩薩的故事：聖尼白象

她正急得走投無路，那白象卻已經來到跟前，撩著鼻子，搧著耳朵，頭還在她身上摩蹭著，很是友善，並沒有傷害她的意思。妙善大師見此情形，才放下心來，暗想：這頭白象莫非是佛祖特地派來救我的？於是就用手撫摸著白象的額頭說：「白象啊，你是來救我脫險的嗎？如果是，請你把鼻子撩三撩；要不是，我這身體與其被夜叉吃了，倒不如讓你吃了。」

說起象這種動物，在野獸之中，心地算是最慈善的，而且又十分通靈。往往有小孩子被別的野獸所困，牠要是看見了，總肯冒死去救，從不冷眼旁觀，這也是天性使然。

白象聽了妙善大師的話之後，好像懂得她的意思，果真將一條長鼻子高高地撩了三撩，大耳朵「啪！啪！」地搧了兩搧，低頭回應妙善大師。

**大白傘蓋佛母** 唐卡／西藏

這一來可讓妙善大師高興得如獲至寶，連說：「善哉，善哉！你如能救我脫險，將來我朝了須彌山，得成正果，定將你度入佛門，超脫畜牲道。」她正在說著，不料有幾個毛人，已經跟蹤找來了。

115

# 20 赤足行路

草鞋對我有救命之恩，萬沒有再穿的道理。譬如救命恩人，我們就該感激敬重，視他如衣食父母一樣，那才是正理；不感激敬重對自己有恩之人，反而糟蹋凌辱他，天下哪有這樣的道理？

妙善大師正和白象說著話，不料毛人發現她脫逃了，已跟蹤找來，後方一片嘈雜。妙善大師聽了，說聲：「不好！白象呀，那邊夜叉又追來了，該如何是好呀？你要是真有心相救，就請早些領我脫險。」

白象聽話後，毫不遲疑地伸出三尺長的大鼻子，「咻」地就是一捲，將妙善大師攔腰捲住，輕輕一提，提在半空，然後奮開四足，一直向前飛奔而去，速度之快，如騰雲駕霧，不消片刻已走出金輪山口。又走了三、五里路，不見毛人追來，才停下腳步，輕輕地將妙善大師放下。

大師微微喘了一口氣，揮了揮衣上的灰塵，撫摸著白象的額頭說：「白象呀，這次多虧你救了我一命，現在我能走去塞氏堡尋訪兩位失散的同伴了。你可回山好好休養，多積些功德，等我朝山證果以後，一定前來度你，絕不食言。」

不料，那白象聽後，不但不走，反而索性伏在地上，一動也不動。妙善暗想：這頭象不肯回山，難道想跟我去朝須彌山嗎？便又問：「白象呀，你既然不願意回金輪山，想來是要跟我去朝須彌山，你如果真有意的話，就點頭三下。」

白象果然將頭點了三點，接著把鼻子朝自己背上點了點，好像是要大師乘坐。妙善大師十分高興地說：「善哉，善哉！看不出你倒是與佛法有緣，但是要做我的坐騎，得累你負重跋涉千里了。」說完便爬上象背，趺坐在上，白象站起身來，緩緩向塞氏堡行去。

大師正想到了堡中再尋訪保母和永蓮的下落。她認為兩個同伴雖在逃命時走散，可是並不擔心她們被毛人所害。因為若二人真的也被毛人抓去，在山上時一定會看見，而方才在山中既然沒看見她們，想必是逃到塞氏堡了。所以她打定主意到堡中尋訪，想不到剛到附近，永蓮已迎上來了。

這時孫德等人聽了妙善大師說的話，齊聲說：「這是大師佛法無邊，才有這樣的奇遇，毫無疑問那白象一定是佛祖差遣來的。只是不知道大師為何帶那麼多麻草鞋？」

永蓮接著說：「要說這麻草鞋的來歷嘛，苦哩，苦哩！」於是又將大師剃

度前在宮中的事,仔細訴說了一遍。

孫德等人聽了,頓時肅然起敬地說:「想不到這位大師是興林國的公主,生在帝王之家,卻不被榮華富貴所惑,一念誠心地修行,歷盡艱辛,不改意志,這真是千古難得,日後證果佛門,必定無疑。可惜那些麻草鞋被毛人搶去了,此地前往須彌山還有千里路程,一路上沒得鞋換,那是不行的。三位不如在這裡小住兩日,讓我命人多做幾雙僧鞋送給大師,免得以後赤足行走。」

妙善大師合掌答禮:「多謝大官人盛情,我只有心領了,不敢接受,大官人不必多費精神。」

孫德說:「這就奇怪了,出家人本來就是受十方供養的,幾雙僧鞋算得了什麼?為什麼不肯受領呢?」

妙善大師答:「大官人只知其一,不知其二。出家人受十方供養是不錯,但衣食物品的多少,都是前世定下的,佛法有因緣,不敢過於強求。以前在宮中被罰織作草鞋,是種的前因,這次因草鞋得以脫身,逃出生天,就是收的後果。因果相抵,草鞋於我的緣法已經盡了,萬不可再另行種因了。

「何況草鞋對我有救命之恩,也萬沒有再穿的道理。譬如救命恩人,我們

**觀音像** 大理石雕塑(無名氏)／東魏

類似天主教尖盾形的背光,以及近似伊斯蘭婦女的裝束,是這尊觀音最吸引人的地方。祂就像一個神祕的新娘,等待成道的幸福。大理石柔和的光澤,使祂看來極平易近人。五代十國時期,伊斯蘭教和景教(基督教的一支)陸續傳入中國,並受到歡迎,這尊僅六十一公分高的雕塑,就是那時期的代表作,兼具各種宗教的藝術風格。

就該感激敬重，視他如衣食父母一樣，那才是正理；不感激敬重對自己有恩之人，反而糟蹋凌辱他，天下哪有這樣的道理？草鞋雖然不是人，但道理是相同的。所以我決定自此以後，寧願赤腳行走，也絕不再穿鞋子。況且我有這頭馴順的白象代步，就算是赤腳，也不至於有什麼痛苦，所以請大官人不必費心了。」

孫德聽了此話更是佩服，也不再強求，當下開設齋飯給三人就餐，做鞋的事也就不再提了。三人在孫德家中歇宿了一夜，第二天吃過早齋，問清楚前行的道路，才道謝告辭。

孫德領了一班信徒，送大師出堡。妙善大師合十告辭，上了象背，保母、永蓮二人分侍左右，告別了眾人，一路向北行去。從早上到中午，走了三十多里路，只見一片黃沙漫漫的沙漠，不見一絲人煙，遠遠看去，無邊無際。

永蓮說：「前路茫茫，看上去何止百里遠，不知道哪裡才有棲身之所。我們從現在起，走到晚上，最多也不過走五十里路，今夜該怎麼歇息呢？」

妙善大師說：「你先不要憂慮，有路只管走，走一步是一步，就算到了晚上沒有棲身之所，在這沙漠中歇息一宿，也沒什麼不可以的。現在妄自憂慮

**何仙姑** 木版年畫（無名氏）／近代

八仙是中國道教的知名神仙，做為其中唯一的女性，何仙姑是很受到民間尊敬的。何仙姑，本是廣州增城人，她十五歲夢見神人教她吃雲母粉，然後成了仙。祂出現時總有蓮花相伴，就像觀音出現時，手中與座下也總是有蓮花一樣。道教人物本來以清瘦為主，民間俗話就說：「胖大和尚瘦老道。」可是這幅畫中的何仙姑，形象卻微微發胖，明顯受到了觀音藝術與佛教繪畫的影響。

也沒有什麼用，上天不會因為我們的憂慮，就在前途幻化出棲身之所來。」

永蓮聽了，也就不再多說什麼，三個人一頭象，如此寂靜無聲地向前走著。直到日落西山，還是沒看到任何山林村落。

妙善大師坐在象背上，慧眼向前望去，只見數里外好像有人畜來往，明白那是一班游牧之人，便說：「好了、好

了，你們看，前面不是有一隊游牧之人嗎？我們腳下加快一點，趕到那邊去就可以休息了。」

保母、永蓮二人起初因距離太遠，看不出什麼。又走了一程，才隱約看見，後來越走越近，那邊的人畜篷帳，才歷歷顯現在眼前。三人很高興，等到了跟前，天色早已黑了。

妙善大師跳下象背，搶前幾步，向一個酋長模樣的人合十敬禮，說明自己的來意。正巧那班人是興林國所屬東境部落的加拉族人，他們一向居無定所，以游牧為生，聽了妙善大師的話，知道是修行的人，自是肅然起敬，於是將三人邀入帳中，大家席地而坐，那頭白象就伏在帳外守護著。

那班加拉族人對三人極為恭敬，一番寒暄之後，便有人獻上一瓶清水、一大盤牛肉給三人充饑。他們全是一片好意，無奈三人不吃葷腥，何況這牛羊的肉呢？

妙善大師見了，連稱罪過，向那人謝道：「我自出生以來從不吃葷腥，奉了長齋。她們二人自從皈依佛門之後，也不吃葷，這些肉類，請收起來吧，還請留著自己食用，我只求一杯清水就足夠了。」

那酋長說：「你們趕了一天的路，想必是餓了，這裡除了肉，沒有別的東西可拿來充饑，這該如何是好呀？」

永蓮說：「這倒沒什麼，今天我們在塞氏堡啟程的時候，承蒙孫大官人施捨了一袋饃饃，可供我們吃幾餐了。」

妙善大師說：「他幾時給你的？怎麼我不知道呀？」

永蓮說：「就在出堡之前，我恐怕大師知道了又要推託，所以悄悄收了起來，以備不時之需，想不到今天就用著它了。」

妙善大師說：「你怎麼不早說？我也好謝過孫大官人。」

永蓮說：「我已經代替大師言謝了。」一邊說，一邊從袋中取出幾個饃饃來，大家分著吃，又喝了些水潤喉。當時帳中昏黑一片，又沒有燈火，只有那沉沉的月色，從縫隙中照著人，有些許微亮的光明。二人坐禪入定，游牧的一班人也都橫七豎八地沉沉睡去，不在話下。

直到天亮，大家分道揚鑣，各奔前程。妙善大師等三人，一路往北去，曉行夜宿，一連數日，倒也平安無事。有一天走到一個地方，只見一座高山擋路，離山數里有座村落，住著百十來戶人家。看天色已晚，三人便向村中行去，不料中間卻又起了波折。

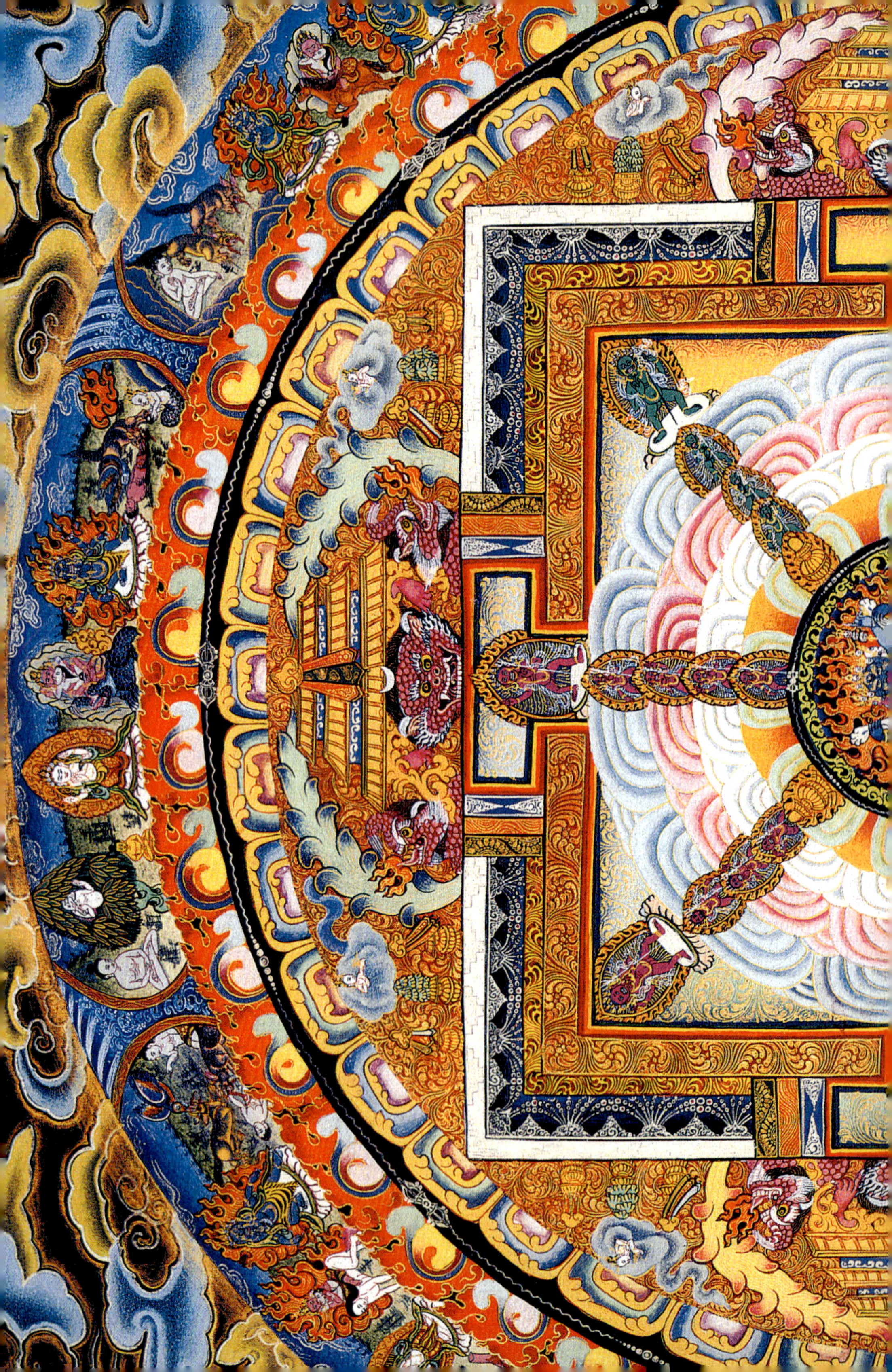

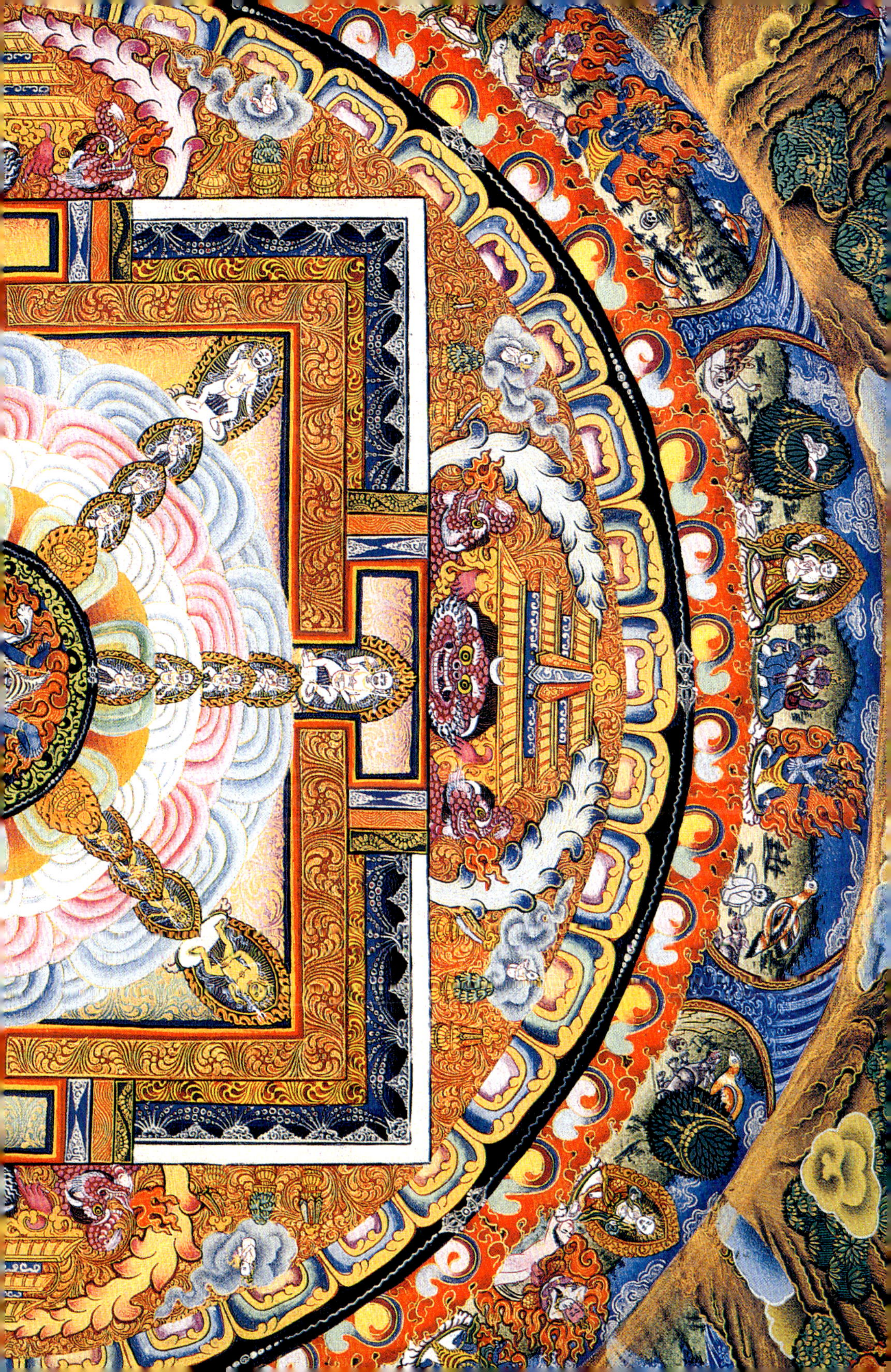

# 21 糯米癒疾

別的東西，出家人沒有，三碗糯米，我們卻有，如能救小公子的性命，出家人絕不吝惜。

妙善大師等三人，見天色不早，前面又有高山擋路，看情形已經來不及翻過這座山了，幸虧離山數里的地方有個村莊，三人於是逕直投村借宿，也想順便化些齋飯來充饑。

到了村中，見到一個高門大戶的人家，知道這是村中的首富。常言有云：「出門要看天時，化緣須看場面。」她們三人自然往這戶人家走去。走到門前，看見門口坐著一名老者，年約六十、七十歲，臉上現出憂慮神色，兩眼直視地上，眼珠動也不動，正在那裡思量些什麼。就連三人走到他跟前也沒看見。

永蓮性子急，搶上一步，合十向老者說：「老人家您在沉思些什麼？貧尼這廂有禮了。」老者先前沒留意，忽然聽見有人說話，嚇了一跳，抬頭看著三人說：「哪裡的尼僧，到這裡有什麼事？突然間把老漢嚇了一跳。」

妙善大師合十謝罪：「打擾您了，還望恕罪。我們是興林國人氏，因立下宏願去朝須彌山，路經貴寶莊。見天色已晚，特地造訪貴府，求您讓我們借宿一晚，明天清晨就動身，絕不多加打擾，還望老人家行個方便。」

老者搖頭說：「你們來得不巧，要是在往日，不要說留宿一晚，就是多留幾晚也沒事。可是現在卻不行，你們還是去別家吧！」妙善大師說：「這就奇怪了，究竟是什麼原因，請您告訴我們吧。」

老者歎了一口氣說：「說起我家主人盧員外，他可是個行善積德的大好人，平時最愛救苦濟貧、齋僧念佛，幾十年來不改初衷，卻一直未有一男半女。前年春天，終於生了一位小公子，全家上下無比慶幸，村裡人也都說這是行善的結果。不想在本月初，小公子忽然患了腹瀉，當時請大夫診治，說是脾虛之症，不容易治好，所以難開方下藥，服了幾副藥也是無效。藥力到的時候稍微好些，藥性一過就像沒吃藥一樣。據一位老醫生說：『要想治好這病，必須以三碗糯米煎汁服下，讓病人得到生機，然後才可用藥醫治。』只可恨我們這裡不產稻穀，要得到糯米，必須翻過天馬峰，渡過碧雞河，去到琉璃城才能找到。」

妙善大師說道：「善哉，善哉！老人家呀，您說不巧，我卻說來得正巧，這也是注定的緣分。請去告訴你家員外，叫他不要著急，要是別的東西，出家人沒有，三碗糯米，我們卻有，如能救小公子的性命，出家人絕不吝惜。」老者聽了口吻轉為興奮，似信不信地

觀音菩薩的故事：糯米癒疾

應以長者身得度者即現長者身而為說法

**觀音經插圖一**
白描連環畫（無名氏）/明代

《法華經》〈觀世音菩薩普門品〉是佛教重要經典，它也是流傳於中國明代的著名版畫連環畫。圖上的觀音跏趺而坐，空中漂浮著琵琶、古琴、笛子等樂器，象徵祂說法的聲音如音樂般美妙。圖裡描繪一個關於觀音的傳說：善財童子到了一個叫做「險難國」的地方，在寶莊嚴城遇到了一名淫女婆須密。善財前去會她，婆須密忽然現出光明金身，原來這是觀音在點化善財。此畫景物複雜多變，歌館酒樓栩栩如生，是佛經插圖藝術中的極品。

說：「真的嗎？出家人此話當真，不可說謊，不要騙過了一宿就走人。」

妙善大師說：「哪有這樣的道理，您看我那兩個同伴手上黃布袋裡裝的，不是米穀是什麼？快去告訴你們員外就是了。」老者說：「既然如此，三位先住這裡坐一會兒，老漢去通報一聲。」說著便興沖沖地向家裡跑去，口中連喊：「員外、員外，好了、好了，小公子有救了，有人送糯米來了。」

盧員外正坐在廳上發呆，見他這神情喝問說：「盧二，你發瘋了嗎？嘰哩咕嚕的，在那裡說些什麼呀？」老者連忙說：「我沒瘋，真的有人送糯米來了。」於是站住腳步，定了神，把妙善大師的話從頭到尾學說了一遍。

員外聽了一躍而起，連說：「盧二，快去開正門，我要迎接三位活佛。」盧二哪敢怠慢，一路跟蹌地跑出來向三人說：「我家員外要迎接三位活佛。」

妙善大師連忙說不敢，盧員外果然走出正門，向三人一拜倒地說道：「下士盧芸，不知三位法駕光臨，有失遠迎，還望恕罪，現在請三位到大廳用茶。」妙善大師等人合十還禮：「貧尼何德何能，敢勞煩員外迎接？只因朝山遠道而來，想打擾寶莊一晚，驚動了員外，真是十分罪過。」

盧芸便迎著三人進了大門，直到廳堂，重新敘禮後，分賓主坐定，寒暄了幾句。妙善大師開言說道：「聽說小公子病重，必須吃糯米漿才能保命，正巧

123

**觀音經插圖二**
白描連環畫（無名氏）／明代

觀音菩薩袖手盤腿，坐在蓮花座上。下方的寶塔是喇嘛教式的，整個塔猶如淨水瓶，更下方還有無數居士頂禮膜拜。居士的裝束華貴，風帽與錦袍都是中國古代士人的樣式，可見佛教在當時很受傳統知識份子景仰。

貧尼袋中裝了粳糯米穀，拿出來挑選一下，不要說三碗，就是三升也有。」

盧芸聽後真是喜出望外，千恩萬謝。妙善大師自己隨身帶的一袋米穀，已在神鴉嶺時散給烏鴉吃了；但永蓮身邊還有一袋米，保母身旁也有一袋穀。大師向盧芸要了一個盤子，讓永蓮把米倒在盤中仔細挑出糯米。不一會兒，就揀了一升光景，盧芸連忙說：「夠了、夠了，其餘的請活佛收了吧。」

於是永蓮把米收進袋裡。妙善大師又囑咐盧芸：「這種米，煮的時候不要淘洗，以免傷了元氣，減少了效力，並且要用文火，別讓它沸溢出來，要是溢出來了，脂膏盡失，更沒有效力了。」盧芸一一答應，請三位隨便坐，自己親手將盤中糯米捧到裡面，交給老奶奶，詳細說明煮法，要她去煮。一面安排素筵款待三人，準備乾淨的上房讓她們休息；一面又吩咐家人去請那位老醫生來，商議藥方。

老奶奶取了三碗米放入瓦罐之中，配好了水放在炭爐上煨，自己坐在旁邊看，防止它溢出來。約半個時辰便已熬成了稀粥，頓時香氣撲鼻，於是盛了一碗拿去給小公子吃。

小公子已經神氣渙散，好多天沒吃東西了，只好一湯匙一湯匙慢慢地灌下去，灌完了一碗，看他像是睡著了一樣，老奶奶很高興，便收拾好瓦罐，熄滅了爐火。回到房中，當她伸手去摸小公子的四肢時，卻大吃一驚。

觀音菩薩的故事：糯米癒疾

**觀音經插圖三**
白描連環畫（無名氏）／明代

常念觀世音菩薩咒，必轉危為安。此圖右上角畫有手持兵器刀槍的武將、山大王之流，在晚霞般光輝四射的觀音身邊，他們準備「放下屠刀，立地成佛」。這些人面前還跪著一名被劫持的商人，他正在祈求菩薩的保佑。觀音的傳說大多是在勸人為善，無論觀音究竟是妙善公主還是印度王子，無論是男是女，本身除蘊含了佛教神學意義，「勸善」幾乎就是所有傳說的主旨，別的在其次。

　　原來小公子的手腳，之前雖不像常人那樣溫暖，卻也還有一點熱氣。現在吃了粥，反而變得冰涼，一點熱氣也沒有，連頭頂也是這樣，看上去像是已經沒氣了。

　　老奶奶頓時慌了手腳，一口氣跑到廳上告訴盧芸，盧芸與妙善大師等人正在用齋，一聽這話都嚇呆了。老奶奶以為糯米中有什麼花樣，一定要和妙善大師拚命，盧芸好不容易才勸住。

　　正在紛擾不休的時候，老醫生來了，問明緣由便說：「你們先不要吵鬧，讓我進去診一診就明白了。」於是與盧芸、老奶奶一起進去，診了小公子的脈，老醫生對盧芸說：「恭喜員外，小公子有生機了。」

　　盧芸聽了雖然很高興，但不懂為什麼會出現這種癥狀，問老醫生：「大夫呀，這孩子手腳冰冷，氣如游絲，分明是個死兆，為什麼反而說有生機了呢？」

　　老醫生回答：「員外您不知道，這叫做神氣內聚。小公子病了很久，神氣已不相屬，幸虧吃了米汁增長了元氣，在內部聚斂起來，外面才有這種現象。您先等他這一覺醒來，包管人有起色。」大家聽了這話才放下心來，老醫生又定了藥方才回去。

　　妙善大師得知是這種情形，心中也十分喜悅。盧芸全家都出來拜謝請罪。妙善大師說：「你們這麼好的一個地方，想不到卻不出產米穀，真是個缺憾。現在我們還有幾升稻穀在袋子裡，不如送給你們做種子吧！」

# 22 殲除虎患

猛虎忽然聽到人聲，正好饑不擇食，狂吼了一聲，從左右兩邊直竄出來，撲向人叢中。

盧芸和家人聽了這話，高興得手舞足蹈。當場，妙善大師就要保母解下裝稻穀的布袋，交給盧芸，又將粳糯米穀的種植灌溉方法，詳細地告訴他們。盧芸帶領家人拜謝，心中很是感激，夜深時大家才各去休息。

第二天清晨，梳洗過後，大家在大廳相見，大師問起小公子的病情，果然和那位老醫生說得一樣，神志已經清楚，腹瀉也停止了，三人也替他們高興。

用過早齋，妙善大師便告辭要走，盧芸哪裡肯放他們離開，說道：「三位這次去須彌山，一定得經過天馬峰，那裡在半年前來了四頭猛虎，專門傷害人和家畜，所以這條路現在沒人敢走。三位又是孱弱之人，怎麼能去呢？不如先住在我家，等我懸賞徵召獵戶，進山除去猛虎，到時再送三位過山。一來除了虎患，二來也好報答三位的大恩大德，現在千萬不能去。」

妙善大師笑著說：「不要緊，猛虎是佛家的巡山夜叉，我們既然皈依佛祖，牠們是絕不會傷害我們的，請員外儘管放心。我們朝拜須彌山要緊，不敢耽誤，員外的盛情我們心領了。」

盧芸還是不敢放他們走，雙方爭持不下，盧芸就說：「既然三位一定要走，那麼讓我挑選一隊精壯的莊丁，帶著武器護送三位過天馬峰，以免徒生意外。」

妙善大師推辭不過，只好由他去挑選。過沒多久，已挑選了三十二位精壯有力的漢子，全都拿著刀槍棍棒一起聚

**綠度母** 雕塑／明代／西藏拉薩布達拉宮藏

綠度母是最常見的密宗觀音變相，而且已經完全女性化。祂具有青春魅力的胸部、腰枝和紅唇，這已完全和觀音真正的出身無關。左手的蓮花具有很多意義：紅色代表升天，青色代表淨土，白色代表功德，紫色代表諸佛⋯⋯。

集在莊外。妙善大師這才告別了盧芸，帶著保母二人出了莊門，坐上白象，一路朝天馬峰行去。盧芸與全莊老少又送了一程，才停下腳步，看著三人由一隊壯丁護送著上山而去。

從這裡上天馬峰，本來有東西兩條路可走，西邊的路比較險峻，樹木也多，野獸容易藏身；東邊的路比較平坦，樹林也少，好像平安一點。一班壯丁為了避免與猛虎相遇，所以直向東谷而去。

不料天下事自有出人意料的地方，你想逃避，卻撞個正著。這時要是走西谷倒是平安無事，可走入東谷就免不了一場虛驚。

眾人走入山谷後，一路迤邐而上，走到半山腰看見一道石梁，四周亂石縱橫，林莽叢深。有一個常走山路的人關照著說：「當心呀，恐怕那傢伙就藏在亂草叢中。兄弟們，手中的兵器要時刻預備著。」大家哄然地答應了一聲。

不料，就是這一聲答應，驚動了山中猛虎。原來，有兩頭猛虎晚上從西山出洞找食吃，一直跑到東山，一點東西也沒找著。天色已亮，牠們也倦了，就在叢林之中打盹。忽然聽到人聲，正好饑不擇食，狂吼了一聲，從左右兩邊直竄出來，撲向人叢中。

妙善大師大吃一驚，心中叫苦，已經翻身跌下象背；永蓮二人也跌倒在地，爬不起來；那些壯丁各自手執傢伙，四下散開，圍攻猛虎。

猛虎也聰明，看到有人跌在地，就捨棄了壯丁，爭著去撲這三人。壯丁們拚死救護，只擋住了一頭，另一頭已撲到妙善大師跟前，說時遲那時快，眼看已來不及相救。

忽然那頭白象將身體一橫，擋住了三人，等猛虎逼近時，牠猛地以鼻子捲住了虎腰，狠命一摔，將那頭猛虎甩到幾丈之外，落在巨石上，跌斷了脊梁，再也站不起來。那些壯丁看到白象殺死了一頭老虎，頓時膽氣壯了，一同舉起叉矛，將另一頭猛虎也結果了。

雙方正在爭持的時候，那一片狂嘶亂喊的聲音，在山中聽來更覺宏大，驚醒了睡在西峰洞的另兩頭猛虎。牠們一聽人聲鼎沸，又不見兩個同伴，猜到那裡正在爭鬥，這對大蟲便一起出洞，循著聲音的方向翻山越嶺，直朝喧鬧的地方跑來。

這邊一班壯丁撲殺了兩頭猛虎，正想扶起三人繼續向前走，沒想到一陣狂風吹來，腥氣撲鼻，壯丁們齊聲說：「不好，又有大蟲來了。」於是大家都拿起兵器準備迎戰。白象也迎風衝了上

去，等到猛虎來到跟前，牠又以鼻子一捲一摔，將其中一頭猛虎摔了個半死，壯丁們一擁而上，刀槍齊下，刺死了猛虎。

餘下的最後一頭，看到三個同伴被殺，非常憤怒，磨牙奮爪要和白象搏鬥。白象畢竟只有一個鼻子可用，有點難以抵擋，幸虧牠皮粗肉厚，雖被抓傷咬傷，卻一點也不礙事，仍然撩著大鼻子在那裡苦苦爭鬥。那些壯丁看到四頭猛虎，已殺死了三頭，知道這一頭最凶猛，於是幫助白象圍攻猛虎。那頭猛虎一直搏鬥到筋疲力盡，才被大家撲倒在地殺了，但還是有好幾人被牠抓傷。天馬峰的虎患總算除了。四頭死老虎，自然由壯丁抬回盧家莊去。

妙善大師等人受了一場虛驚，現在見已沒事了，就定心從地上站起，大師重新上了象背，向前走。壯丁們一直送她們過了天馬峰的北坡，才告辭回去。

這才是上須彌山的正路。她們三人先前犯了一個錯誤，出了南谷，多走了三百來里路不說，路上又多受了許多磨難與虛驚，好不容易才走上這條光明的大路。

三人從此一路曉行夜宿，不知過了幾天，遠遠看到了須彌山的頂峰。大家漸漸接近了目的地，勇氣也益發增加，走起路來也更加迅速。平常每天只走五十里路，現在已走了七十里竟然還不覺疲倦。

像這樣不斷地往前走，不久就來到了須彌山下。可是這座須彌山不但高得與天相接，而且十分廣袤，大小山峰共有七十二座，峰峰連接，起伏不斷，宛如遊龍一般。妙善大師一行三人，雖然到了山下，卻不知道哪一座才是雪蓮峰。要是朝拜每一座山峰，肯定勞精費神，白白增加了行程。但這座山附近幾十里周邊，也沒有村落居民可以詢問。這一來可把三人難住了。

商量了一下，永蓮突發奇想地說：「這雪蓮峰既是須彌山的主峰，一定是又高又大，與眾不同。我們先不要管它是不是，只揀高大的山峰走。就算走錯了，萬一精誠所至，雪蓮受了感應，也自然會出現引導我們的。」

大家沒有辦法，只好依了她的主意。於是逐一比較群峰的高低大小，只見居中偏左的第三座峰最高大，就認做目標，一同向那座山峰前進。到了山下，好不容易找到一條上山的小路，永蓮就牽著白象，想從這裡上去。

不料，一向馴善的白象，今天卻發起脾氣來，強住了，一直不肯走。

# 巴蛇神將 23

白象聞到了一股腥膻之氣,異常觸鼻,知道山中一定有怪異的東西,那東西正是牠生平最怕的長蛇。

妙善大師一行三人走到最高峰的山腳下,當它是雪蓮峰,找了一條小路,就要驅趕白象往山上走,沒想到那頭白象不知道為什麼,強住了,一步也不肯走。

永蓮見驅趕不動說道:「這倒怪了,難道白象今天沒吃飽,所以不肯向前走嗎?」於是就從布袋掏出一個化來的饅饅餵牠吃。白象卻不吃,仍然站著,一動也不動。把永蓮恨得牙癢癢地罵:「孽畜,搞什麼怪,是不是想挨打?再不走,賞你一頓拳頭。」

白象一聽這話,側轉頭來看她一眼,呼出一口長氣,好像在對永蓮說:「那裡的氣味不對,一定有怪物藏著,危險得很,不能進去。」永蓮雖然聰明,還是猜不出白象的意思,只是在那裡氣得邊跺腳邊罵。妙善大師見此情形,便下了象背,摸著象鼻說:「白象呀,你是通靈的,自從在金輪山救我的性命,跟隨我朝山,一路上也吃了不少苦,為什麼今天馬上就要成功了,卻發起野性來了呢?」白象聽了後,連

**白象**
壁畫／明代／北京法海寺藏

壁畫上的白象以鼻子捲住瑪瑙瓶,瓶中灑出各種珍寶。印度是一個非常善於馴養、利用、欣賞大象的國家。印度神話中有很多關於大象的故事:釋迦牟尼的誕生是因為母親夢見了白象,而普賢菩薩的坐騎也是一頭白象,因此這體型巨大的動物受到了廣大佛教徒的歡迎。本書中,妙善大師在金輪山落難,最後竟能騎著白象脫險,這充分說明了「象」做為吉祥物在佛教徒心目中的地位。

連把頭搖了幾下,表示反對。妙善大師又說:「既然如此,那你不肯前行的原因,大概是這座山不是雪蓮峰吧?」

白象又搖搖頭,可憐牠不能說話,無法把不肯走的原因說出來,只是不住地搖頭,把妙善大師也弄得莫名其妙。

這座山峰到底是不是雪蓮峰呢?那白象到底是隻畜牲,牠怎麼會知道?牠不肯入山的緣故,是聞到一股腥膻的氣味,非常刺鼻,知道山中一定有怪異的東西,而且那東西又是牠生平最怕的長蛇。因為是對頭,所以辨別得格外真切。這種腥膻的氣味,白象聞得到,妙善大師等三人為何什麼也沒聞到呢?這是因為獸類的嗅覺要比人靈敏得多,所以她們不知道。

妙善大師又諄諄勸告白象,叫牠不要有始無終,以致功虧一簣。

白象似乎領會了她的意思才點了點頭,好像在說:「我不走並不是偷懶,只因為前途危險,生怕對你不利,既然主人一定要去,我也顧不了許多了。」

妙善大師看牠點頭肯走,非常高興,重新上了象背,白象果然緩緩地沿著山路而上。走了五、六里路,一陣風吹過,三人也聞到了一股腥穢之氣,十分刺鼻,令人作嘔。永蓮說:「這是什麼氣味,怎麼這麼難聞?」

### 自在觀音
**雕塑／明代／西藏拉薩布達拉宮藏**

觀音菩薩形象千變萬化,「自在觀音」是其中的一種。此尊造像姿勢隨意,一隻腳自然地越出蓮座之外,神情溫和而威嚴。相傳早在武則天時代,唐朝佛教徒便開始以這種觀音像來隱喻女皇,而一隻腳隨意而坐的跏趺姿勢,本為印度貴族特有的坐姿。武則天極為推崇佛教,稱帝之後,印度在華的僧人與許多東土和尚,還依照她的要求編撰了《大雲經》,宣傳她是在佛安排之下降臨世間的全世界統治者,而且「時是菩薩,現受女身」。此觀音像雍容華貴,大度慈悲,是明代永樂大帝政聲開明的反映,在雕刻上採用了銅鑄鎦金,造價高昂,具有永樂藝術的風格。

妙善大師說:「山林陰森,經過陽光曝曬,潮濕之氣必然上騰,所以有這種氣味。至於難聞或好聞,永蓮啊,你又說錯了,你難道不知道,出家人要六根清淨。什麼是六根?你講來聽聽。」

永蓮說:「眼、耳、鼻、舌、身、

意，就叫做六根。眼為視根，耳為聽根，鼻為嗅根，舌為味根，身為觸根，意為念慮之根。這些是經常聽大師講的，怎麼會忘懷呢？」

妙善大師說：「你既然知道六根，卻又說氣味難聞，豈不是六根還沒清淨嗎？」

永蓮連連稱是，當下收攝了心神，跟著又走了一程，腥穢之氣卻一發不可收拾，白象也好似中了毒一般，腳步漸漸慢了下來，十分勉強。

妙善大師覺得奇怪，招呼永蓮等人停下腳步，自己也跳下象背。查看白象時，忽然平空「呼！呼！」地起了一陣怪風，颳得林木亂顫，沙石飛揚，連眼睛也睜不開。風過之處，腥穢之氣十分難聞。

妙善大師迎風望去，只見前面樹林遊出一條大蟒蛇。一個頭，栲栳般大小；兩隻眼睛，如同一對小燈籠；一張嘴，宛如一個小小洞門；一條兩歧的舌頭，好像一對出鞘的寶劍。在林子外的身體已有二、三丈長，至於尾巴在哪裡，身長多少，實在難以判斷。

妙善大師大叫：「不好，大蛇來了，我們快躲起來。」保母和永蓮也都看見了，三個人亂叫著，一同飛快地向斜刺裡的小路逃去。

白象一見蟒蛇出來，也不停地亂叫，四個蹄子卻一步也挪不動。蟒蛇遊到白象附近，張開血盆大口，對著白象「呼！呼！」地噓氣，白象聞到蛇氣，便筋痠骨軟，不一會兒就撐不住，「撲通」一聲跌倒在地，蟒蛇遊過來一陣亂咬，把白象咬死了，牠一口噙住白象，連拖帶曳地遊向對面一個山峰。

妙善大師等三人逃了一程，不見動靜，回頭看時，遠遠望見那條蟒蛇把白象拖走了，都說：「可憐，這頭白象一直護送我們到這裡，想不到卻喪在這個孽障手中，真是可惜。」

永蓮說：「可憐，牠到底還是送了我們這一程，如今看見牠被大蛇吃了，卻救不了牠。」

保母說：「我們也只好多念誦幾遍《往生咒》，讓牠早登極樂世界，也盡了我們的一片誠心。」

妙善大師說了聲：「好！」於是三人默誦著《往生咒》，同時仍然找路前進，直走到天色昏黑，向下看看，離山下有好幾十丈深，再向山頂看，仍然和在平地時向上仰望沒有差別，這許多路好像從來沒走過似的。

當下便找了山崖邊一個石洞藏身，趺坐入定。但是三人因為白天看見了蟒蛇，受了一番驚嚇，心神再也無法寧

靜。心神不寧,是坐禪最忌諱的事,足以生出種種恐怖的幻象,與常人做惡夢一樣。三人之中,自是大師功行最深,收攝住了心神,沒有任何差池;保母雖然功行比不上大師,但勉強還能鎮住方寸,不讓雜念叢生。

三人之中只有永蓮功行最淺,坐沒多久,便覺渾身火熱,就像坐在火爐中一樣,急忙睜開眼,只見整個石洞到處都是熊熊火焰,三人一同置身火海。妙善大師與保母卻只顧瞑目趺坐,一點也感覺不到。永蓮暗想:不好,她們沒事,只有我覺得發熱,一定是走火入魔了。她急忙拋開雜念,收攝心神,一洞的火焰果然無影無蹤了,身上也不再覺得熱了。

可是她一顆心卻始終無法寧靜。隔了一會兒,幻境又產生了,只覺渾身冰冷,就像泡在冰窟,覺得好像受到很劇烈的撞擊。睜眼看時,只見江水滾滾,濁浪排空而來,滿石洞都是水,三人一同泡在水中,只是妙善大師和保母仍是毫無知覺,那濁浪也並不近她們倆的身體。永蓮暗想:不好了,怎麼今天一味地走火入魔,這樣還能成正果嗎?她這麼一想,心中不免煩惱,一煩惱,入魔更深了。轉眼之間,那滔滔濁浪不見了,只覺得霹靂一聲響,半空中突然來

**千手觀音**
木雕／近代／四川成都昭覺寺藏

這是一尊完成於近代的千手觀音雕像,整齊舉起的手如同密集的灌木,從神祕世界伸向我們,觀音的頭像則層層疊疊地藏在其中,彷彿暗示著輪迴。四川成都距離青城山、峨嵋山很近,自古佛道兩教都很昌盛,近年來佛教藝術逐漸回溫,受到了普遍關注。

了無數個金盔金甲的天神,全都生得身高馬大,手中都拿著八棱金爪錘,一個個瞪著眼睛。其中有一個環眼的天神,飛身走入石洞,舉起金爪大錘,不由分說,從她的腦袋上打了下去。

這一下把永蓮嚇得神魂出竅,聲嘶力竭地叫了一聲「哎呀」,驚動了妙善大師和保母,爭著問她:「永蓮啊,為什麼在這裡大聲尖叫啊?」這時她才如夢初醒。

# 白熊靈猿 24

我們一跑,猴子就會追上來,牠們腳步敏捷,我們是跑不過的,到時還會被牠們所圍困,不容易對付。

永蓮入魔之後,忽然看見金甲天神,手執八棱金爪錘闖進石洞來,往她的腦袋打了下去。她這一嚇非同小可,「哎呀」一聲尖叫,吵醒了妙善大師等二人。大師看她驚慌失措的樣子,對她說:「永蓮,怎麼回事,在那裡怪叫什麼?」

永蓮這才如夢初醒,仔細一看,三人好端端地坐在石洞中,哪裡有什麼水火,更不用說有什麼天神了?才曉得一切都是幻象,便將剛才的事向二人說明。

妙善大師說:「永蓮啊,你怎麼又走了魔呢?只怕是白天受了蟒蛇的驚嚇,所以心神才不能收斂,以至於這樣。幸虧有金甲天神驚醒你,否則就要多損幾分功行了。」

永蓮連連稱是。看看天色已近黎明,三人便收拾好一切,出了石洞,找路上山,沿途探了些野果子充饑。近午時,忽然遠遠看見一頭大白熊,迎面走來,似乎還沒看見她們。

妙善大師便牽著二人的手,一起逃到樹林中,悄悄地說:「我們能躲避最好,要是躲不過,大家就倒在地上,屏住氣息,裝死人的樣子,千萬不要呼吸動彈,或許可避過這一難。」

那隻白熊走到林子附近,聞到人氣,四下尋找。此時三人早就倒臥在地,屏氣裝死。白熊一路尋到林中,一見三人,便站住不動,看了半天,見她們無聲無息,一動也不動,真的當成是死人,便「哼!哼!」地叫了幾聲,以示失望,然後頭也不回地走了。

妙善睜眼看白熊走遠了,才招呼兩人起來。

**蓮花手觀音** 雕塑／西藏後弘時期（12～13世紀）／西藏阿里

這尊觀音十分誇張地表現出祂的原始性。祂全身裸露,冠冕中裝飾著無量壽佛坐像,右手結「與願印」,臉的樣子看起來像雷公,也像是原始性圖騰中的偶像。觀音的形象是多變的,並不像本書中的妙善公主那樣單一,也不僅僅只有三十三個分身。祂是菩薩,是無處不在的神靈,所以祂也能融入所有的文化和遺跡中,包括道教的雷神,或任何民族的原始圖騰。

原來熊最忌諱的就是死人，一見到死屍，就不願走近。妙善大師知道牠這種脾氣，所以用這種辦法來解難。

　　三人出了樹林，沿路向上走，又走了五、六里路，覺得口乾舌燥，十分疲倦，突然發現有條山澗小河，妙善大師說：「我們先歇息一會兒，舀些水來喝再走。」

　　於是大家倚石而坐，永蓮取了缽盂，到河中舀了半缽盂清水，先遞給妙善大師喝了幾口，餘下的和保母分了，大家席地坐下，永蓮拾起小石塊向水中扔去，看水花飛濺以取樂。

　　妙善大師看了，含笑說：「永蓮呀，飛石擊水，這其中也有禪機呢！你參得透嗎？」

　　永蓮說：「敢請大師先說。」

　　妙善大師說：「水本來是靜止的，被你用石子一激，變成了動態，飛濺起來，一動一靜，這裡頭就是造化的玄機呀。」

　　永蓮說：「不對、不對，那水原本就是動的。你看，就是我不以石子去擊它，它也會晝夜不停地流著。石頭才是靜的，要不是我去拋擲，它絕不會自己飛到水中去呢！」妙善大師頻頻點頭，連稱：「善哉，善哉！」

　　正在這時，忽然平空飛來一顆石子，「撲！」地打在永蓮額上。她感到奇怪：「靜的也動了，動的原來也會靜的。」妙善大師說：「又觀透一層。」

　　她們正在談論禪理，忽然對面河邊「吱！吱！吱！」地跳出一群獼猴來。永蓮才醒悟剛才那顆石子是猴子打過來的。那群猴子看見永蓮拋石擊水，牠們就拋石擊人。你想，這邊的三個人，怎麼經得起三十、五十隻猴子的拋擊？

　　永蓮、保母二人起身正要逃跑，聽得妙善大師說：「不要跑，我們一跑，猴子就會追上來，牠們腳步敏捷，我們是跑不過的，到時還會被牠們所圍困，不容易對付。我想猴子這東西生性聰明，很喜歡學人的動作，我們三人不妨一字排開向前出發，走三步拜一拜，猴子如果學我們的動作，在後面跟著，就不怕牠們來傷害我們了。」

　　當下大家照著大師的話去做，一字排開，三步一拜地向前走。猴子見她們這樣覺得很好玩，果然學起來，也一路走著拜著，再不用石子拋擲三人了。

　　這三步一拜的朝山，實為妙善大師的權宜之計，後來信佛的人傳為規矩，無論朝什麼山，都由山下三步一拜地拜到山頂，淵源是從這時開始的。

　　她們三人在前拜著走著，猴子也一路上跟著，就這樣走了很遠的一程。忽

**獅吼觀音**
雕塑／明代（15世紀）／
西藏拉薩布達拉宮藏

騎著獅子的觀音表情安詳、含笑自在。鬃毛火紅的獅子在祂面前俯首貼耳，回頭乖乖聽候調遣。「獅吼觀音」亦是觀音眾的分身之一。「獅子吼」是佛教術語，在佛經中很常見，例如《地藏菩薩本願經》中就提到釋迦牟尼在佈道之前，總會先發出「雲雷音，大雲雷音，獅子吼，大獅子吼……」等聲音，以威懾天龍八部、鬼怪眾生。這尊雕塑高四十公分，為銅鑄鎦金，價值連城。

然天空中一陣「啪！啪！」的聲音，颳來一陣好大的風。三人抬頭一看，只見一隻大鵬在空中盤旋飛舞，那隻鳥比尋常的要大上幾倍，真是翼可蔽日，足亂浮雲，兩翅飛動，就搧出狂風來。

猴子雖然天不怕地不怕，卻怕鷹鷂之類的動物，因為牠們總是由上而下攻擊，防躲不易，爪牙又非常鋒利難以抵擋。牠們抓住了猴子，飛在空中啄幾下，那猴子就得斃命。猴子要是用力抗拒，牠就兩爪一鬆，從高空中將猴子摔死，再飛下來啄牠的腦子吃。因此，猴子見了鷹鷂之類，就如老鼠見了貓一樣地害怕，何況今天遇見的還是大鵬呢？猴子生性極為靈敏，牠們一聽見翅膀搧動的聲響，就知道對頭來了，哪裡還敢再學三人跪拜，於是一陣吱吱亂叫，紛紛四散向叢林逃竄，霎時間就躲得無影無蹤，一個也找不到了。

妙善大師等三人見猴子已經逃遠，也不再拜，一路緩緩地上山。天黑時，又找了一個石洞藏身，好在一路上懸崖

峭壁之間，大小不等的石洞很多，所以可以隨處安身。這一晚，大家坐禪入定，各自安然無事。次日清晨，重新上路，一連走了足足三天，才總算走到半山腰。

一過山腰，景物就大大不同了。從山下一路上來，雖然覺得山中氣候比平地要寒冷，但還不至於手僵足凍。這時過了山腰，卻一步比一步冷。

山頂上的雪被風颳得飛下來，打到臉上像刀割一樣；地上有水的地方，也東一塊西一塊地結成堅冰，又冷又滑，行走十分艱難。一路上除了耐寒的松柏，再也找不到尋常的樹木，想找些果子充饑也找不到。

永蓮看到這番情形暗暗叫苦，她又冷又餓，想著這樣一路冷下去，渾身的血不全凍起來才怪，那該怎麼辦？就連保母見了這種情形也有些擔憂，唯有妙善大師一片誠心地只顧往前走，就像木石一般，縱然光著腳，也毫無畏懼。

走了大半天，才看見兩棵栗子樹上長著不少毛團。永蓮就去敲了幾個下來，用腳踏開分給大家吃，居然也能填飽肚子。說也奇怪，肚子一吃飽，身上的寒冷就減輕不少，精神也好多了。於是又走了一程，天色昏黑，又再找了個石洞過夜。

這個晚上寒氣襲人，永蓮實在熬不住了，不住地喊冷。保母也說：「真是寒風刺骨，讓人受不了，最好弄些樹枝，大家烤烤火才好。」

妙善大師說：「你們不要吵鬧，深夜山中哪來的火？就算敲石點火，火光一照，就會驚動山中野獸，野獸要是循著火光找來，豈不又招來災禍？所以千萬使不得，並且我們欲求成道，必須精誠專一，神魂凝聚，身體越受痛苦，神魂也就益發堅強，多受一番痛苦，就多增一層堅強的力量，等到受過千劫百難之後，神魂就會萬分堅強地完聚，永遠不會分散了，那時就能成道了。成道之後，拋卻了身體，神魂即另成一個自己，大千世界，暢通無礙，具有大神通，無所不能。我們三人既想修成正果，一切寒冷饑餓的苦難原本就應當承受，要是連這些也受不了，哪裡還有修得正果的希望呢？我們已經歷了不少辛苦，現在就像造塔一樣，只缺一個塔頂，你們難道肯前功盡棄嗎？」這一席話，說得兩人心中恍然大悟。

# 迷津徹悟 25

弟子的心願，是期望將來能夠脫去凡胎，走遍十方三界，救度一切苦難，使世人都歸正覺。不知道弟子的這種志向，是否符合佛家的宗旨？

保母和永蓮聽了妙善大師的一席話，都覺得心地光明，寒冷也減輕了不少，於是打坐入定。過了一夜，第二天仍舊上路，這樣又走了三天。

正走著，忽然看見一座石牌坊，上面刻著「勝境」兩個大字。妙善大師說：「好了，有這一座牌坊，一定有修真的人或者廟宇了。」

三人三步一拜地進了牌坊，大概走了一里的光景，只見懸崖上有一個很大的石室，石室裡面趺坐著一名長眉老者，慈眉善目，寶相莊嚴。

**觀無量壽** 連環圖畫 / 清代

此圖為清初版畫《觀無量壽佛經圖頌》中的一幅。房子內，老者和夫人跪在席榻上，高僧手執拂塵，念著阿彌陀佛經。這兩位虔誠信徒的靈魂飛出了體外，從蓮花之中升至半空。他們跪拜觀音菩薩和大勢至菩薩，觀音菩薩將甘露灑向他們，度他們前往極樂世界。

妙善大師向二人說道：「這大概是佛祖顯化，要不然一個人在這裡修行，也一定是個有道高人。我們正該叩求他指示迷津呢！」

二人也同聲稱是，直來到石室，拜倒在座下。妙善大師說：「活佛在上，弟子妙善等一行三人，從興林國來這裡朝山，拜求仙蹤聖跡，指點迷津。一直到了這裡，才遇見活佛，湊巧之極，還望活佛大發慈悲，指示迷途，使我等得歸正道，那就感激不盡了。」

長眉老者聽了這番話，睜開眼睛向三人看了一看：「善哉，善哉！難得你們三人不辭辛勞，大老遠地來到這裡，總算是有緣人。只是我先問你，你既然拋棄了一切榮華富貴，皈依佛教，一心修行，可知道佛家清修的本旨為的是什麼？修成正果之後，你的心願又是什麼？你且一一說來。」

妙善大師說：「啓稟活佛，佛家清修的本旨原是說，眾人在世，應無絲毫自利之心。所以佛祖雖身經百劫，就為了替世人消除災障。至於弟子的心願，是期望將來能夠脫去凡胎，走遍十方三界，救度一切苦難，使世人都歸正覺。不知道弟子的這種志向，是否符合佛家的宗旨？」

長眉老者點頭微笑著說：「原來是祂在那裡故弄玄虛。但祂不這麼說，你

**十一面觀音立像** 雕塑／日本奈良室生寺藏

十一面觀音很常見，這是位在日本奈良的一尊十一面觀音，面相斑駁，卻獨具匠心，刀法神妙。關於此觀音的著述很多，北周時代就有耶舍崛多翻譯的《十一面觀世音神咒經》，後來唐朝的玄奘、不空等高僧都曾翻譯各種有關十一面觀音的佛經。各版本之間雖不免互有出入，不過都是以這個形象來隱喻人的內心經驗，以及對喜怒哀樂應該抱持平和態度。妙善公主自幼性格內向，人生際遇坎坷，但她卻能以寧靜的佛心面對一切，終於修成正果。

們也不會到這裡來，也不會歷盡一路上的魔劫，不歷盡這些魔劫就不能證道，這也是一樣不易的。」

妙善大師說：「大概是樓那富律特地指點弟子來這裡拜見活佛，指點正覺的吧！」

長眉老者說：「總而言之，緣法所在，要逃也逃不掉的。今天索性我就把前因後果說給你聽吧！你的前身本是慈航大士，因為立意要救度世間苦難，所以輪迴入世，投到興林國中，才有如此慧根，如今塵劫將滿，不久就將證道。這裡的白蓮，原來是有的，現在卻已被人替你移到南海普陀洛伽山做了蓮台，準備你日後受用。那邊的紫竹林才是你的淨土，這裡沒有你的緣分。至於證道的地方，卻還在興林國中耶摩山金光明寺，因為要借你的證道，使一班愚民有所感動，大家好一起歸化佛門，免受一切苦難。至於她們二人，因緣法還沒有到，還得苦修多時，但終究也會證果菩提的。」

妙善大師說：「承蒙大師指點，我們感激不盡。敢問活佛法號，以便供養瞻禮。」

長眉老者說：「這倒不必，將來你自會知道。這裡我還有一件寶物送給你。」說著從懷中拿出一個白玉淨瓶，遞給妙善大師：「此瓶你要帶回去好好供著，只要見到瓶中有水，水中長出柳枝來，那就是你成道的日子。切記，切記，此地不可久留，現在你們可以回去了。」

妙善大師接過那羊脂白玉琢成的淨瓶，再拜辭謝，帶著二人走出了「勝境」牌坊，一路下山。曉行夜宿，在山中竟沒再遇上什麼意外的枝節。

出了谷口，妙善大師向永蓮二人說：「這次不要再走岔了路，免得又惹魔障。」於是定了定神，辨明方向，一直向西出發。

就這樣走著，一天，終於來到興林國耶摩山下。

那些居民，一看到大師等人朝山回來，扶老攜幼地前來迎接，一時間歡聲雷動。早有人報入金光明寺中，那大小尼僧都披著袈裟，撞鐘擊鼓，排著隊來到山下，簇擁著人師迎入寺中。

妙善大師到禪堂坐定，眾尼紛紛過來參見，妙善大師便將路上的事從頭到尾說了一遍，聽得大家眉飛色舞，不住地口宣佛號。妙善大師取出白玉淨瓶，安放在佛前供桌上。眾尼知道這是寶物，只盼瓶中有水，長出柳枝來，早讓大師成道。

事有湊巧，大師說話的時候有不少

閒人在聽。閒人裡，老少都有，其中有一名叫沈英的少年，他生來聰明伶俐，只是一味貪玩，一天到晚和人開玩笑，老實人常常會上他的當。

他聽大師講得如此津津有味，也恨不得趕去玩一趟。後來聽到那白玉淨瓶會自動有水，長出柳枝來，就有些不信了，暗想：空空的一個瓶子，要是沒人去灌它，將柳枝插進去，是絕不會自生自長的。於是靈機一動，想與妙善大師打趣一場。但當時殿上人多，不便下手，所以溜了出去。

他既然有了這個念頭，哪裡肯就這樣放棄呢？不過禪堂之上，整天人來人往的，晚上又關門閉戶，外人怎麼才能進去呢？所以沈英雖然想了種種方法，最終還是未能如願。

光陰荏苒，轉眼已經過了幾個月。這一天，沈英忽然想出一計。他預先準備好一罐清水，一枝楊柳，藏在隱蔽的地方，然後潛入柴房，敲石取火，點著柴草。無情的火焰熊熊燃燒了起來，全寺尼僧聽說柴房失火，全都嚇得手忙腳亂，一起跑到後面忙著打水救火。

前面禪堂中，沒一個人。沈英便趁機拿著預備好的東西跑到禪堂，縱身跳上供桌，將罐中的水倒入淨瓶，柳枝也插得端端整整，又擦淨供桌上的腳印，然後匆匆退了出來。

山下的居民也都趕來幫助僧眾救火，人群來來往往，情形很雜亂，誰也不會注意到沈英的行為，更想不到這把無情火是這小子搞出來的。見他提著一個瓦罐，還當他是來救火的呢！

可是沈英肚裡尋思：現在白玉淨瓶中的水也灌了，柳枝也插了，照大師說，一見到這種情形，就是坐化成道的日子。如今我弄個假的，等她明天沒能坐化成道時，就可和她大大地開一場玩笑，那時看她還有什麼話說？

幸好大火發覺得早，搭救的人又多，一會兒就被撲滅，沒造成大災難。忙碌了一場，已是黃昏，大家吃過飯，收拾妥當，各自回禪房去做清課。匆忙之間，誰也沒注意到供桌上的白玉淨瓶，所以沈英雖然忙碌了一場，當天卻並沒被發現。

直到第二天，大家起身，值日的尼僧到各處去灑掃揩拭。值大殿的性空，剛揩到供桌，發現淨瓶中的柳枝，湊上前去一看，果真是一瓶滿滿的清水。她喜出望外，放下手中的抹布，一路跑出殿來。恰好永蓮採了一束鮮花來上供，兩人撞了個滿懷，險些各摔一跤。

# 當頭一棒 26

這一記打下去，只見一道紅光冒出，大家只當是打破頭冒出來的血。仔細再看，紅光冉冉上升，漸漸凝聚，結成大師的另一法相，祂赤腳而立，手中捧著插楊柳枝的淨瓶。

永蓮定了定神，看著性空：「你怎麼總是這麼莽撞，到處亂竄，究竟是為了什麼事，把人撞得好疼呀。」

性空站穩了腳跟，雙手亂擺地說：「師父呀，我看見白玉瓶中，已經有了淨水柳枝，喜出望外，跑出來想給大師報個喜信去，沒想到匆忙之間撞了師父，還望師父恕罪。」

永蓮說：「真有這回事嗎？」性空說：「是千真萬確，小尼再大的膽子也不敢撒謊。」永蓮說：「既然如此，這花你先拿去上供，我去給大師報信。」

性空接了花回到殿上，永蓮便向大師禪房走去，只見大師正在和保母談話，一見永蓮進來，便說：「永蓮呀，你來得正好，我正有話和你說呢！大概今天就是我坐化的日子。我昨夜入定，忽然覺得心上有一朵白蓮開放，這應該是個預兆。」永蓮也將淨瓶中有了淨水柳枝的話說了一遍。

妙善大師說：「既然緣法到了，你們先到玲瓏閣去安排道場，我就在那裡示寂吧。」

永蓮隨後吩咐眾人預備一切，妙善大師便去沐浴更衣，換了一套莊嚴的服裝，然後徐步登台，在居中的禪床坐

**十八臂觀音**
版畫（華喦繪）／清代／中國南京博物院藏

准提菩薩有十八臂，主臂結「法界印」，其餘各手分別托舉日宮太陽、月宮玉兔、如意、寶瓶等各種法器，以象徵佛法的廣大，背後的雙臂則高高舉起釋迦牟尼像。圖左下方，善財童子跪拜在菩薩面前，充滿敬畏。此畫線條充沛流暢，細膩多變，金鉤鐵劃，功夫深厚。畫家華喦是清代知名的「揚州八怪」之一，曾在西湖賣畫為生，尤工人物花鳥，氣派天然自由，標新立異，是難得的鬼才大家。

觀音菩薩的故事：當頭一棒

定，就像入定一樣。保母和永蓮率領眾尼分兩班站好，魚磬齊鳴，香煙繚繞，各念《楞嚴經》。

再說那個少年沈英，他的天性很頑皮，有心與大師胡鬧，所以一早就起了身，連東西也來不及吃，一口氣跑到寺中來。看見眾尼正在忙碌，又聽說大師今天果然要成道，心中竊喜，便跑到閣上來觀看。

山下的一群居民知道了這消息，傳揚開來，一時間有許多人入寺觀禮，把一座玲瓏閣擠得水洩不通。那班尼僧個個低眉闔眼朗誦著佛號，一班參禮的人也都屏息站立，不敢喧嘩。其中，沈英看到妙善大師的情形，心中好笑地說：睡覺就老實地睡覺，說什麼成道不成道的？明明是在那裡搞鬼，讓我來嚇她一嚇，包管叫她跳起來！

他打定主意，溜到大木魚座旁，拿來那個老大的魚錘，蹭到大師面前，大喝一聲，對著腦袋「禿！」地敲了一下，說時遲那時快，雖有人看見，卻來不及阻止，這一下就叫「當頭棒喝」。

一下打下去，只見一道紅光冒出，大家只當是打破頭冒出來的血。仔細再看，紅光冉冉上升，漸漸凝聚起來，結成大師的另一法相，祂赤腳而立，手中捧著插楊柳枝的淨瓶。

### 龍女
雕塑／明代（15～17世紀）／西藏拉薩

這塊龍女浮雕的女體呈金色，窈窕婀娜，充滿神祕的圖騰美。造像的手臂自肘部以下都已殘缺，彷彿米羅的維納斯。這塊雕刻是西藏密宗的銅鎦金吉祥物，高二十八公分。龍女是觀音的右脅侍，在中國民間享有崇高的聲譽，相當於釋迦牟尼身邊的阿難、或原始天尊身邊的明月。據說，龍女能夠為人們帶來財富，所以也稱「善財龍女」。關於龍女的傳說很多，最常見的是說，她本為龍王三太子的女兒，三太子化作魚身時偶被漁夫捕獲，販賣於市，幸得觀音菩薩派善財童子買魚放生才得救。為感謝菩薩，三太子讓自己的女兒待在菩薩身邊做侍女。由於龍女冰清玉潔、聰慧異常，而且美貌可愛，她的名字時常出現在小說家筆下，例如金庸的《神鵰俠侶》女主角叫做「小龍女」，就有這樣的比喻意義。佛教中的龍女，傳說是護法天神婆竭羅龍的女兒，八歲時就因聽見文殊菩薩在靈鷲山說法而悟道，帶著龍身成道，後來在觀音門下聽用。此外，也可認為她是本書中妙善公主的女僕「永蓮」。

你知道為什麼一擊之下就會如此幻化嗎？原來大師的神魂，已修練到不需要軀殼的地步，可是在人間待久了，被煙火塵埃薰染，泥丸宮閉塞，神魂無法脫離軀殼。等到受了意外的一棒，泥丸宮開啟，於是就藉此脫胎而化了。沈英的頑皮，正是緣法湊巧呢！

永蓮走過去一摸，大師的遺體已經冰冷，於是命眾尼僧誦經念佛，自己準備和保母一同進城，一起向妙莊王稟奏。指揮完畢，二人一起下了玲瓏閣，出了正殿，一路走出山門。

只聽見迎面鸞鈴響著，飛一樣地來了兩騎快馬，上面坐著兩位官差，看見二人便問：「二位尼僧要到哪裡去？我們奉了妙莊王之命，特地前來降諭，快去喚你們的現任住持出來接旨！」保母和永蓮還禮過後，說明一切，讓兩個官差入寺，在正殿上放了香案，大家跪聽宣旨。

原來妙莊王早就知道大師坐化的事了。因他坐朝的時候，看見大師法相來到殿前，站在半空說：「我現在已經得成正果，被佛祖封為『大慈大悲尋聲救苦觀世音菩薩』，立刻就要去南海普陀洛伽山紫竹林中去觀自在。所以特來辭駕，將來我王升天之時再來相度。」因此妙莊王降旨，將菩薩留下的肉身供養在玲瓏閣上，永受香煙，並將玲瓏閣改名為慈悲觀音閣。大家自然遵命辦理，一番忙碌不在話下。

再說耶摩山金光明寺中，保母當然受眾人推崇做了一寺住持，招了高明的匠人，一方面將菩薩遺留下的肉身，以上好的光明寶漆漆起來；一方面將玲瓏閣的匾額除去，換上慈悲觀音閣的匾額，又在閣中造了一座佛龕，將菩薩的肉身供入，永受香煙。一連忙了許多天，方才完事。

興林國中，上自妙莊王，下至凡夫俗子，見持志修行果然能證果成道，於是大家都生了信念，不期都皈依了佛門。後來，妙莊王也被菩薩度化，歸入羅漢班中。保母封為保赤君，永蓮也歸南海，永侍蓮台，成了侍香龍女。

還有那頑皮小子沈英，自從看了菩薩成道之後，頓時恍然大悟。他本是南方火德之精，靈氣所鍾，賫質本來就高人一等。平時被塵世矇蔽了心竅，所以才演出種種頑皮事端，一旦醒悟，功行超人，後來也被菩薩收在蓮台之下，成了善財童子。

觀音菩薩自從辭了妙莊王之後，一路雲浮風蕩，直向南海普陀洛伽山而去，不消片刻工夫，已到靈山寶境，那裡氣象萬千，果非凡俗可比。

# 27 中原化度

大旱雖說是天災，到底還是人惹來的。你們這裡的一方百姓，要是尊敬天地，廣行善事，不再殺戮，歸化佛祖，上天又怎會降下這等災禍讓你們受苦呢？

　　觀音菩薩自從脫胎換骨之後，辭別了妙莊王，一路腳踏浮雲，向南海普陀洛伽山而去。此時祂身輕如燕，不多時已到了洛伽山下。這裡畢竟是靈山勝境果然不同凡俗，奇花異草生遍四周，珍禽異獸成對舞蹈，白蓮池上送來萬縷幽香之氣，紫竹林中升起千般瑞靄。中間是一座二品蓮台，霞光萬道，卻是空著的。菩薩到這裡，只說了一聲「善哉」，便上了蓮台，端身趺坐在上，這一天正是六月十九日。

　　現在民間習俗，凡是二月十九日、六月十九日、九月十九日這三天，一律認為是觀音生日。其實，二月十九日是她轉劫誕生之日，九月十九日是捨身剃度之日，六月十九日才是證道南海普陀洛伽山之日。習俗一齊視為生日，也是有來由的。

　　再說觀音菩薩，證果蓮台，一心觀自在，度化了妙莊王等一班人以後，與善財童子、龍女同住紫竹林中，每日講清靜大法，好不逍遙自在。

　　有一天，來了一位名叫沙門跋陀的僧人。原來他早在西方佛國受了菩薩戒，非常想到中原傳教。如來知道他道行不深，但其志可嘉，明知他這一去必然徒勞無功，但並未勸阻。只給了他路引牒文，讓他一路好走，這也是他命中該有此跋涉之苦。他花費了幾年工夫才來到中土，雲遊各地，向眾生宣揚佛法。

　　哪裡知道因為言語不通，中土百姓誰也不知道他在講些什麼，所以沒人理睬他。那時候，中土的百姓並不信佛教，都將僧人視為旁門左道，就算言語相通，也絕對不會有人信他的話。由於這兩個緣故，沙門跋陀走遍中原各地，到處受人冷落，於是準備打道西歸，一路上順便朝山敬水。這一天恰巧到了南海，聽說觀音菩薩在這裡，便立下心志向菩薩請教一切。

　　菩薩聽了，見他壯志可嘉，便問他中土之地的人情世故。不料，沙門跋陀說：「不能說，不能說，中原地界戰亂不絕，災難重重，到處人心險惡，爭奪侵碾時有發生。弟子向他們講經說法，他們全部無法理解領悟，還將弟子當做惡人，奚落嘲笑。弟子受到這樣的遭遇倒也罷了，只可憐那班芸芸眾生，大難臨頭還執迷不悟，想度化也無計可施，只得回歸西天向如來我佛懇求妙法，再去中土點化他們。不想經過此地，特來

## 魚籃菩薩
紙馬繪畫／清代／
中國北京故宮博物院藏

「魚籃觀音」是著名的觀音三十三分身之一，因手提魚籃而得名。圖中的觀音，頭插鳳冠，髮式與衣著都是清代仕女的模樣，樸素典雅，堪稱民間畫師眼中的美神。魚籃觀音有時也稱「馬郎婦觀音」，傳說中，魚籃觀音在唐朝時經常化作美貌婦人示人，在金沙灘一帶手提魚籃，專門佈施饑餓的窮人。見到她的人都想和她同房，而她卻說：「如果你們能在一宿中背出〈觀世音菩薩普門品〉，就答應你們的要求。」於是很多人去背誦。然後，她又推說還要背《金剛經》才行，然後又是《法華經》等等。後來，有一馬姓公子將經文一一倒背如流，誰知新婚之夜，魚籃觀音卻化作一塊黃金鎖骨。大家終於知道，原來這是觀音現身，以普度在欲海中沉淪的眾生。

朝拜菩薩，還望菩薩大發慈悲，用大法力感化這一班迷途羔羊，一來使他們脫離苦海，二來也可以宣揚佛法。」

觀音菩薩說：「善哉，善哉！這是你功行不深、言語不通的緣故。你可以先行回歸拜朝如來，以後再到東方去。我本著尋聲救苦的志願，既然知道這樣的事情，不能坐視不管，只好由我到中原去走一遭了。」

沙門跋陀拜謝了菩薩的慈悲，獨自西歸而去。觀音菩薩吩咐善財、龍女好好看守靈山聖台，自己便化成一個老婆婆離開了南海紫竹林，一路向中原去了。

觀音菩薩變做丐婦模樣，一路上沿門乞討，接近那些迷途的中土百姓。她看到各地風氣不盡相同，善良的人固然也有，頑惡的人卻占多數。那裡的男人到底受過聖人的教化，還略懂得一些禮數，但婦女們卻大大不同。將她們分為兩層來說，上層的貴族婦女人都出身名門，一般略懂詩書禮義，但頤指氣使，平日在家養尊處優慣了，養成驕奢淫逸的惡習，造下許多惡業，逃脫不了輪迴之苦；下層的婦女，則從沒受過教化，一切行為都隨心所欲，忤逆不孝，搶奪爭鬥，哪一件沒有？她們不知道因果報應，這更是可悲可歎。

於是觀音菩薩大發慈悲，決定先

向最下層的百姓說法。她的法駕一路到了中州地界，定了太室山的一個石屋做自己顯化的地方，夜裡便託夢給附近百姓：「明天，觀音菩薩要從這裡經過，點化有緣的人，拯救一切苦難罪惡，你們要留心等候，不要當面錯過了。遇得著遇不著，那要看你們是不是誠心了，只要一片誠心，自然就會遇到。」說完，現出她的莊嚴寶相，悠然隱退。

第二天，百姓彼此談論著昨晚的夢境，都在說為什麼會做同一個夢，大家覺得奇怪，議論紛紛，並且懷著萬分的希望等候菩薩來臨。他們知道菩薩顯化時，絕不會以本來面目示人，但又不知道這次菩薩會化身成什麼樣的人物，前來點化眾生。他們因為不認得菩薩，所以只要見了一個陌生面孔的人，就認為是菩薩，大家圍著向他頂禮膜拜，往往把那受拜之人弄得莫名其妙，直到雙方說明真相彼此才付之一笑，一哄而散。

這樣一連鬧了好幾天，產生了不少誤會，但還是不見菩薩來臨，反而弄得大家心頭疑雲重重，就算看見了陌生人，也不敢冒昧拜認了。其實，觀音菩薩仍舊是變成一個窮苦的老婆婆，下山來到城裡，一路乞求飲食，大家反而沒留意她。

那一年正值乾旱，入夏以來，已有

**吉祥天女**
壁畫 / 唐代 / 敦煌第3窟

唐朝人崇拜健康的豐潤美，當時所繪的觀音像旁邊，常常有一位吉祥天女（也稱「功德天」），掌管著國家的安泰和眾生的幸福。她被描繪得有點像唐朝宮廷裡的丫鬟宮女，略微福態。在印度神話中，吉祥天女是司掌命運、財富和美貌的神祇。佛教有很多典故來自印度教，例如觀音源自於印度教的馬頭明王，吉祥天女有時也被佛教徒借用，成為「龍女」般的菩薩脅侍。

四十多天沒下雨了，田中的禾苗都將枯萎。農民們吃盡了苦頭，日夜挑水，還是杯水車薪，眼看災情越來越嚴重，對於降雨真是望眼欲穿了。假如老天再不下雨，就會顆粒無收，農民們個個憂愁焦慮自不必說，就是城市裡的人也愁著怎麼度過荒年。

觀音菩薩托著鉢盂向人們乞食時，總是被人回絕：「天這麼乾旱，今年的

收成看來已經沒有希望了，我們自己還愁著明天該怎麼過活，哪裡還有多餘的食物給你這老婆婆呢？」

菩薩長歎一聲說：「大旱雖說是天災，到底還是人惹來的。你們這裡的一方百姓，要是尊敬天地，廣行善事，不再殺戮，歸化佛祖，上天又怎會降下這等災禍讓你們受苦呢？就像我一個窮苦的老婆子，到這裡半天，一路上向數十人家乞討，不曾求到一粒米半粒穀，足見這裡的百姓毫無向善之心。人無善心，怎麼會有善果。這些水旱天災的降臨，誰說是不應該呢？」

這時候，有一位名叫劉世顯的老人聽了菩薩的一番話，心上一動，暗想：莫非這位老婆婆就是菩薩的化身？

當下上前拱手作禮：「老婆婆說得很對，但是依照老婆婆的話，這裡的百姓因為以前未積善，造成今天的旱災；要是大家從今天起改過自新，這次的旱災還有得救嗎？」

菩薩說：「當然救得。上天仁慈，賜福比罰惡還要勝三分，只要人肯誠心悔過，上天絕不會不寬容的。只要這裡的百姓肯從今天起，發誓改過自新，一心向善，目前這場旱災，也不是沒法可救的呀！」

劉世顯聽了這一番話，再無懷疑，倒身拜下說：「多謝觀音菩薩顯化指點，弟子肉眼凡胎，不認得菩薩慈容，幾乎錯過。有幸蒙聽法語，頓感心竅洞開，願菩薩大發慈悲，廣施法力，普降甘霖，救了旱災，弟子甘願建廟供養菩薩、廣勸愚頑之人，使他們改惡從善，同歸菩薩座下。還望菩薩慈悲。」說著連連叩頭。

菩薩說：「劉施主，難得你一片誠心替眾人哀求，可見你內心無私，我如何能不答應你的請求呢？只是我看這裡的百姓愚頑凶惡，所以化身來此點化。你回去告訴眾人，明天午時三刻，我會顯化法身，施展法力普降甘霖，讓他們親眼見到佛法無邊的力量，以此堅定他們的信心，你再善為勸導，那就容易感化了。」

劉世顯再拜起身時，菩薩已隱身不見。他把遇見菩薩的話對眾人宣說。大家有些疑惑，都說：「青天白日的，菩薩顯了身，怎麼只有你看見，我們卻沒看見呢？」

劉世顯說：「看見或許都看見了，只是俗眼的人認不出來而已。剛才那個托缽乞討的老婆婆，就是菩薩的化身啊！」眾人聽了，想想果真見過這名老婆婆，只是不知道她是菩薩罷了，當面錯過，懊悔已經遲了。

148

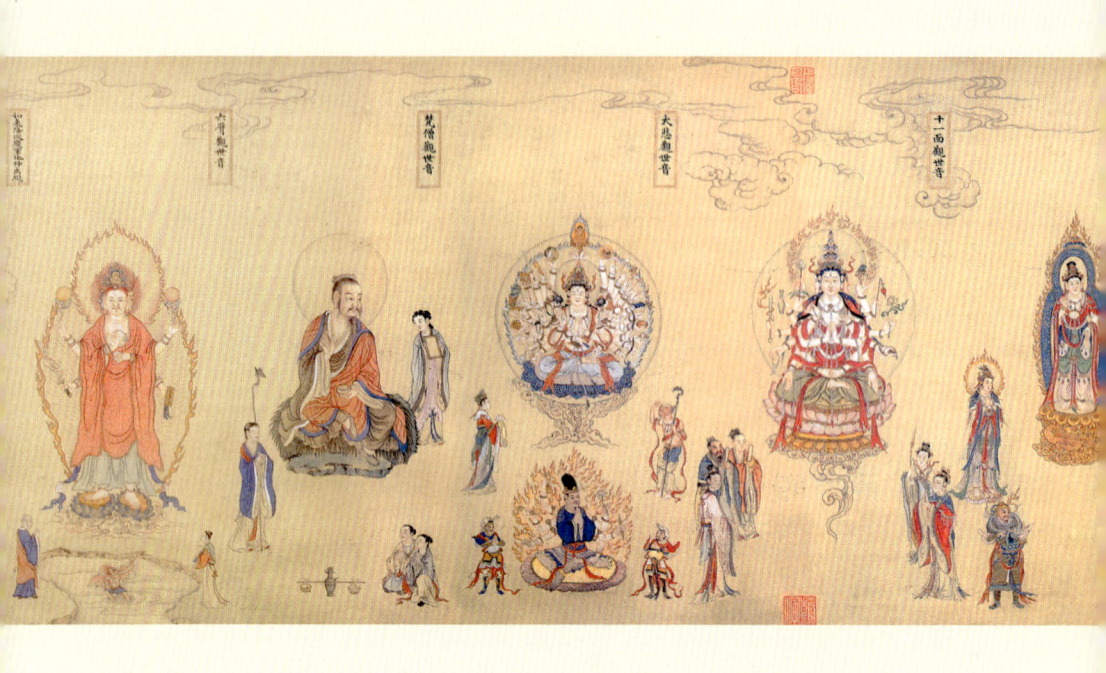

## 法界源流圖
**畫卷國畫（丁觀鵬繪）/ 清代**

由普門品觀音到六臂觀音，丁觀鵬畫了十六幅觀音的分身，這是工筆國畫中最人氣磅礴的一幅觀音長卷，但它也不過是整個《法界源流圖》的一部分。這十六幅觀音是最典型的觀音現相，除了六臂和梵僧，其他都是女身。在本書中，妙善公主雖是女身，但也幻化成男性等各種分身。丁觀鵬是清朝康熙至乾隆年間的一名御用畫家，與郎世寧、唐岱等人齊名。他畫釋道人物功力深厚，深得皇家賞識，所臨摹的《清明上河圖》，被皇家視為傳世珍品；尤其是他的《法界源流圖》，技藝精湛，氣貫陰陽，磅礴之勢令後人難望其項背。

## 28 甘霖救旱

突然那白雲中間,天開一線。山頭之上,菩薩現出丈六金身,頭戴錦兜,身披袈裟,手中捧著白玉淨瓶,瓶中插著甘霖柳枝,赤著雙腳,站在光明石上。

大家聽到劉世顯說,托缽乞討的老婆婆就是觀音菩薩的化身,不覺驚異起來。剛才確實看見她,但誰也不知道這窮苦的老婆婆就是觀音菩薩啊!於是,有的自怨有眼不識泰山,當面錯過了良機;有的自怨不曾施捨,結個善緣。大家的懊喪情緒全都溢於言表。

劉世顯說:「菩薩以慈悲救苦為願,這些都是小事,祂絕不會加罪於我們的,只要以後誠心信佛就是了。菩薩說定,於明日午時三刻,在此顯化寶相,為我們祈降甘霖,大家明天就可瞻仰慈容,共承雨露了。」

大家聽了這話都喜悅起來。從此傳了出去,不一會兒,全城上下婦孺皆知。一傳十,十傳百,到了當天晚上,周圍四鄉八鎮也全知道了,聽了這種消息沒一個不喜形於色的。

直到次日清晨,農民停耕,婦女停織,商人停市,大家都焚香點燭,虔誠守侯,只等午時三刻一到,看觀音菩薩顯化法身。無論男女老少,一個個都仰

**布達拉宮** 攝影/近代

照片上,布達拉宮的整體建築分成了紅宮和白宮兩個對照鮮明的部分,後方則是巍峨的雪山。舉世聞名的布達拉宮,建於7世紀,占地十三萬平方公尺,位於西藏拉薩的中心。它是觀音菩薩在西藏的道場,裡面收藏了西藏歷代的大量佛像、繪畫、唐卡和珍貴的法器,是西藏貴族、活佛與僧侶雲集的地方。西藏的觀音形象主要是密宗的,分身極多。布達拉宮堪稱一座觀音博物館,神祕莫測。

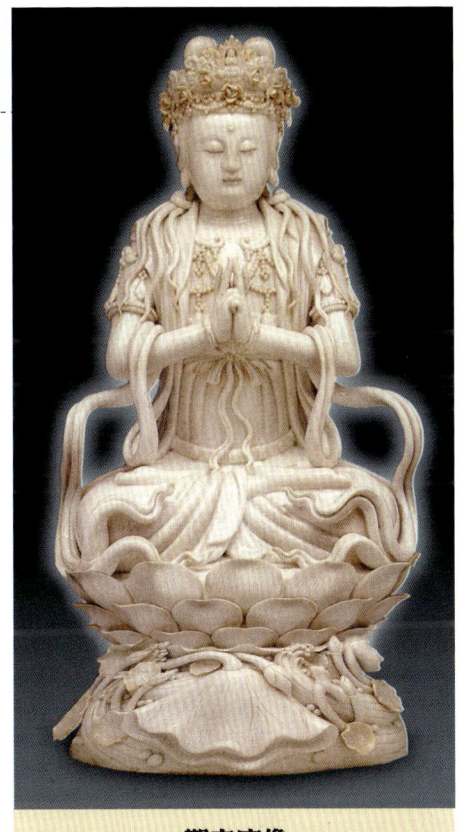

起脖子望著天空,連眼也不敢眨一下。

一直等到中午,只見太室山上悠悠飄起一片白雲,逐漸蔓延開來,越綿延越寬廣。突然那白雲中間,天開一線。山頭之上,菩薩現出丈六金身,頭戴錦兜,身披袈裟,手中捧著白玉淨瓶,瓶中插著甘霖柳枝,赤著雙腳,站在光明石上。

大家見到這種情形一起倒身下拜,嘴裡說觀音菩薩慈悲,又默默低誦佛號,都願意皈依座下。禮拜完畢,只見菩薩手執柳枝,蘸著甘露,向東南西北有莊稼的地方一陣揮灑。說也奇怪,一忽兒雲氣聚合,大雨傾盆,足足下了半個時辰,才雲開雨散,陽光普照,這時菩薩的法相早已不見。

從此以後,那裡的一班百姓果然都敬信佛法。劉世顯捐出了資金,在太室山菩薩顯身的地方建成了一座廟宇,雕塑大士的寶像予以供養,菩薩憩息的石洞,也改名為觀音洞,至今還保存著。

菩薩自從點化了劉世顯,並廣施法雨之後,看眾人潛心向善,就不再久留。祂坐觀清靜,運用祂的慧耳諦聽一切疾苦。

聽到東海之濱,居住在各處島嶼的人,身居化外,不懂禮義,和禽獸一樣,心中覺得可憐,於是離開了中州,

**觀音座像**

向東海邊走去。

菩薩知道那邊大多是漁民,因此化身成一名漁婦,挽著叉兒髻,穿著藍布裙襖,仍然赤著雙腳。漁婦長得非常美麗,手中提了一個魚籃,籃裡放著幾條鮮活的魚兒,攙雜在一群漁人之中,在市集賣魚。

趕集的人看到這名漁婦長得十分美麗,都爭著去買她的魚。可是菩薩卻向買魚的人說:「你們買我的魚去做什麼用?」買魚的人說是做菜下飯。

她卻搖頭說:「我這魚不比其他,

不是用來吃的,你們要買做菜的魚請到別處去買,我這裡的魚是賣給人家放生用的。」

菩薩到了晚上,也和眾人雜居在金沙灘畔。第二天仍舊提著籃子到市場去,可是依然找不到買主,這樣一連幾天,驚動了一位有心人。

此人姓馬,大家因為他是個賣魚郎,所以都叫他馬郎。他看見菩薩賣魚,天天沒有生意上門,她籃中卻總是那兩條魚兒,乾放著卻怎麼也不會死,覺得有些奇怪,便留心觀察,又看不出什麼特殊的地方,因此馬郎十分納悶。

金沙灘上的許多漁民,漸漸都對這位美麗的賣魚女子生了愛慕之心。不久,就有許多人來向她說親,爭著要娶她為妻,一共有二十多人,馬郎也是其中一個。

菩薩倒也不怪他們褻瀆,只是和言悅色地對這些求婚的人說:「一女只配一個丈夫,這是天經地義的事。我只有一個身體,總不能配你們這二十多人吧?如今只有一個辦法做選擇的標準,不知道你們肯不肯聽從?」

大家爭著要她做媳婦,一聽說有辦法,自然都樂於接受。他們向菩薩請教,菩薩說:「我會教人誦經,就拿這個做標準。由我將〈觀世音菩薩普門品〉口授予你們,凡是在一天之內能背熟的,我就嫁給他。」

大家請她教授,由菩薩一句一句背誦出來,大家一句一句跟著念,教了一遍又一遍,翻來倒去,不絕於口。學誦經的人無不專心一志,可是天分卻各有高下,一夜工夫,其中能夠背誦的,只有半數。那一半背誦不出來的,只好絕望地離開,那留下的一半又爭著要娶她為妻了。

你說你背誦得熟,這女子應該歸你;我說我念得流利,這女子應該歸我。大夥不免紛擾起來,幾乎就要動武。

菩薩制止大家:「你們先不要爭鬥,我還得再挑選一下呢!這〈普門品〉是佛家的初乘小經,很容易學會,不能算數。現在換成《金剛經》,仍是由我口授,也規定要在一夜之間記熟,學得會的我就嫁他。」

大家又高興起來,仍請菩薩口授,十多人又靜心學習,一句一句地念著。這《金剛經》可比〈普門品〉難得多,整整學了一夜,十多人中只有四個人學會,其餘的都被淘汰了,他們只好悶悶不樂地走了。

那四個人一起說:「美人啊,我們現在還有四個人,你到底願意嫁給我們之中哪一個?爽快點說一聲吧,我們絕

**觀無量壽經三** 連環圖畫／清代

圖左的阿彌陀佛，盤腿跏趺坐於蓮台上，祂正將恩露灑向人間。底下的觀音菩薩站在蓮台上，祂則以楊柳枝將甘露灑向作惡之人，度化他的靈魂。圖右一名和尚坐在竹椅上，手執拂塵正在念經，一名書僮捧著經典侍立一旁。廳內的席榻上，一名老者雙手合十朝天跪拜。庭外祥雲繚繞，觀音菩薩、阿彌陀佛和大勢至菩薩於屋簷前顯身。

不會爭奪的。」

菩薩說：「不行，不行。要知道，我對你們每個人都一視同仁，並沒有什麼好惡之見，只看大家是否有緣了。要是由我指定就欠缺公平了。現在還是讓我再挑選一下，以定誰是我的夫君。」

四人沒辦法，只得聽從她的指揮，他們繼續問她：「〈普門品〉不算，又是《金剛經》，現在《金剛經》也沒效了，不知又要弄些什麼花頭經出來？你快點說吧！」

菩薩笑著說：「你們不要猴急，我這部經非同小可，是佛家的大乘寶藏，名叫《法華經》，現在就教授你們這部經，如果誰能在三天之內，將它背誦記熟，我保證嫁給他。」

四人求妻心切，自然滿口答應。於是菩薩一句一句地教誦，轉眼間三天過去了，能夠背誦的卻只有馬郎一人，其餘三個懊喪地離開了。

菩薩盼咐馬郎先回去準備成婚，等到嫁入馬家之後，菩薩使了一個小小的

神通,在新房裡無病無災地死了,並且皮肉立刻腐爛。馬郎白歡喜了一場,但也沒有辦法,就將屍體埋了。

大家聽了這件事反而為自己慶幸,將先前的懊喪心情全拋向九霄雲外。馬郎也從此發誓不娶,一有空就念誦菩薩教他的三種經文,以為消遣,覺得津津有味,有時還有些感悟。

菩薩自從脫身離去後,過了幾個月,見馬郎悟性已開,便化身成一個和尚前去找馬郎,與他談論佛法,指點迷津,然後問起他娶妻的事,馬郎便一五一十地告訴他。

菩薩說:「你可知道那美女究竟是誰嗎?祂是南海普陀洛伽山觀音菩薩啊!祂特地來這裡顯化,度化你的。你如果不相信,可以刨開她的墳墓,驗一驗她的屍骨就知道了。」馬郎聽了,真的帶了一把鏟子,來到墳前,扒開一看,大為驚喜。

**白瓷魚籃觀音像** 瓷器(無名氏)/明代

通體透明的瓷器讓人聯想到魚籃觀音的皮膚,她被刻畫得豐腴動人,緊閉的眼瞼呈現微妙的圓形。此雕像高六十公分,是明代萬曆年間德化窯的產品,那時的工藝水平已十分成熟。魚籃觀音是妙善成道後,以女性魅力對好色眾生所做的開示,雖然性觀念在佛教密宗裡很常見,但在觀音分身中僅此一例。據說這尊瓷器價值約四十萬港幣。

# 止貢消疫 29

御廚覺得十分奇怪，於是用力一劈，只見金光閃爍，「霍！」的一聲，那蛤蜊裂開了。中間竟不是蛤肉，卻是端端整整的一個觀音菩薩法像。

馬郎聽了和尚的話，果真帶著鏟子來到埋葬妻子的地方，扒開墳頭一看，大為驚喜。哪裡還有什麼屍身，只留著一副黃金鎖子骨。

和尚說：「怎麼樣？你現在知道觀音菩薩的法力了吧？菩薩因為這裡的百姓不知禮義，愚蒙可憐，所以特地化身美女前來點化眾人。也是你緣法所至，傳授給你大藏《法華經》，你就該本著菩薩的宗旨，抱著宣揚佛法、勸導世人的心志，將來功德圓滿，好成正果呀！」

馬郎連連答應，說話之間，和尚已經不見了。從此，馬郎把自己的三間草屋改做茅庵，塑起觀音菩薩的法像供奉，但所塑的仍是賣魚美女的形狀，一手還提著魚籃，所以世人皆稱「魚籃觀音」，又因為名義上曾嫁給馬郎，所以又稱「馬郎婦觀音」，這其實都是觀自在菩薩的化身罷了。

菩薩點化了馬郎後，一路沿著海行走。有天來到個地方，看到一股怨氣沖天聚結不散，菩薩就動了慈悲心腸，化身為一個行腳僧人到民間去尋訪究竟。

原來此地名叫寧波，是東南海口的通航重地。這裡物產豐富，尤以海洋珍味居多。百姓富足，家家安居樂業，又正逢開明盛世，本來沒什麼疾苦的，可是最近幾年，為了一件貢品，鬧得城中雞犬不寧，民怨沸騰起來。

原來這時候已經是唐朝了，唐文宗在位稱帝，他生平最愛吃海鮮，最愛吃

**魚籃觀音** 石刻／明代

魚籃觀音的故事，因為和「性」之間的關係明顯，所以讓人們留下了極深印象。但魚籃觀音還有一些別的傳說，例如《廣信府志》便記載魚籃觀音拯救一名礦工的故事：宋朝時，有一個人為了開採銅礦，因挖洞太深，岩石將要崩塌，但他並不知道，這時他忽然聽見有女人在洞外叫賣做好的鮮魚，感到肚子饑餓，於是出去買魚，誰知一出洞，山石就崩塌了，而洞外的女子卻不知所終，於是他明白，是觀音大士救了他。這幅明代的魚籃觀音石刻，雕刻手法近於普通人，若無背光，幾乎就像一名賣魚的普通鄉間女子。

蛤蜊，對它愛如生命，幾乎一天不能沒有這東西，沒有蛤蜊吃就不吃飯。蛤蜊這東西，雖然各處海口都產，但就屬寧波產的最為名貴，肥嫩鮮美，其他地方的比不上。既是皇帝喜歡，自然要責令寧波獻貢。蛤蜊是寧波的土產，寧波的漁民又多，進貢一些，本來也算不了什麼，可為什麼鬧得民怨沸騰呢？

這是因為官府差役等人狐假虎威，借了納貢這道聖旨，大大盤剝起百姓來。漁民為了進呈貢品，自然不敢馬虎，總是先揀選一遍，然後才呈繳給收貢的差役。差役就擺出上命差遣的名目，左不是右也不是地一味挑剔，不是嫌你選的蛤蜊個頭不一，就是說貨色不好，總不肯爽快地過秤錄收。要是事先送幾貫錢給這差役，即使貨色真的不佳，他們也一樣收下；要是不花錢，他們就耽擱著，三天五日不給你過秤，縱然磕破了頭去求，也是不理不睬。

蛤蜊是最容易死的，幾天一耽擱下來，又得重新捕捉，結果還是得用錢買通差役才能過關，要是因此誤了限期，便被捉到官府辦一個大大的罪名，包準吃不了兜著走。並且，其他的貢品每年只獻一或二回，次數是一定的。只有蛤蜊，卻是一年到頭要不斷上貢，所以寧波一班漁民都在獻貢苦楚中度日。上貢一些蛤蜊本來沒什麼，但每次都要貼上幾貫錢給差役，這就太吃不消了。所以幾年之內，那班漁民富的被弄窮了，窮的弄得要賣兒賣女，家破人亡。因為一個人的口腹之好，不知要破了多少人家的幸福生活，說來真是可憐呀！

這班漁戶未免也太笨了，難道就不能更改謀生行當，避免苛政嗎？沒那麼容易。官府事先就有準備，先將漁民的身分記錄在案，凡是登記在案的人，就逃不脫差事，並且不准中途改行，除非本人死亡，否則絕不能逃免。所以，有很多人因為想留點產業給後代，便不惜犧牲自己性命去自殺。你想，在這種情形下，那些百姓能不怨氣沖天嗎？

觀音菩薩來到寧波，問明瞭情形，不住地搖頭歎息，暗想：這一班可憐的百姓，也是前生造了孽才有這樣的報應，如今我不救他們，他們哪有脫離苦難的一天呀？

菩薩便走到海灘上，正好見潮頭上來，許多蚌蛤都在張殼迎潮，那些漁民正冒死捕捉，到處聽到一片長吁短歎。觀音菩薩暗中運用祂的法力，將自己的莊嚴寶相，深深印入蛤蜊中去。而那些漁民，始終沒發覺，只是捕捉夠了數，顧著前去繳納完事，好像還債一樣。

漁民為了無法擺脫苛政，求生不得

## 觀無量壽經四 連環圖畫／清代

圖右下方的老者因作惡,地獄之火已向他撲來。一位手執拂塵的高僧坐在蒲團上向他講經,老人雙手合十向天跪拜,觀音菩薩、阿彌陀佛和大勢至菩薩坐在蓮台上於屋頂顯身。圖左,老人的靈魂飛出了體外,他坐在蓮花上,接受觀音菩薩的佛法點化,他的靈魂將受超度到西方極樂世界。

---

求死不能而痛苦煎熬之時。忽然,上面下旨停止獻貢蛤蜊並禁止捕捉,詔各縣設立觀音菩薩廟宇,供養大士。

寧波的漁民聽了這個消息,不由得喜出望外,歡呼雀躍起來。但怎麼突然有這樣一道聖旨下來,大家還是猜測不透。後來幾經打聽,才知道其中原因,原來多虧觀音菩薩暗中救助,受此恩惠的人自然免不了皈依蓮台。

原來那一批蛤蜊進貢入宮後,御廚見十分新鮮,從裡面挑選了幾個肥大的,準備做羹奉膳。不料第一個一剖,就覺得堅若金石,再也剖不開。御廚覺得十分奇怪,於是用力一劈,只見金光閃爍,「霍!」的一聲,那蛤蜊裂開了。中間不是蛤肉,卻是端端整整的一個觀音菩薩法像,質地晶瑩通透,似玉非玉,似珠非珠,只覺光華奪目。

御廚見了十分驚訝,也不敢隱瞞,便拿去奏明聖上。唐文宗也十分驚愕,便命以金飾檀盒貯藏起來,一面下旨免貢蛤蜊。

後來,唐文宗召見恆正禪師,問起這件事,禪師說:「凡事都有其來由,

這是菩薩想點化陛下的良苦用心，這是在勸請陛下節儉愛民。《法華經》〈普門品〉說：『應以佛身得度者，觀世音菩薩即現佛身而為說法。』」

唐文宗說：「菩薩身是看見了，只是沒有聽到菩薩說法。」禪師說：「我只問陛下信還是不信？」

唐文宗說：「事實擺在這裡，怎麼敢不信呢？」禪師說：「既然如此，陛下已經不用聽菩薩說法了。」文宗因此醒悟，以後不再吃蛤蜊，並令全天下寺廟，都要另闢一殿供養觀音菩薩。

因為這一次觀音菩薩的法相是出現在蛤蜊之中，所以世人都稱祂「蛤蜊觀音」。這並不是書裡的胡說，這件事在《佛祖統紀普陀山志》等書，也都有同樣記載。

觀音菩薩自從在海邊將法相印在蛤蜊內，解救了漁民獻貢的痛苦後，便一路去往山東登州府。那裡正值盛夏時節，瘟疫盛行，死傷不斷，實在是萬分淒慘。一班庸醫又沒有奇方妙藥能救災袪病。菩薩知道這種病是因為正氣虧耗，被外邪侵襲所致，只有藿香能治療。祂便進山採藥，變為一個賣藥的老頭，肩揹藥囊，在集市上賣藥。

那邊的百姓，一開始見了這個外來的人，沒有一個敢嘗試吃他的藥，後來有一班貧苦無錢的人聽說他肯施診給藥，漸漸便有人來求治。果然是藥到病除，大家這才注意到他，紛紛前來求治。在二、三個月時間裡，不知救活了多少生靈。直到疫氣全消，菩薩才在智林寺優曇禪師面前顯化寶相，傳授他藿香治疫的靈方。後來，優曇禪師向大家宣傳了之後，大家才知道是菩薩慈悲。於是一班受恩惠的人，各自捐錢建起觀音庵，塑起觀音菩薩法像，虔誠供養了起來。但是所塑法像的面目打扮，雖和別的地方相同，但手中卻並非捧著淨瓶楊柳，卻是拈著一棵藥草，這也是指當地人不忘報恩的意思。既然受了藥草的恩惠，就請菩薩拈著藥草做個紀念吧，這就是世人稱道的「施藥觀音」。

後世，病人在危急、毫無辦法的時候，往往會到觀音堂去求籤問藥，實在也是淵源於此呀！

---

**千手千眼觀音**
石刻線畫（原作遺失）／清代

複雜如無數光芒的手，自觀音的後方伸出，指向宇宙萬物。菩薩座前，蓮花盛開，善財童子合掌參拜，龍女捧珠侍候，金剛與韋馱等佛教護法人物在兩邊聽候調遣。這是很傳統的佛教曼陀羅構圖，精美絢爛，具神祕主義美感。此作原為乾隆年間的石刻，距今已有兩百多年歷史，曾矗立在北京西直門彌勒院。抗日戰爭時還有人見過此石刻，1949年中共建國後，北京城牆拆除，彌勒院也被改為民房住宅，石刻自此遺失不知下落。

觀音菩薩的故事：止貢消疫

# 30 拒寇現身

忽然海面風浪大作,將他們的一條小船吹得上下不定,幾乎要翻過去,幾個東夷人嚇得魂飛魄散,不知所措。

觀音菩薩在登州府施藥救人,滅了瘟疫,當地百姓經優曇法師宣傳之後,知道是菩薩顯化救世,於是大家都捐資建造觀音庵,塑造施藥觀音供養著。菩薩便隱身在這裡歇息,閒暇的時候經常出入民間,點化有緣的人。

那一天,心中忽然有些感應,菩薩便施出天眼,四下一看,就明白了一切。暗想:原來是東夷鬼子在那裡搞花樣,倒不可不去走一趟!於是一路向浙江地界走去。

原來有一班東夷國人到中土遊歷,聽說了五台山的勝境,便先到那邊去玩賞。那五台山佛寺眾多,全都規模宏大,所有佛像不是以寶石雕成,就是由白玉琢就,莊嚴燦爛,五色繽紛。東夷

**十三觀音** 大足石刻雕塑／宋代／四川重慶

正面的主觀音做「遊戲坐」,男相而女妝,冠冕尤其絢麗;身邊有十三尊觀音像,是少見的十二分身,一邊六尊,都是女性模樣,面如滿月,俊秀沉穩。觀音有很多分身,一般有六觀音、七觀音、八觀音、十五觀音,和三十三觀音、三十三應化身等。十二觀音的雕塑很罕見,僅見於四川重慶的大足石刻。

人生性狡猾，看到這麼多珍寶，動了覬覦之心。

他們見法華寺中，有尊觀音菩薩的法像是以整塊白玉琢成，手中捧的淨瓶、瓶中插的一朵蓮花、座下的蓮台也是白玉雕成的，而且是一整塊羊脂白玉。此像雕就得十分精細，長三尺左右，是稀世之寶。東夷人看在眼裡，貪念陡生，他們一商議，便趁寺中僧人不留意之時，偷了就走。等到寺中僧眾察覺後，那一班東夷人已逃得無影無蹤，失去的玉觀音自然也沒了著落，只好罷休。

那班東夷人自從偷得了玉觀音，一路歡天喜地逃了出來，繞道至浙江，想由此出海，回返本國。觀音菩薩就在這時受了感應，立刻動身趕來，恰好東夷人將船停在潮音洞下，準備等天一亮就開船。

於是菩薩施展法力，霎時間海面上長出萬朵蓮花，綠葉隨風舞動，完全遮住了海面，讓人辨不出東南西北。等到天亮了，東夷人解開纜繩，卻發現竟找不到去路。正在慌亂之中，忽然海面風浪大作，將他們的一條小船吹得上下不定，幾乎要翻過去，幾個東夷人嚇得魂飛魄散，不知所措。慌亂之中，有人向普陀岩上看了一眼，卻看見觀音菩薩手捧寶瓶蓮花，端端正正地站在峰巔。

**觀音菩薩** 瓷塑（無名氏）／宋代

塑像身上細膩的衣物縐摺幾乎被雕成了鋒利的刀片。觀音的寧靜氣息，就像一名居住在鄉下的母親，親切中帶點冷漠。塑像頭上的冠冕幾乎是一座廟宇的頂，展現出祂的高貴。這尊瓷塑年代久遠，主要以青色與赭石色塗染，不似一般佛教雕塑那樣絢麗多彩，十分樸素美觀，恰恰表現了佛學中的「無色相」哲學。

東夷人這時才知道是菩薩在施展法力，於是狂拜哀求，願將從五台山偷來的觀音菩薩玉像留在潮音洞中，讓這裡的百姓瞻禮膜拜。禱告一番之後，頓時風平浪靜，海面上的蓮花也不見了。東夷人將玉觀音像送到潮音洞中，然後開船遠去，離開了東土大唐。

當時菩薩顯化的時候，正好有個姓張的人親眼看見了這件事，便傳揚出去。那姓張之人又募化了一些資金，將自己的房屋改建為觀音庵，供奉觀音玉像，自己也皈依佛祖了。

遠近的人聽說了這樣的奇事，都來瞻禮膜拜，而因為這尊觀音玉像不肯跟隨東夷人，所以世人稱她為「不肯去觀音」，但其實仍是持蓮觀音的寶相。那裡的海面，也因觀音菩薩以蓮花阻止夷船，所以稱蓮花洋。普陀山直到現在，仍是江浙一帶佛教最昌盛的地方，有小西天一說。善人善地，所以菩薩肯將這尊法像留在這裡。

再說唐朝末年，天下動亂，李克用等人殘暴不仁，弄得生靈塗炭，民怨極深。浙江臨安有個人叫錢繆，雖是個尋常的小人物，但生就一副忠肝義膽，練得一身好武功，看了當時的情形，心中憤憤不平，他於是召集鄉勇，自己組織了一支軍隊，而且屢建奇功，安定了浙江等地。

不過，在他起兵之前，雖有保衛家鄉的念頭，但由於糧草兵器不易得到，又怕被安上一個作亂犯上的罪名，會給錢氏蒙羞，所以他對起兵的事遲遲不敢下決定。

有一天，他夢見觀音菩薩對他說：「錢繆，錢繆，你不要再躊躇不前。你既有保衛鄉土的意願，拯救黎民的心志，這就是一片善念。老天保佑善信的人，就算是身經百戰也不會落敗，你快些起兵吧！」錢繆便將種種困難告訴了菩薩。

菩薩說：「你不要畏懼退縮，要知道，千般手眼，只在一人。你如果不信，就跟我來。」

錢繆只覺眼前金光一閃，菩薩現出千手千眼的丈六金身對他說：「錢繆啊，你要知道，眾人要有千般手眼，才做得了千秋事業。你不要遲疑不決，儘管放膽去做，東南地界的無數生靈，都繫在你一個人身上。二十年後，你可以來天竺山中找我。」

錢繆一夢醒來大吃一驚，暗想：既然是菩薩指點我，一定不會錯的。便決定起兵，一面召集大眾百姓，告訴他們菩薩示夢的情形，一面命人畫了一幅千手千眼觀音菩薩的法像，懸掛在家中，早晚焚香禮拜，虔誠供養。

投奔他的人，聽說觀音菩薩暗中護佑，自然便心寬膽壯，創下百戰百勝的奇功。只因生出這樣的念頭，果然保障了東南半壁江山，錢繆也由杭州太守當到吳越王，名垂千古。

二十年後，他記起菩薩要他去天

竺禮佛的那番話，便向天竺山中去了。尋到天竺山，只見一個僧人端坐在石頭上，手中拿著一本經卷，在那裡專心翻看。錢鏐只當是菩薩化身，便倒身下拜，口稱：「弟子遵從菩薩吩咐，才取得了今天的功績，現在東南已經沒有什麼大事了，局勢基本穩定，弟子也厭倦了榮華富貴，還望菩薩慈悲收入門牆。」

僧人急忙還禮：「大王不要認錯了，貧僧法號一空，因為要前去潮音洞禮佛，路過這裡，幸運遇見了菩薩，當時卻不知道，只見一位僧人坐在這裡看經卷，貧僧就向他請教。他說因為與貧僧有緣，願將這《大悲心陀羅尼》、《大悲經》各一卷傳授給貧僧，並說今天大王要到這裡來，要貧僧在這裡等

**千手千身觀音**　雕塑／日本京都蓮華王院本堂藏

位在日本京都的蓮華王院，藏有罕見的千手千身觀音像。此觀音像不僅確實有一千隻持法器的手，而且還有一千個分身，分別立在院內的三十三間堂屋裡（比喻三十三分身）。所有塑像都以金屬製作，光輝四射，手印變幻無窮，形成一股巨大氣勢，好像將所有觀音的傳說都統合成了一人神祇，而妙善公主的事跡也融匯其中。其實，有關妙善公主的傳說來自一本名叫《香山寶卷》的書，經過宋末女畫家管道升的改寫，又經清末曼陀羅室主人的編輯，才有了現在的詳細故事，其中很多情節是後人不斷演繹增加的，並非歷史上確有其事。

## 觀音菩薩的故事：拒寇現身

**不肯去觀音院**
攝影 / 近代

五代十國時期，日本僧人慧萼渡海來到中國的五台山，請得一尊觀音像，準備帶回日本。在經過舟山群島海面時，因颶風不斷，航行失敗。他認為是因為觀音菩薩不願東渡，於是便在當地修建了一座寺院，名為「不肯去觀音院」。此寺院位於舟山群島的潮音洞邊，後來此洞所在的島稱為普陀山，成為觀音菩薩在中土的主要道場。

候，如果遇見大王，就幫著順便傳話：『現在大王功成名就，深受百姓愛戴，更應該宣揚佛法，那樣收效必然宏大。勸大王多積些功德，將來機緣到了，再來度化。』貧僧到那時才知遇到菩薩了，禮拜一番之後，菩薩隱身而去。所以，貧僧就在這裡等候大王。」

錢鏐說：「既然是這樣，正是我們緣法所至。菩薩在這裡點化，想必這裡是個寶地，我想在這裡造一座看經庵，就請大師主持一切，不知大師您意下如何？」

一空和尚連聲稱善，於是這位吳越王錢鏐就撥了一筆資金，由一空招工雇匠，在天竺山大興土木，建造了一座美輪美奐的看經庵，所塑的觀音菩薩就是盤坐看經的樣子，座下的蓮台就是以菩薩坐過的那塊白石雕琢而成。從此，世間又有了「持經觀音」法像。那座看經庵則由一空和尚住持。

吳越王自從聽了一空和尚轉述菩薩法諭之後，除了建造這座看經庵，還到處興修寺院，廣宣佛教宗意，大江東西大大小小好幾百間寺院，都是錢鏐一人興建的。

吳越地界的百姓，因為受到錢鏐的保護，得以平安度日，對他的愛戴之心自不在話下，而錢鏐既然信仰佛教，百姓們也自然跟隨回應，於是大家都成了佛國的信徒。這種風氣一直流傳到現

觀音菩薩的故事：拒寇現身

在，蘇杭一帶的百姓，信佛的人也比別處多得多。外地的人，都知道有「上有天堂，下有蘇杭」這句話，把蘇杭當做佛國了。

菩薩自從點化了吳越王錢鏐之後，隨處幻化成各種人物，在民間遊歷，指點迷途，拯拔苦難，遊行自在，但世間的人卻都不知道。

一天來到九華山下，菩薩抬頭觀看，覺得這座山生得清秀怡人，上面有九個山峰，雖然高低參差，但都與蓮花相像，九個峰如同在天空綻放的九朵蓮花一般。山中的寺院也不少，菩薩這時就變做行腳和尚的模樣，一路上山，想前去指點僧人，留些顯跡。

走到一個山坳裡，忽然聽見有人在那裡念《多心經》，菩薩循聲走過去一看，卻是一名西域僧人。

**三彩觀音像**
雕塑（無名氏）/ 明代

這尊觀音像僅用了三種顏色，但絢麗多姿和底座的複雜線條，卻並不遜於任何唐卡或曼陀羅藝術品。這是明代嘉靖年間的作品，在民窯燒製而成，粗線條的輪廓比傳統的青瓷更顯豪放大氣。三彩藝術在唐朝達到鼎盛，明嘉靖時略有復興，後來逐漸失傳。

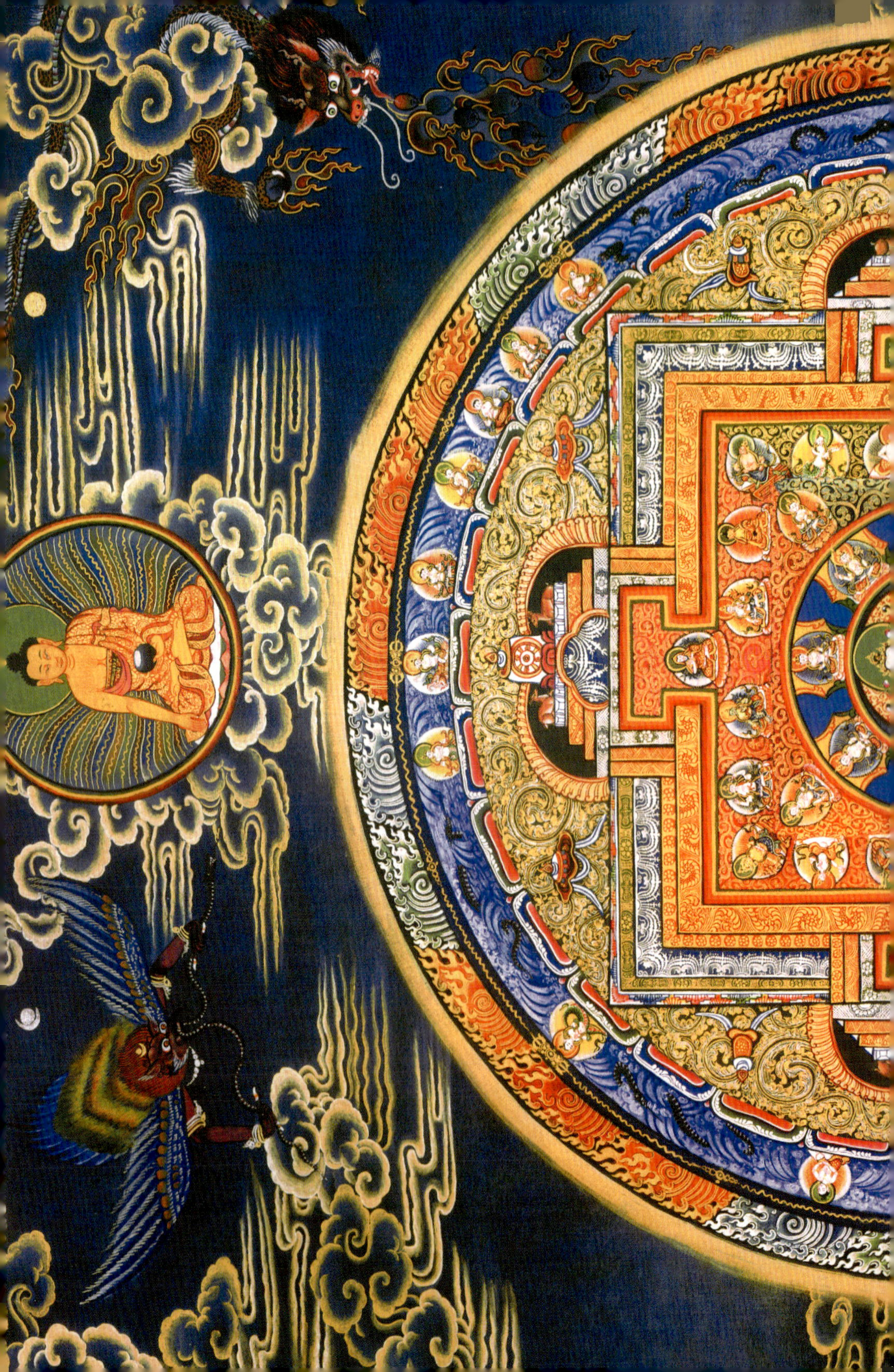

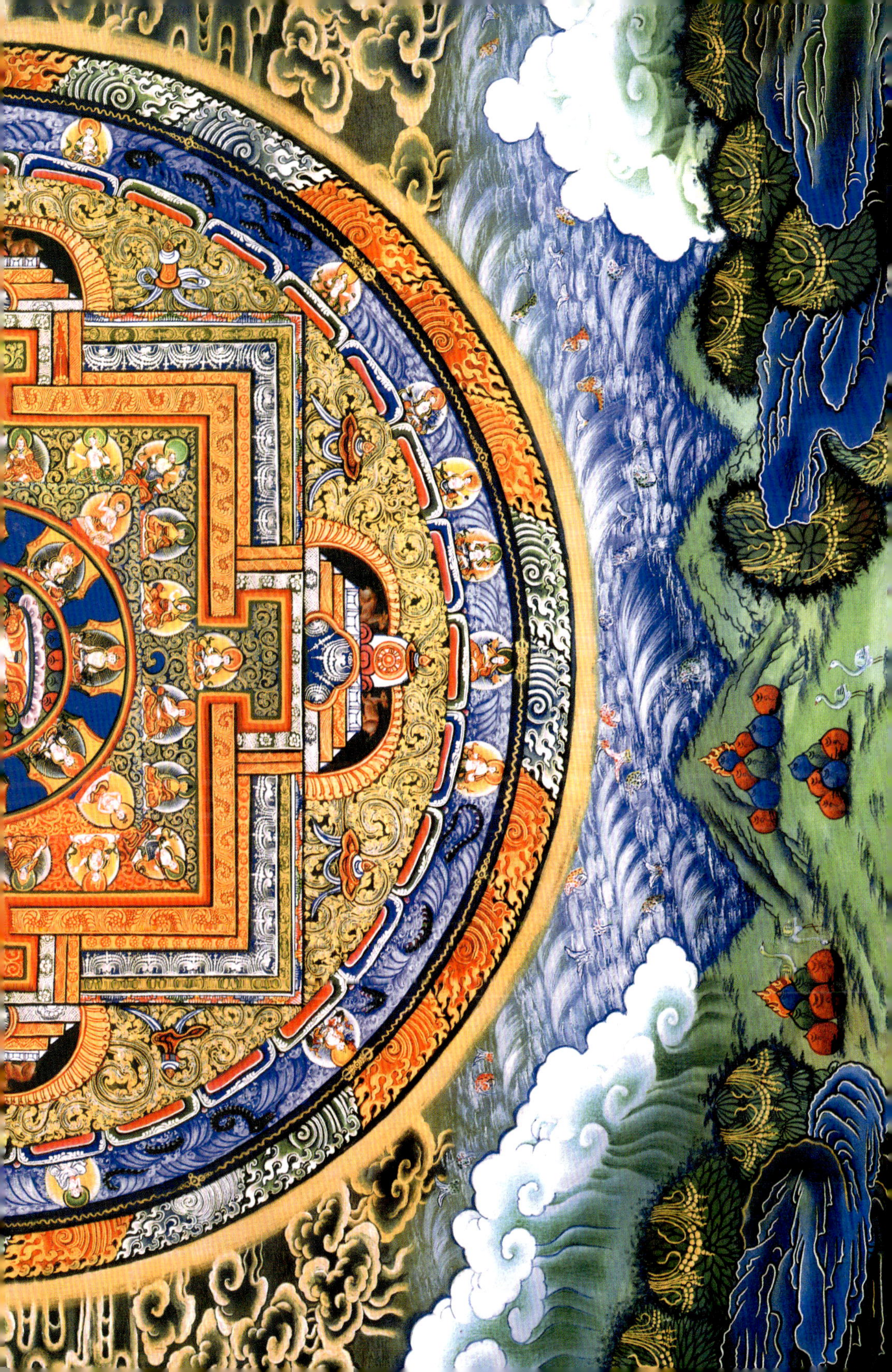

# 31 點化番僧

> 菩薩具有廣大的神通，什麼寶相都可以幻化，貧僧從今天起，發願化緣，要塑全了這六尊觀音菩薩的法像，也好讓後世的人景仰菩薩的莊嚴。

觀音菩薩來到九華山蓮花峰的山腰，忽然聽見有人在那裡朗誦《多心經》，便循聲走過去，抬眼一看，原來是一個來自西域的僧人，面壁而坐，在那裡虔誠地誦讀經文。

你知道這個和尚是誰嗎？說起來也是個大有來頭的人。他原是尉賓國的王子，因為生具慧根，自幼就拋棄了無比奢華的生活，遁入空門，一心研求佛家奧旨，到如今早已是道行精深，博通大乘佛教的精華了。

他自取法號為「求那跋陀」，立下宏願，誓要將西方大乘教義的精髓傳入中原地方，因此一路東遊，意圖向大眾黎民宣講《華嚴經》的宗旨。

可是與上次的沙門跋陀一樣，因與中原人士的言語不通，講解經文時無法讓大眾明白其中的奧妙，因此他心裡十分懊喪，只恨自己修行不深。於是隱居在九華山蓮花峰一個石洞中，面壁思過，不斷誦讀著《多心經》，希望感動菩薩，為他指點迷津。

正巧菩薩今天剛好從此地經過，聽他誦經，知道他的意思。菩薩暗想：難得這求那跋陀有這種濟世宏願，如果今天我不來點化他，還有什麼人能點化他呢？於是，便將法身一隱，暗中幻化成其他法像去指點他。

**度母** 雕塑／元代（13～14世紀）／西藏拉薩布達拉宮藏

這尊紅色的度母僅高四十五公分，是元代的精品。13世紀，由於蒙古帝國的崛起和擴張，中國戰亂頻繁，民眾十分依賴宗教的安慰，於是大量的佛教徽像在民間流行，其中度母是十分常見的一種。度母，即北方人所謂的「多羅觀音」，共有二十一種。還有一種是「八難度母」，指能救人於獅子、大象、蟒蛇、水災、火災、盜賊、監獄等苦難的觀音，多見於藏南一帶。度母為密宗的本尊天女，在兵荒馬亂的元代尤其受到崇拜。紅色的度母慈祥而安寧，如印度的舞女，又如早年的妙善公主。藏語「布達拉」相當於漢語中的「普陀」，都是梵文的音譯。西藏拉薩布達拉宮，正如漢地的普陀山，都是觀音的道場。可見，觀音不僅受到漢族佛教徒的信仰，也是藏傳佛教的主要崇拜對象之一。

觀音菩薩的故事：點化番僧

那天夜裡，求那跋陀入定後，忽然發現石壁上出現了一片光華，隔了一會兒，光華之中湧出了一朵蓮花，蓮花中間是觀音菩薩的法相，菩薩頭上有一匹寶馬。求那跋陀便將自己傳經受挫的事訴說一遍，請菩薩發慈悲指點自己。菩薩只是含笑不語，然而那匹寶馬卻奮發四蹄，在寰宇之中奔跑。求那跋陀這時恍然大悟，明白菩薩是在告訴自己：要懂得中原地方的語言，必須要周遊中土各地，用心學習才行。他領悟之後，石上的幻影就不見了。

求那跋陀第二天就離開了九華山，到處雲遊。九年之後，所有中原人士的語言他無所不通。當他重回九華山宣講《華嚴經》時，果然人人都能瞭解佛法深意。求那跋陀在當年面壁的地方，建了一座尼姑庵，塑觀音像供奉。那一尊觀音菩薩法像，其他地方與平常的一樣，只是頭上多了一匹寶馬，因此凡人便稱之為「馬頭觀音」，也稱「馬頭明王」，後世的人尊其為畜牲道的教主。

自從這一尊法像不同的觀音塑成之後，善良的百姓都有些疑惑，他們認為好好一尊觀音菩薩，為什麼頭上卻多添一匹馬，將畜生放在上位，那不是褻瀆了菩薩？於是大家趁求那跋陀講經說法的閒餘空檔，向他請教這其中來歷。

**觀音大士** 水墨國畫（丁雲鵬繪）／明代

如山峰般鼓起的怪石好似奇異的禪夢，將觀音的精神盡顯其中。竹林婆娑，苦海無邊，菩薩正嚴肅地思考著大千世界的奧祕，面容慘澹，透露出苦行僧的聖潔。「大士」是梵語「菩提薩」的意譯，也就是「覺有情」，或者「發大心願的人」。丁雲鵬善用幹筆，筆下山石肌理稠密，呈螺旋狀，與觀音潔淨的皮膚形成強烈對比，予人印象深刻。

觀音菩薩的故事：點化番僧

求那跋陀先將觀音點化的事告訴大家，然後說：「佛家分六道輪迴，即：地獄道、餓鬼道、畜牲道、阿修羅道、人道、天道。觀音菩薩本著大慈大悲的佛心，救苦救難的宗旨，也分六種法像。大悲觀世音能抵禦『地獄道』的三重魔障，解救深陷其中的疾苦之人，所以現化為大悲法像，世人傳說的千手觀音就是大悲法像代表。大慈觀世音能抵禦『餓鬼道』的三重魔障，解救淪落其中的饑渴之人，所以現化為大慈像，世人傳說的聖觀音就是大慈法像的代表。獅子無畏觀音能抵禦『畜牲道』的三重魔障，消除獸類帶給人的痛苦，所以現化為大無畏像，馬頭觀音是為代表法像。大光普照觀世音能抵禦『阿修羅道』的三重魔障，化解它帶給人的猜疑妒忌之心，所以現化為普照像，世人傳說的十一面觀音是為代表。天人丈夫觀世音能抵禦『人道』的三重魔障，人道雖然能講世間道理，但其中的人都驕慢輕狂，所以要現化成天人丈夫像，世人傳說的准提觀音是為代表法像。大梵深遠觀世音能抵禦『天道』的三重魔障，梵是天王，標王得臣，世人傳說的如意輪觀音就是代表。

「而所謂的三重魔障，就是惑障、業障、苦障三樣。觀音菩薩既然各主

### 十一面觀音
雕塑／明代（14～16世紀）／西藏昌都地區丁青縣金卡寺藏

這尊十一面觀音有八臂，神情靜穆，上身赤裸。十一面觀音是天台宗六觀音之一，又名「大光普照」，一般是四臂，八臂的很少見。不過，從四臂到千手，都是佛法無所不能的象徵，自妙善斷手救父的傳說發展而來。這尊觀音不但是銅鑄鎦金材質，而且鑲嵌了名貴的寶石，是金卡寺的鎮寺之寶。

一道，寶相也就因此不同了。這尊馬頭觀音在六像中還不算異像。像十一面觀音，共有十一副面孔，正對著的三面作菩薩面，左邊三面作嗔面，右邊三面作菩薩面，後邊一面作大笑面，頭上一面作佛面，各不相同。

「又如准提觀音,一個身體十八條手臂,臉上有三隻眼睛。最上面的兩隻手作說法的樣子,右邊的第二隻手表示無畏,第三隻手拿著一把劍,第四隻手拿著佛珠,第五手拿著微若布羅迦果,第六隻手拿著鉞斧,第七隻手拿著鉤,第八隻手拿著跋折羅,第九隻手拏寶鬘;左邊的第二隻手拿著如意,第三手拿著蓮花,第四隻手拿著罐,第五手拿著索,第六隻手拿著輪,第七隻手拿著螺,第八隻手拿著賢瓶,第九隻手拿著《般若波羅密經》的盒子。七寶莊嚴,又是一副不同的法像。

　　「至於如意輪觀音,六臂金身,頂髻寶莊嚴冠,坐自在王,作說法的寶像。第一隻手表示思維,是憫念有情的意思;第二隻手拿著如意,表示能滿足天下眾生的願望;第三隻手拿著佛珠,表示度解倉生的苦難;左邊第一隻手按在光明山上,表示成就無傾動;第二隻手拿著蓮花,表示能除淨一切不合佛法的物事;第三隻手拿著輪,表示能轉無上法。這又是一副寶像。

　　「世俗的人見識不多,所以看到了這尊馬頭觀音就以為是異像,殊不知菩薩神通廣大,什麼寶像都可以幻化,異像更多著呢!貧僧從今天起,發願化緣,要塑全了這六尊觀音菩薩的法像,也好讓後世的人景仰菩薩的莊嚴。」

　　聽了他這一席話,大家都恍然大悟,紛紛捐送錢財,不足的部分再由求那跋陀到民間去化緣募集,好完成建造這六尊觀音法相的工程。

　　我在這裡有幾句話要交代一下。佛教的主旨,不外乎警世與勸善兩大道理。至於菩薩是不是曾以這些寶像示世,佛家雖是這樣說,我們也不必斤斤計較祂的有無。菩薩所現化的善像,那就是勸善的意思;所現化的畏懼像,那就是警世的意思。菩薩不必真有此像,說的人不妨這樣說,塑像的人不妨這樣塑,這樣說和塑的人,就都算得上具有菩薩心腸了。

　　例如,憑我們的眼力是無法分辨微小沙塵的,但這不代表沙塵不存在,只是我們的眼力不足以看清楚而已。所以說,大家不能因為沒見過菩薩這樣那樣的寶像,就將祂視做異像。我們只要接受了菩薩勸善和警世的苦心,那麼任憑菩薩現化成怎樣的寶像,祂仍是菩薩。祂所說的「善知識」三字,大家應該細心地去體會呀!

　　再說當時菩薩的真身,早已離開了九華山,又轉向河南地界而來。那邊本是歷代帝王的國都所在地,一直被稱做洞天福地,不料近來受了刀兵之災,弄

得百姓顛沛流離,家破人亡。

原來,作亂的人名叫李全,他們夫妻二人,各使一條渾鐵大槍,勇猛無比,號稱「李氏梨花槍,天下比無雙」。所率的軍馬也著實不少,帶兵打仗猶如洪水決堤,勢如破竹,無人能阻。直到近日他的大軍到了登封縣地界,方才歇馬駐營,沒再長驅直入。

你知道為什麼?原來登封縣的西面有座少室山,山上有座少林寺,是達摩禪師所開創的。少林寺以武功聞名天下,全寺僧眾個個精於拳腳槍棒,且都是獨家祕傳的功夫,變化神奇,不可揣摩。李全雖勇武,但也顧忌少林寺的威名,不敢去惹他們。他打算設法招降少林僧侶,另編一支和尚軍,做為自己親率的部隊,那時他就能夠橫行天下了。

他打好了這麼一個主意,因此暫時按兵不動,寫了一封書信派人送到少林寺,大意不外乎「如果受降,就可以共用富貴;如果不願意受降,就要興兵攻打少林,大家玉石俱焚」等話。

少林寺的住持,是一位有道高僧,即便寺中一般的弟子,也都決意修行,斷絕塵緣,所以一口就回絕了。送信的人回營告訴李全。可他仍不死心,又派人帶著金銀財寶前去誘降,不料和尚們仍舊付之一笑,不為所動。最後,李全大怒,又派人威脅,限少林寺三天之內率眾歸降,否則就要圍攻少林寺。住持見他一直糾纏不清,十分討厭,就把傳信人的兩隻耳朵割了,攆出山門,這一來就埋了禍根。

### 十一面觀音
雕塑/元代/西藏昌都地區八宿縣八宿寺藏

這是很常見的十一面觀音,又稱「大光普照觀音」,分上下五層,下三層各有三面,都是很典型的菩薩面相,然後依次往上為:和藹慈悲相、悲哀相、微笑相、明王相,頂部還有無量壽佛像,都是對各種苦難的應對。所有的觀音重疊在一起,抽象而荒誕,但又蔚然奇觀。八隻胳膊分結不同手印,以普度眾生。佛教十分重視重疊和複數的象徵意義:恆河沙數、劫、阿僧祇、千手、分身、化身、面相、羅漢等等,都是對眾生無常、輪迴無盡的比喻。這就像古希臘神話中的薛西弗斯不斷推著石頭上山那樣,以證實生命的真義。所有的重疊,都是遠古人類克服死亡恐懼和體悟終極真理的工具,正如妙善公主在面對死亡時的迷惑一樣。無論科學發展到什麼地步,肉體存亡永遠是人類的迷宮。同時,十一面也是對觀音神力的比喻,唐朝高僧玄奘所翻譯的《十一面經咒》中就說:「我有神咒心,名十一面,具大威力。」

# 市集寶鏡 32

那一班做過惡業的人，由於照鏡子看見了來生受苦的情形，也都覺悟反省，從此改過自新，這地方的民風也受此感化，淳良了不少。

那人一路抱頭鼠竄，逃回營中，將住持的話原原本本告訴了李全。李全勃然大怒，馬上傳令進兵圍山。附近百姓恐受魚池之殃，扶老攜幼四處躲避。觀音菩薩見此情形，暗想：佛門是清靜之地，怎能讓這班人去滋擾生事。少林僧眾雖然擅長武功，但終究是眾寡懸殊，恐怕難以抵禦，我得去助他們一臂之力。

於是菩薩幻化成一個行腳僧人，赤著雙腳，一路往少林寺而去。到了寺裡，照慣例拜了佛祖，參見了執事眾僧，掛單小住。正好廚房缺少一個燒火的和尚，執事的師父就命菩薩去充數。

這樣一住二、三天，李全正在攻打山頭，情況十分緊急。全寺僧眾雖然同心協力守禦，到底還是寡不敵眾，漸漸有些支持不住了。

菩薩思量：此時不出手，更待何時？便抽了一根鐵棍在手，大吼一聲，衝下山去，揮動寶棍殺入李全軍中，遠

**蓮花**　壁畫／明代／北京法海寺藏

蓮花是觀音最後寶座的象徵，稱為「蓮座」。但實際上，蓮花在佛教中也象徵女性生殖器，與「金剛」相對。《金剛經》中就有「金剛部入蓮花部，乃大樂事」的記載。不過，在中國本土文化中，人們認為蓮花出淤泥而不染，是高潔的象徵。觀音本來是男身，卻坐在蓮花座上，這也是對佛教超越色相、性別的比喻。

遠望去，只見棍頭落處，人翻馬仰，如風捲殘雲一般。李全舞著鐵槍上前交手，不出三個回合，被菩薩一棍打下馬去，遭亂軍踐踏而死。李全的妻子，戰敗後仰天長歎：「四十年梨花槍，天下無敵，想不到今天卻輸在一個和尚的手裡，還有什麼面目見人呢？」說完掉轉槍頭刺喉自盡。剩下的一班隨從，也是死的死、傷的傷，餘部大敗後四散奔逃而去。菩薩一個縱身跳到嵩山的禦寨頂上，現出大威猛的寶像。少林僧眾才知道是菩薩顯化，都拜倒稱謝。隨後就將大威猛的寶相塑成金身，另蓋了座觀音殿供奉，這就是「阿摩提觀音」，怒目嗔容，手執寶棍，相貌很是可怕，與別處供養的菩薩寶相大不相同。

菩薩雖殺敗了李全大軍，還恐怕他們變成散匪爲害民間。於是化做一個老婦模樣，拿著一只錦盒，盒中放著一面青銅寶鏡，到洛陽街市上叫賣，引來一班人上前問她價錢。

菩薩說：「我這面鏡子是一件稀世寶物，要實實的賣一千兩紋銀。多一文也不要，少一文也不賣，要是失去今天這個機會，往後就是出十萬、八萬兩銀子也買不到呢！」

一名好事的青年插嘴：「小小一面銅鏡卻要這麼多錢，究竟有什麼值錢的地方？你先說說看。」

菩薩說：「我這面鏡子好處正多呢！第一是能照見人心的善惡；第二是能現出人以往的所作所爲，絲毫不差。有這兩樣好處，難道還不值一千兩銀子嗎？」

少年說：「老奶奶，你不要瞎說了，世界上哪有這樣的寶物？叫人怎麼相信呀，不知道肯不肯讓我試照？」

菩薩說：「這倒也可以，只是借照一下，要給我二、三文錢。」

少年真的摸了三文錢給菩薩，菩薩便從盒中取出銅鏡，拿在手裡，向少年說：「照的時候一定要聚精會神，不要胡思亂想，才照得出真形。」

少年對著鏡子照了大約抽一桿煙的工夫，果然見到鏡中現出的一切景象，都是自己已往的作爲，最後墮入畜牲道中，投生爲一條母狗。他看後不覺心驚膽戰，可是別人從後方看去，仍舊是一面空洞洞的鏡子，裡面什麼也沒有。

菩薩將鏡子收好，問他：「照得還滿意吧，三文錢值不值？」少年揮汗如雨、臉色死灰，說道：「好、好、好！值、值、值！」

旁人見了他如此神情，爭著問他所以然來。少年哪肯說出實情，在大眾面前獻醜？只向眾人說：「大家也不用問

**西方三聖觀音** 版畫／明代

此圖為紙面印刷的《西方三聖》版畫殘本。「西方三聖」就是阿彌陀佛、觀音菩薩和大勢至菩薩的總稱。現殘存的畫像，左為阿彌陀佛，右為觀音菩薩，畫面精美，線條細膩流暢。阿彌陀佛雙耳頎長，身披袈裟，盤腿跏趺坐於蓮台上。觀音菩薩慈眉善目，雍容華貴，一手執白玉淨瓶，一手執楊柳枝，將甘露灑向人間。眾菩薩或念經、或執寶幢，圍繞左右。

這麼一來，看熱鬧的人越來越多，風聲一傳開，圍觀者眾，菩薩卻只向眾人含笑不語，從早到晚足足照了三千多人。這裡面照了憂愁懊喪的要占十分之九，喜悅愉快的不過十分之一。

這時菩薩向眾人說：「這樣的寶物，只賣一千兩銀子，卻只有要照鏡的人，沒有買鏡的人，可見這裡沒有識貨的人，天色不早，我要走了。」

說完，便將銅鏡放在盒子裡，站起身來，揮了揮衣上的灰塵，抬起頭時，法像卻又換了。壞人的眼裡，老奶奶頓時變成凶神惡煞的模樣，看了讓人膽戰心驚；在平常人眼裡，或作嗔怒狀，或作忿恨狀，也足以令人感到寒心了；只有在善人眼裡，卻是慈眉善目的一位觀音菩薩。

其中一班人受了驚嚇紛紛逃走，一陣騷亂之中，老奶奶已不見了。大家知道這是菩薩來點化他們，於是各述所

我，要是覺得有意思，不妨自己花三文錢，也照一照，包管滿意。」

一幫好事的人，聽了少年的話，爭著要試這新鮮的玩意兒，你也出三文，我也出三文，輪流試照。沒照過的爭先恐後，照過的不是哭喪著臉，便是神色黯淡，滿臉失望，好一些人也是一臉驚異的神情。大家你看著我，我看著你，口裡雖不說，彼此卻是心照不宣了。

見，大概商定了三副面目，一副是慈眉善目的菩薩面孔，一副是作大怒狀的面孔，一副是微微含怒的面孔。其中有幾個老人還說，菩薩把剛才每人所付的照鏡錢留在這裡，大家應該拿這些錢在原處建庵塑像。於是這一尊法像也分為三面。正面是菩薩面孔，左廂是作大怒狀的面孔，右廂是微微含怒的面孔，手持寶鏡，俗稱「三面觀音」，其實也就是「遊戲三昧觀世音」啊！

那一班做過惡業的人，由於照鏡子看見了來生受苦的情形，也都覺悟反省，從此改過自新，這地方的民風也受此感化，淳良了不少。

菩薩自洛陽現法像後，一路雲遊，不一日來到江北地方。只見那邊的民眾不知禮數，只是貪念財物，唯利是圖，為盜為娼都心甘情願。因此姦淫擄掠不絕，民風強悍凶惡，連國家的法律都治不了他們。

菩薩為了點化他們，於是變成一個肥頭大耳的和尚，戴著無數的金銀珠寶一路前行，這班貪得無厭的人看在眼裡，便生了覬覦之心，立刻結黨呼群，將他攔住：「你是哪裡的和尚，大膽來這裡。出家人怎麼會有這麼多寶物，敢情是搶劫來的。快快獻出來，放你一條生路，要不然休想活命。」

菩薩說：「我並沒有什麼寶物呀，也不知這世界上什麼叫寶物，只以為向善修心，才是寶物。」

眾人說：「你胡說，你身上的金珠翠玉還不算是寶物嗎？快獻上來。」

菩薩說：「你們指的就是這些東西嗎？我正嫌它累贅呢！」於是就將身上的寶物取下，放在地上說：「你們喜歡只管拿去！」眾人一哄而上，七手八腳地拿著，爭著撿值錢的搶奪，轉眼間就搶了個乾淨，只留下一串婆羅子的佛珠沒人要，丟在地上。

菩薩撿起佛珠，拿在手裡，含笑對眾人說：「沒用的東西，倒全被拿去了，怎麼這一串寶珠卻沒人問津呢？可見這裡的百姓，生來沒有善根呀。」

大家誰也不去管他，各自拿了東西到市集裡去變賣。不料，那些寶物一件件都變作飛灰，隨風吹散，一時間蹤影全無。這些人不覺都疑神疑鬼起來。

### 四十八臂觀音
版畫（智開繪）／清代／中國南京博物院藏

此圖的天女形象已非唐朝的仕女，而是清代的少女閨秀。四十八臂觀音往往和十一面觀音相融合，更顯形容絢麗、法力無窮，神聖不可侵犯。這幅版畫是清朝光緒年間一位名為智開的和尚所畫，他默默無聞，名不見經傳，只是按照《造像度量經》上的說明，描繪出心中的觀音形象，他的觀音造像異常傳神，筆法令人目眩，不亞於隋唐大家和敦煌先驅。

觀音菩薩的故事：市集寶鏡

# 33 託夢庇護

潘和恍然大悟，知道託夢給他的就是觀音菩薩，於是請了有名的畫家描繪夢中見到的白衣人模樣，在懷中又加上一個小孩，稱為「白衣送子觀音」，供奉在家中。

在一番商議之後，大家看到和尚還沒走遠，便去找他說話。於是結伴追趕，一直追到慈雲寺，果然看見和尚在此掛單，於是都惡狠狠地質問他。

菩薩含笑說：「我所有的東西，剛才都被各位拿去了，只留下一串佛珠、一只缽盂給我。現在為什麼又來找我呀？」

眾人說：「你那些寶物，我們拿去後馬上就變成了灰塵，一定是你這和尚用的法術。所以特地找你討回，快快拿出來。」

菩薩說：「原來是這樣，我早就說過那些東西並不是寶物，是你們自己一定要當它們是寶物。現在我的話應驗了，卻又說我作了法，回來向我要第二次，這讓我從哪裡找給你們呢？就算你們一定要，依然還是那句話，要知道貧富各安天命，要是用強力搶來的，一定享受不了。我看你們還是醒悟、醒悟吧！」

大家聽了哪裡肯罷休，都說：「這和尚如此刁滑，非要給他些厲害嘗嘗，不然絕不肯拿出來的。」

於是眾人從四面圍攻，直打得手痠腳軟，只好住手，定睛一看，卻見是一段木頭放在地上。眾人大吃一驚。原來這段香梨木，正是寺中重金買來、準備雕刻佛像用的。觀音菩薩與此木有緣法，特移來做自己的替身。眾人之中，有人認得字，看見木頭上隱約現出「多寶觀音菩薩」六個字，這時大家才知道那和尚是菩薩的化身，當時倒也深悔魯莽，紛紛散去。

寺中和尚就將那段香梨木雕成多寶觀音法像，一個身體、四張面孔、十八隻手臂，每隻手各拿著一件寶物，與准提觀音像差不多。寺內僧人想賦予法像多寶的意思，所以仿照准提像而雕刻。其實，這並不是菩薩當時現化，所帶有的意義。

自從慈雲寺雕了這尊多寶觀音供奉之後，深信菩薩能保佑賜福的鄉民，紛紛前來上香求告。這本是菩薩的原意，要使他們一心向佛，不做越軌的事。不料，那裡的人的確沒有善根。他們不明白菩薩的意旨，一味求禱想的只是方便自己。

起初他們求財求福，倒也情有可原；可後來，他們無論什麼事都要到菩薩面前占卜祈禱，連妓院鴇兒也來燒香，叩求菩薩保佑她們生意興隆；小偷

兒也來許願，求菩薩保佑他順風得利；還有那些癡男怨女，也暗中請求菩薩替他們撮合；野鴛鴦也來請菩薩保佑他們白頭到老……燒香之人什麼樣的都有。把一位救苦救難、大慈大悲的觀音菩薩，鬧得烏煙瘴氣，再也留存不得。

觀世音菩薩雖說是拯救一切苦難，但又哪裡管得了這麼多歪纏的瑣事？況且菩薩也不能因為受了一炷香煙，就保佑他們去做那些不法勾當呀，因此只能感歎這裡的業障太深，無法點化了。

那尊多寶觀音像手中所拿的珠幡寶幢，的確是以很有價值的寶物做成的，那班雞鳴狗盜之徒早就生了覬覦之心。他們之中有一個叫胡七的，是一個賊黨的頭目，經常犯大案，人家對他防範得緊，於是失手了幾次，潛伏了很長一段時間，弄得十分窘迫，現在看到這些寶物，立刻召集了幾個同黨商議，決定去偷多寶觀音手裡的寶貝。

一開始，眾人還有顧慮，後來胡七自告奮勇要單獨前去，只叫大家在外面把風，偷到什麼都是大家一起分，這才讓每個人都沒話說。一切安排妥當。到了晚上，果然是他一個人翻牆進了慈雲寺，索性把觀音像揹了出來，來到一個僻靜的地方，他們一起動手，把法像十八隻手裡的寶物全部取下，然後將觀

**觀音大士像**
絹本國畫（任頤繪）／清代

觀音崇拜的發展，主要依靠佛教女信眾的傳播。因為在中國上古，一般有教養的人家，是不許女性出門的。女性化的觀音成為主神之後，為婦女帶來了一絲自由，逢節到寺廟進香成為女性的權利。尤其是送子觀音，她的存在不僅深得母親們的喜愛，也得到懷著強烈傳宗接代思想男人的認可。為了生育後代、繁衍家族，他們很願意自己的妻室向神佛頂禮祈禱。任頤所繪的觀音，就是在這種意識下創作的，觀音看上去就像一名剛分娩不久的年輕媽媽，疲勞而有些浮腫，以此象徵多子多孫。

音像丟到長江裡，任祂隨波逐流而去。他們得手之後，自然歡喜萬分，分了贓物，各自散去。觀音菩薩將這一切看在眼裡，卻並未施展法力阻止他們，因為那裡確實不是久留之地。

在他們將法像丟入江中的時候，菩薩已渡江到了金陵地界，找到一位有緣法的善心人。這個人姓潘名和，是金陵的一個商人，在家開了間糧食行，生活倒也小康安逸。此人生平篤信佛教，行善積德，遠近百姓都稱他「潘好人」。他雖然一心禮佛行善，生平卻有一件缺憾，是他年近六旬，膝下只有一女，卻沒有兒子。想著盼兒子已經沒什麼希望，就打算為女兒招贅一個如意郎君，做為將來的依靠。但由於選擇的條件過於苛刻，因此高不成低不就，一直耽擱下來，到現在仍舊一點進展都沒有。

有一天，他突然做了一個怪夢，夢見有位白衣尊者對他說：「潘老兒，你明天可以到江口去等候，中午的時候，江中會有一尊四面十八臂的多寶觀音法像，由江北那面漂來，你要謹慎地打撈起法像，送到清涼山的雞鳴寺裡，重行修整供養，就會有無量的功德。那邊的石荷葉，也正好改做蓮台。」

潘和說：「小老兒一切遵照指示去辦，只是有一個疑問，小老兒年將六旬，膝下無子，不知是否還有生育的可能呀？」白衣人說：「這個好辦，我賜你一個兒子就是了。」說著從懷裡拿出一顆白色的圍棋子交給潘和，潘和正想再問白衣人的尊號，卻被她一推，就驚醒了。

到了第二天，他遵照夢中所示到江邊等候，果然撈得了多寶觀音法像，這更使他信心百倍了。於是立刻將法像送到雞鳴寺，又出錢將一片荷葉石雕成蓮花座，重塑了觀音的金身。可是那尊法像，因有些損傷無法直立，只好側臥在荷葉上，於是世人就把這尊觀音叫做「蓮臥觀音」，成了觀音菩薩的又一尊法像。

潘和這時終於恍然大悟，知道託夢給他的就是觀音菩薩，於是請了有名的畫家，描繪出自己夢中見到的白衣人模樣，在懷中又加上一個小孩，稱之為「白衣送子觀音」，供奉在家中。後來，他真的就生了一個可愛的兒子，這叫善人有後，也是他一生信佛的結果啊！潘和被觀音菩薩賜子的神遇，廣為流傳。直到現在，江南一帶凡是沒有後代的人家，都會向白衣觀音祈禱，希望能得子繁衍。

其實，潘和夢裡看見的白衣觀音，手中並未抱著孩子，給他的也只是一顆白色的圍棋子。這尊抱孩子的法像，不

過是潘和依自己心願創造出來的，一心想告訴世人，如果虔誠禮佛、篤信觀音，無後的人也會得子。所以引得後人誤會，以為觀音菩薩當時就是以這樣的法像示人。至於白衣觀音，在三十三法像中是有的，是佛門密宗胎藏界的一尊，蓮花部的部主，白衣是表示純淨的菩提心啊！今天，世人所傳誦的《白衣大悲咒》就是此尊的法門。

菩薩離開了金陵，一路來到姑蘇杭州。那時正處兵禍之後，當地百姓遭金兵慘殺的不下數十萬人，到處都是冤魂怨鬼。菩薩見此情景好生不忍，於是大發慈悲，廣施法力解除他們的苦難。菩薩化身成一名秀麗端莊的中年女子，手捧著一只楊枝寶瓶，來到冤魂集結的地方，疊石做台，台高數丈。她就坐在石台之上，念誦那破地獄障的《千手千眼觀世音菩薩廣大圓滿無礙大悲心陀羅尼經》，每當誦讀千遍之後就取來楊枝，在寶瓶中蘸幾滴甘露，向天空遍灑一周，然後仍舊插好楊枝，繼續誦經超度。

當地百姓見菩薩如此情形，不明緣故，以為遇上了奇異的事情，奔相走告，傳遍了街坊里巷，人們都一窩蜂地前來觀看。有的說是在化緣，有的說是在作法，誰也不能定論。菩薩見眾生疑惑不解，就對他們說了一番話。

**蓮花大士**
紙本國畫（邵彌繪）／明代／
中國北京故宮博物院藏

蓮花大士，正是時常行走、或睡臥在蓮花池塘上的觀音，也稱「蓮臥觀音」。在印度神話中，很多神祇都與蓮花有關，這一現象出自印度元典《智度論》。書中有一個梵天王，即萬物之主，生於蓮花。此王生八子，八子生天地人民。佛教起源於印度原始宗教，自然也繼承了蓮花象徵淨土與智慧的傳說。觀音和釋迦牟尼一樣都以蓮花為座，是為明證。不過，明代畫家邵彌並沒讓觀音菩薩死板地坐在蓮花上，而是行走於水面，寂靜隨意的線條和大寫意的筆法，精練概括出觀音的聖潔和神祕。

# 34 慈容隱現

其實菩薩幻化現身的本意，不過是想向世人昭示「色即是空，空即是色」這意思，使大家明白「不生不滅」的宗旨。

觀音菩薩見他們疑神疑鬼的，就向眾人說：「因為這裡不幸遭了金兵的侵擾，冤死了數十萬無辜的百姓，可是這許多冤死的魂魄都是三界不收、六道不管的遊魂，他們流散在外沒有歸宿，狀況淒慘不堪。貧尼本著佛祖慈悲的意旨，既然有緣來到這裡，當然要加以救贖，因此在這裡發願作法，誦經七七四十九天，遍灑楊柳甘露，助他們脫離苦難，去往西天樂土。眾位不必猜測，貧尼既不要金錢，也不要齋飯，只想完成心願而已。」

大家聽後方才明白，但之中有些好事的人還是向菩薩尋根問柢起來，或者問她誦的是什麼經？或者問她為什麼灑水？一時間人聲鼓噪。菩薩又說：「眾位不必如此喧嘩，此刻貧尼的心願未了，恕我不能與眾位多談，等四十九日功德圓滿之後，再與眾位詳細解釋。」

大家聽了，覺得她在這裡替姑蘇人作法事，超度冤魂，又不要報酬，一片好心確實難得，也就不再追問下去了。大家紛紛散去，由菩薩誦經灑水，只等四十九天之後，再與她細談一切。轉眼之間，四十九天過去了。那天晚上，菩薩功德圓滿，眾人也如約前來，聽菩薩講述分明。

菩薩開口說道：「前日承蒙大家詢問因果，現在請聽貧尼為諸位細說。我所誦的經名為《千手千眼觀世音菩薩廣大圓滿無礙大悲心陀羅尼經》，此經可破地獄諸障，超度一切幽冥苦厄，誦滿四十九天，萬劫全消；我灑的水乃是功德水，遍灑十方，只要承受了一滴，就能去往西天樂土。貧尼也算與姑蘇有緣，無意間雲遊到此，自然應該設法超度，使亡魂野鬼有機會往生天國。如今功德圓滿，貧尼也要往別處去了。」

當地人感激菩薩為這裡做了這麼一場大功德法事，一致向她拜謝，之中有人問菩薩：「我聽說觀音菩薩雲遊四海，到一處便會現出寶像真身，不知我們這些人有沒有福分能見到菩薩的真面目呀？」

菩薩說：「有、有、有，只要你們心中有佛，那心即是佛。你們既有想見菩薩的念頭，那你們心中就會有一個菩薩了，當然能夠看見。」那人說：「菩薩現在在哪裡呀？」菩薩指著河邊說：「那弱水中央站的不就是菩薩嗎？」

大家順著她所指方向看去，果然看見水中有個影子，現出七寶莊嚴的法

像，眾人競相頂禮膜拜。那天正好是月中，一輪圓月照得寰宇一片通明，水中一團月影也相映生輝。只見菩薩的寶像冉冉走入月影當中，漸漸隱沒。眾人拜完起身，那石台上的尼僧卻早已不知去向，大家這時才恍然大悟，原來那尼僧就是觀音菩薩的化身。於是其中善心向佛的人，出錢出力，就在菩薩誦經的地方，築起一座觀音庵，塑著觀音菩薩誦經灑水的法像加以供養，民間都稱之為「灑水觀音」。

在那些看見菩薩法相的人之中，有一位丹青妙手的畫師名叫邱子靖，他將菩薩顯身時的情形以工筆畫出。畫中月影婆娑，水光蕩漾，菩薩七寶莊嚴的法相現身其中，真是出神入化，名之為「水月觀音」。這幅畫像一出，一班信徒紛紛趕來求他繪畫或借去臨摹，後來平常人家所供養的菩薩畫像大多都是水月觀音，其餘的便是灑水觀音了。一直延續到今天，蘇杭一帶居民家裡所供養的，仍以水月觀音居多。

其實菩薩幻化現身的本意，不過是想向世人昭示「色即是空，空即是色」這意思，使大家明白「不生不滅」的宗旨。難得邱子靖生有慧根，了悟其中真意，畫出這座寶像，留示後人，也無非是要世人覺悟。不過，現在一些供

**瑤宮秋扇圖**
絹本國畫（任熊繪）／清代／
中國北京故宮博物院藏

隨著女身觀音的普及，中國人的審美觀也受到影響，出於對鳳眼、下巴、顴骨弧線的講究，很多美人都被描繪成接近觀音的樣子：豐滿而慈祥，不帶一點例外，因為觀音就代表了完美。例如清朝大畫家任熊的這幅畫，若這名女性手中拿的不是紈扇，而是寶瓶和楊柳枝，腳下踩的是蓮花，那麼幾乎就是一尊典型的觀音像。

養水月觀音、念佛誦經的人，能夠悟出其中真意的，恐怕百中無一，因為他們只知道誦讀經文的字句，而無法參透其中的道理啊！當時，菩薩並未急著離開姑蘇，只是另外變化了一個模樣隱居在人間，想看看這一班善徒之中哪個有緣法。佛家所云，度化世人，是使世俗向善，使佛教宗意廣播於世。通過暗中觀察，果然被祂發現了一個，菩薩見他生有慧根，將來可能修得正道，但如今卻有災禍臨頭。菩薩暗想：他既是虔誠禮佛之人，我不救他，誰還能救他呢？於是便化身指點他。

你知道那人是誰？他是一家藥店的老闆名叫賈一峰，平時急公好義，抱著只賺薄利的心態，賣藥給窮人時，總比別家便宜不少；遇到實在窘迫無錢的人，他又肯賒藥，從不索討藥錢，因此大家都稱他為善人。他平時篤信佛教，家裡店內都供著觀音菩薩，除了早晚膜拜，沒事的時候就坐在佛前念誦《觀世音經》，從沒一日間斷。但他這樣的好人偏偏妻子生性淫蕩，與鄰家的男人有些曖昧，外人都知道，唯獨他不明白。人家都說，善人沒有好報也就算了，為什麼還會招致如此惡報呢？況且他又是個信佛的人，難道是菩薩不靈嗎？大家都替他暗中歎息。

可是因果報應，終還是有的。有天，賈一峰要到外省去進貨，夜裡突然夢到觀音菩薩在他家現身，手執如意，頭上現出一條金龍，用如意敲著他腦門，開口說道：「賈一峰聽好了，你不久就會大禍臨頭，我憐你誠心向佛，不忍見你有殺身之禍，所以特來救你。有四句偈語在此，你聽明白了：『逢橋莫停舟，逢油即抹頭，斗穀三升米，青蠅捧筆頭。』切記，切記，可千萬別忘了。」賈一峰拜領後驚醒，將這四句偈語翻來倒去地背熟了，銘記於心。你想菩薩的吩咐，他哪裡敢忘記呢？

第二天，他坐船動身，走了不到半天路程，忽然天降傾盆大雨，恰好這時船開到一座橋下，划船的舟子想在橋下躲雨。賈一峰記起菩薩警言，連說道：「使不得，我們快搖過去，千萬不要停。」

舟子看見他如此神態驚慌，不知是何道理，但既然雇主這麼說，只好冒雨搖了過去。划了還不到一箭之地，只聽見「轟通」一聲響，剛才所停的橋欄腰斷成兩半。舟子說：「好險呀，要不是聽從賈老爺的吩咐，這會兒我們全都沒命了。賈老爺，看你剛才的神情，好像預先知道一樣，真是奇怪呀！」

賈一峰就將菩薩託夢所說的話，一一講給舟子聽了，舟子從此以後也虔

心禮佛起來。賈一峰到達目的地後，與各藥商接洽生意，而後付款載貨回家。路上這一來一往的時間，足足有兩個多月。這兩個月裡，他的妻子與鄰家男人正打得火熱，大有難解難分的勢頭。那日當賈一峰到家，已是黃昏時分，他因為感激菩薩救了他斷橋之災，所以一進門就到菩薩面前焚香拜謝。起身時，那屋梁上掛的一盞長明燈，忽然繩斷而掉下，燈裡的油灑了他一身。他猛然記起偈語中的第二句，便馬上毫不遲疑地在頭上抹油，直到抹得滿頭光鮮和女人一樣。賈一峰換過外衣，與妻子敘談了一番離別之情，其中也少不得提起斷橋之事。之後待吃過晚飯，一同入房休息。

鄰家的男人見賈一峰回來了，再不能找他妻子尋歡作樂，一下怒火中燒，晚上睡在床上翻來覆去的，哪還睡得著呀？越想越恨，後來陡然動了殺心，去廚房摸了一把菜刀，翻牆到賈家，悄悄潛入房中，走到床前揭開帳子，舉刀要砍。忽然停住，暗想：不要殺錯了人，不然有點捨不得！略一思索，想到女人頭上一定有香油的味道，倒也不難分辨。於是用鼻子一聞，只聞得睡在床外邊的那人油氣撲鼻，就認定睡在裡面的那個必定是賈一峰無疑。於是重新舉起刀來，用盡平生力氣，向床裡面那人頭

**觀音送子**
彩色大像／清代／蘇州

此圖為蘇州桃花塢作坊刻繪的佳作，採用紫、紅、灰、綠、胭脂五色套印，後以水筆染臉。觀音手中抱著一個孩子，端坐於菩提樹葉壇上，頭上籠罩著光環，祥雲圍繞在四周。波濤中，蓮花盛開。著財童子站在荷葉上，龍女托著插了楊柳枝的白玉淨瓶站在觀音一側。上面，韋馱和銜著念珠的鸚鵡各居一側。色彩鮮豔，製作精良。

上劈去，只聽見「禿！」的一聲，那人的腦袋瓜已被砍成兩半。

賈一峰從夢中驚醒，大聲呼救，由於當時敲石點火，很需要一些時間，鄰家男人趁機逃跑了，等到賈家四處搜尋兇手，哪裡還有一點蹤影。

# 35 一峰剃度

因心記觀音菩薩屢屢點化之恩，一峰和尚在各地朝禮拜山時，每遇名山奇石，便雕刻一尊菩薩法像，留示後世，所刻的就是他曾看見的寶相。

賈一峰見妻子被殺，十分悲傷，四下尋找兇手卻是蹤影全無，不得已連夜去告知岳丈。丈人來家裡一看，硬說是賈一峰所為。他說：「門沒有開，窗戶也沒開，發生這等殺人的事，不是你做的還會是誰？」弄得賈一峰百口莫辯。

第二天，丈人便告到官府，官府差人驗屍之後，也懷疑是賈一峰所為，便以嚴刑拷問。試想賈一峰本是個正當商人，又不是江洋大盜，身體孱弱，哪裡經得起種種酷刑？實在無法忍受痛楚時，只有自歎命中冤孽，與其活受罪，不如一死了之。他打定主意，便一口承認了。

官府將他打入死牢，縣官預備擬定文告通傳出去，不料提筆之時，卻有十來隻青蠅飛來聚集筆端，將筆團團抱住。剛下手趕開，等到重新下筆卻又聚集，屢試不爽。縣官心生疑惑，暗想：莫非此案真有冤枉，所以青蠅示兆。於是縣官便與師爺商議，師爺說：「等我到獄中去問他再做定奪。」師爺到了因牢，看見賈一峰在那裡念佛誦經，便問：「你已定死罪，念佛還有什麼用？」賈一峰說：「菩薩曾說過要來相救的，我知道那絕非騙人。」

然後，賈一峰將觀音託夢贈偈的事原原本本說了一遍，師爺聽到「青蠅捧筆頭」的話，不覺大吃一驚，然而第三句「斗穀三升米」卻怎麼想也解釋不了。想了一會兒，忽然靈機一動：一斗穀除了三升米，其餘七升不是糠那是什麼？便問賈一峰：「你認得康七這個人嗎？」賈一峰說：「認得、認得，就是住我家左鄰的那個男人，他就叫康七。」

師爺點頭，回去將此事告知縣官。第二天縣官出簽提康七到案，果然一審定案，康七認罪伏法。賈一峰的奇冤總算得以昭雪。

賈一峰自從受了這場意外之災，雖說免了殺身之禍，但對於世事人情灰心已極，於是便將身家財產全部施捨給貧苦百姓，自己決意到杭州靈隱寺剃度出家，禮佛清修。

他一路上不借車馬之力，用兩腳行走來到了嘉興地界。一天晚上，他在旅店客房中睡覺，恍惚間隱約聽到有人叫他的名字。抬眼一看，竟是妻子和康七二人渾身是血迎面衝過來，一個手裡提著血淋淋的人頭，一個斜披著半個腦袋，撲過來討命，情形十分淒厲可怕。

賈一峰見了，心驚膽戰，向門外逃

去,卻發現房門已被兩個厲鬼擋住,別無出路。驚恐慌亂之中,忽然想起觀音菩薩,便索性將兩眼一閉,默念觀音菩薩的法號。隔了一會兒,惡鬼並沒撲上身來,他這才大著膽子,睜開眼睛,屋裡哪裡還有什麼厲鬼,只見一尊菩薩,站在一張荷葉上面,旁邊還有一名赤身的童子,對菩薩做合掌朝拜之狀,緊接著,就消失了蹤影。

賈一峰如夢初醒,回憶剛才發生的事,亦真亦幻。但菩薩兩度顯化的法像,卻已深深印在他的心上。其實境出心造,他這次的遭遇就和入定時走火入魔一樣。

第二天,他離開了嘉興縣城,一路往杭州的方向走,沿途經過不少鄉村市集。到了一個名叫胡家莊的地方,看見一群人圍聚在田壟上。賈一峰感到好奇,走上前去,一看才知道,原來一個姓王的農民在刨地時,忽然觸著一件堅硬的東西,以鋤頭細心挖開四周,到二尺深的時候挖出一尊長一尺半的碧琉璃瓦質佛像,雖被泥沙掩埋多時,但輪廓仍清晰可見。一大群人圍在那兒,爭著要看這尊從地裡挖出來的佛像。

賈一峰擠進身去,仔細看了一遍說:「這是你們這一方的百姓有福分,所以菩薩之身託付到了這裡。你們應當

**觀音菩薩** 雕塑／日本香川縣法蓮寺藏

這尊觀音像面容呈黑色,十分嚴肅,四隻手執不同兵器,讓人望而生畏。祂是著名的「七觀音」之一,有時也是密宗的准提觀音。古代佛教徒創造了這樣的形象,是為了比喻觀音信仰使人產生止信,就像好的獵手捕獲獵物般有把握。

虔誠供養，包管日後會保佑你們豐衣足食。這裡是否有廟宇？最好先將這尊法像送到寺廟供養才好。」那姓王的農人問他：「你這人口口聲聲說這是菩薩的法身，但菩薩有好多名號，這一尊又是什麼菩薩呢？」賈一峰說：「這是觀音菩薩呀！」

大家聽了都說：「不對、不對，觀音菩薩的法像我們也曾見過，並非是這副裝扮，而且多是女身，為什麼這尊卻是男身呢？你倒說說看。」賈一峰說：「菩薩自從成道以後，周行天地，隨時幻化，或男或女，或老或少不一定，有時還化作種種法身警世，你們何必大驚小怪。」然後又將自己兩次見菩薩顯化的事講給他們聽，大家這才信了他，便將法像送到廟中供養。由於這尊法像得自田間，大家都稱之為「壟見觀音」。

賈一峰到了杭州靈隱寺後，拜元寂禪師為師，剃髮為僧，隨眾修行，和眾僧一樣誦經禮懺、打坐參禪。打坐不是容易的事，心中不能有一點雜念。若有一絲雜念產生，就會走火入魔，弄得不好，還會變成瘋癲殘廢呢！

一峰和尚雖然有些根基，但到底受凡俗矇蔽太久，剛開始始終無法入定。打坐的時候，總是看見康七和自己妻子的怨魂提著血淋淋的人頭，前來滋擾，令他惴惴不安，無法安心修行。有天，一峰和尚強迫自己抑制心懷、打坐入定，不料康七等二人的怨魂又領著一班無頭野鬼前來滋擾。正在危急時刻，他突然看到一尊青頸菩薩，一首三面。正面是慈光普照相，右邊是獅子面，左邊是豬面，頭戴寶冠，冠中有化身的無量壽佛。一身四臂，右邊第一隻臂執杖，第二隻臂執蓮花，左邊第一隻臂執輪，第二隻臂執螺，以虎皮做裙子，以黑虎皮於左臂角絡，披黑蛇為神線，在八葉蓮花上站著，瓔珞環佩，威猛異常。不消片刻工夫，就把一群遊魂野鬼吃了個乾淨，臨了還揮杖向一峰和尚一擊，令他頓覺心地光明，再無一絲雜念。

第二天，做完誦經功課，一峰和尚將昨夜的事告知元寂禪師，向他請教自己所見的究竟是什麼菩薩。元寂禪師說：「善哉，善哉！你所見的正是青頸觀自在菩薩，是觀音菩薩所變的明王相，虔心禮念這尊觀音，就能脫離一切恐怖畏懼的心情。」

接著，元寂禪師便將《青頸觀自在菩薩陀羅尼經》一卷，傳給了一峰和尚，要他每逢恐懼便念此經，就可解除魔障。從此一峰和尚功行精進，數年之後，便到各處去朝禮拜山。因心記觀音菩薩屢屢點化之恩，一峰和尚在各地朝

禮拜山時，每遇名山奇石，便雕刻一尊菩薩法像，留示後世，所刻的就是他曾看見的寶相。因此今天各地所留的菩薩石像，不是龍頭觀音，就是一葉觀音或青頸觀音。一葉觀音俗稱「童子拜觀音」，其法像最多，幾乎到處可見，這些都出於一峰和尚之手啊！

一峰和尚後來去朝南海，無意間在海濱巨浪之中，見到了一尊琉璃觀音的法像，寶像身長一尺三寸，遍體通明，七寶莊嚴。他便設法在巨浪之中撈起寶像，帶回杭州靈隱寺供養。這尊菩薩或稱為「琉璃觀音」，也因祂是從水中撈起而叫做「氽來觀音」。

後來一峰和尚在靈隱寺擔任住持多年，坐化之時，他已預先知道。當日他香湯沐浴，趺坐禪龕，打坐修練的一室之內香氣繚繞，鼻垂長二尺多的玉筋，當時有上萬人拜送他身登極樂，大家看到如此情景，都說一峰和尚定是羅漢化身，所以圓寂之時才有這麼多吉祥瑞兆，如今他又重回佛國去了。自此之後，篤信佛教的杭州人，比以前又多增加了幾倍信心。

**綠度母** 唐卡／西藏

# 36 善士孝子

想起觀音菩薩的種種顯化事跡,王荊石打算請人畫一千幅菩薩法像圖,施捨到民間。他希望藉此改變民風,教化民眾不要為非做歹,約束律法觸及不了的世態人情。

早先,賈一峰被抓受審時,姑蘇的黎民百姓見他行善卻得惡報,妻子被殺,自己也被屈打成招,惹上殺身之禍,都很為他抱不平,有的更說菩薩沒有感應。直到縣官審清了這樁無頭案,眾人才知道菩薩一直在救他,多虧菩薩留偈指點,殺妻冤案最終被破。於是大家摒棄心中的疑團,益發深信菩薩法力而更加虔誠地供奉。

觀音菩薩一路又來到太倉地界,遇見一位善人。此人姓王名錫爵,號荊石,曾經做過大官,現在歸隱家園,享受清閒快意。曾做大官的他,始終樂善好施,且終身未娶。晚年喜歡談佛論經,信念堅定,無論寺院遠近或大小,他都親自寫了匾額送去懸掛,向眾人倡導佛法精意。

恰好有位圓通法師,也是一位有道高僧,來到太倉宏揚佛法。王荊石與他往來密切,兩人談禪說法,非常透徹。就這樣,有了一名顯赫官宦、一名得道高僧的倡導,太倉百姓也都如影隨形地研習佛理,佛法極為興盛。

王荊石十分高興,想起觀音菩薩的種種顯化事跡,便打算出資聘請名家畫一千幅菩薩法像圖,施捨到民間,使百姓向善。這一來是因他誠心信佛,二來也希望藉此改變世事民風,教化民眾不要為非做歹,從而約束律法觸及不了的世態人情。

他打定了主意,便和圓通法師商議:「我聽說觀音菩薩每次顯化所現寶相都各不相同。今天我想畫一千幅菩薩的寶像施捨百姓,讓大家信奉菩薩,不知道畫哪一種寶相最好?」

圓通法師說:「居士肯這樣費心宣揚佛教,真是功德無量。如果要問菩薩寶相,照《千光眼觀自在菩薩祕密法經》的說法,一共有八種。第一是金剛觀自在菩薩,第二是與願觀自在菩薩,第三是數珠觀自在菩薩,第四是鈎召觀自在菩薩,第五是除障觀自在菩薩,第六是寶劍觀自在菩薩,第七是寶印觀自在菩薩,第八是不退轉金輪觀自在菩薩。八尊菩薩有八種寶相,各有一種神通。究竟該畫哪一相,貧僧也不敢斷定,居士還是自己決定吧。」

王荊石躊躇了一會兒說:「那就這樣吧,我們多雇幾個畫工,先讓他們齋戒沐浴,虔誠向菩薩禱告,請菩薩託夢賜兆,菩薩在夢中顯現的是什麼寶相,就要他們按樣照畫,那不是更好嗎?」

圓通法師說道：「如此最好。」於是荊石命人招雇畫工，一個月內剛好招到了八位。便將祈夢畫像的事告訴他們，大家也自然照辦。可是一連幾日，八人之中沒有一個得到夢兆，王荊石心中十分不解。

當時菩薩恰巧由此經過，聽說此事，就化身為白衣秀士登門造訪，說是善畫各種觀音寶像。王荊石聽後大喜，連忙請入相見。秀士自稱曾七次夢遊佛國，所以熟悉各類菩薩的面目，既然善人發此宏願，因此願意相助。言談之後，王荊石對秀士非常滿意。

他問：「究竟畫哪一幅寶相為最好？」秀士說：「既然圓通法師向善士說起觀音八相，依我看不如八種寶相都畫，以免有缺漏。」

王荊石大喜，便下令擺開香案，準備金銀汁、純淨的筆硯、清潔的紙張，請秀士動手開畫。秀士略一沉思，提筆就畫，只見他出手迅捷，運筆如風，揮毫似電，不消片刻就畫好了一尊。重新取來一幅紙鋪好，又是一陣揮灑畫成了一尊。像這樣不過大半天工夫，八尊寶像已全部畫完，真正是八樣法身。

第一幅題著「金剛觀自在菩薩」，畫為棱眉怒目狀，表示忿怒相，用來懾伏群魔。

第二幅題著「與願觀自在菩薩」，畫得慈眉善目，左手拿著一幅經卷，右

**觀音菩薩變相**　石刻白描／明代

這個外形類似達摩祖師的僧人，也是觀音的一個分身。由於歷史上的觀音本為印度婆羅門教的一名男子，得成正果後又千變萬化，以至於人們經常變化祂的形象、改寫祂的歷史，甚至將祂與東土禪宗初祖達摩的形象相結合。只有畫中的淨瓶，才能讓人想起祂真正的身分。

觀音菩薩的故事：善士孝子

手做施願狀，以大慈之相，廣結善緣。

第三幅題著「數珠觀自在菩薩」，菩薩閉目冥坐，手中扣著一串念珠，做默數之態，呈現大悲相，了除塵劫，超度世人。

第四幅題著「鈎召觀自在菩薩」，一頭三面：正面端詳，頭戴天冠，冠上有阿彌陀佛的化身；左面怒目而視，鬢髮聳豎，頭戴月冠；右面皺眉縮目，狗牙上出，一身六手：一手拿絹素，一手持蓮花，一手抓三叉戟，一手握鉞斧，一手施無畏，一手把如意寶杖，結跏趺坐，表示是圓通相，為取人天之魚於菩提之岸。

第五幅題著「除障觀自在菩薩」，一頭三目，右手拿寶鏡，左手做施願狀，普照之相，可破除六道三障。

第六幅題著「寶劍觀自在菩薩」，頭上湧現蓮花，一手拿寶劍，一手舉胸前，做解脫之相，能斬除六欲。

第七幅題著「寶印觀自在菩薩」，一身三面都呈慈悲狀，一手拿寶印，一手拿鈴鐸，一手拿幡幢，一手拿劍，一手拿寶鏡，一手拿蓮花，做迅奮之相，驅馳三界。

第八幅題著「不退轉金輪觀自在菩薩」，玉面含笑，頭戴寶冠，冠中有無量壽佛的化身，兩手捧金輪做旋轉狀，

**數珠手觀音**
雕塑／宋代／重慶大足轉輪經藏窟

宋代的觀音形象較唐代更世俗化，流傳下來的觀音大多擁有尋常人的傳神表情與姿態。臉部表情不矜持也不狂躁，只有關切和寧靜。

做如意相，助人轉除惡業。

王荊石看了這八幅寶像，大喜過望，讚不絕口。那秀士又說：「如今善人有了這八幅畫像做藍本，就能讓畫工臨摹，我要告辭了。」

王荊石苦勸他留下，秀士婉拒，送上金銀，秀士也不收，反而拿出一顆圓子，送給王荊石，說這是西方無患子，常佩帶在身，可免除一切災害，更能益人智慧。王荊石謝了又謝，一直送他到大門之外，才拱手作別。

菩薩留畫給王荊石之後，又變成一個賣藥草的行腳醫生，挑著兩個藤筐，筐中放著幾十樣藥草來到鬧市之中，在人煙稠密的地方，找了一個乾淨地方將擔子放下，取出一塊粗布鋪在地上，盤膝而坐，好像在等顧客上門，其實卻在暗中觀察來來往往的行人，細辨其中的忠奸賢佞。

這時，忽然來了一個十二、十三歲的孩子，衣衫襤褸，蓬頭垢面，跑到菩薩跟前，劈頭就問：「賣藥的老爺爺，你會治病嗎？」

菩薩說：「你這個傻孩子，不會治病，怎麼好來賣藥，那不是要誤人性命嗎？」

小孩說：「那麼請你看病，不知道要花多少錢？」

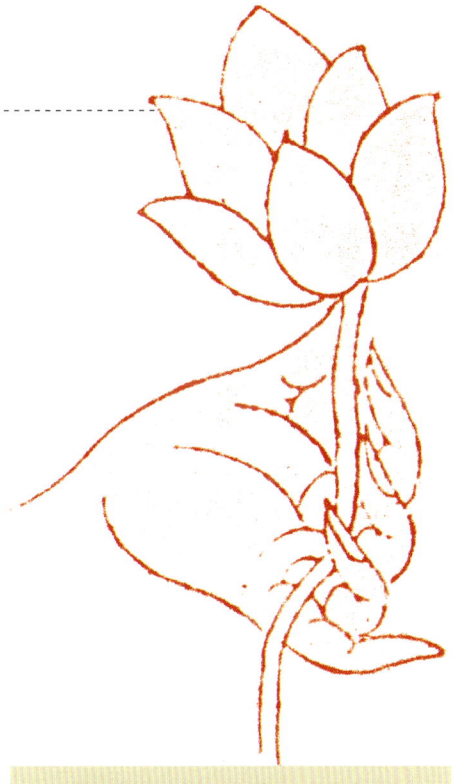

**菩薩手印** 敦煌壁畫／五代或宋初

菩薩說：「行醫的人，原本就是半積功德半養生計的。如是有緣的人，不但不要診金，連藥也肯送他呢！」

小孩聽了這話，高興得拍著小手說：「好了，今天我父親遇見你這個老爺爺，總算有救了。我只求老爺爺發發慈悲治好我父親的病，我一輩子都不敢忘了你的大恩大德呀！」說著，便拖著菩薩就要走。

菩薩說：「你先不要慌，先將你父親的病說給我聽聽，看我治得好治不好。如果我治得好，再跟你回去不遲。」那個孩子便將他父親的病情，說了出來。

## 37 治病醫痧

你不要破費錢財了，我這藥草是從山裡採的，不曾花費本錢。我看你小小年紀就有一片孝心，十分可敬。如今給你一包種子，你可以撒到河岸邊，等到長成之後，就能拿去賣給藥店，這藥名叫薄荷。

那個孩子聽了菩薩的話，一面放開手，一面說：「我父親名叫張四，以賣燒餅為生，家裡除了我們父子二人，沒有別人。窮得很，一天賣餅賺來的錢，只夠我們吃稀粥，可是，一天不賣我們就沒得吃。兩天前，父親說身體不好，可還是勉強出去賣餅，想不到晚上回家後就支持不住，倒頭便睡，後來竟不省人事。我喊他不答應，推他也不動彈，身上燙得像烘燒餅的爐子。第二天我想請個大夫來看看，可惜沒辦法付診金，所以一個也不肯來。我急忙去找二伯，怎奈二伯也是窮得身無分文，沒有辦法。父親從前天晚上病倒的，昨天整整一天，今天又是半天，身上熱得更厲害，看來是很難救治了。我正想到城外去請娘舅來，想不到在這裡遇到老爺爺，真是再巧不過。求你好心去替我父親看一下，就當是積德了。」

菩薩說：「這樣呀，那我們現在就走好了。」

於是菩薩挑起擔子，跟著小孩回家，連轉了兩個彎，來到一座破爛不堪的土地廟，只見張四直挺挺地躺在一張床上，緊咬牙關，閉著雙眼，就像早已死去一樣。菩薩一看，知道他是受了風寒，便從藤筐裡取出一束藥草，交給孩子去煎。不一會兒藥煎好了，倒在瓦罐裡，只覺香氣四溢，清心開胃。菩薩又要孩子拿竹筷撬開張四的牙關，熱熱地灌了一碗。隔了大約半個時辰，又灌了一大碗，只見張四的頭上臉上漸漸冒出汗來。

菩薩說：「現在不礙事了。出了一身暢汗自然會清醒，病就會好了。」於是便告辭要走。那孩子說：「老爺爺慢走，你的藥也要本錢呀，我身上還有五個銅板，就給你吧。你千萬不要嫌少，這是略表敬意啊。」

菩薩暗想，難得這窮苦人家出了這樣的孝順兒子。就對他說：「你不要破費錢財了，我這藥草是從山裡採的，不曾花費本錢。我看你小小年紀就有一片孝心，十分可敬。如今給你一包種子，你可以撒到河岸邊，等到長成之後，就能拿去賣給藥店，這藥名叫薄荷。可以賺些小錢，好與你父親過活。」

孩子接下種子，拜了又拜，謝了又謝。那張四在夜裡果然出了一身暢汗，又一次排出了體內的積毒，頓時清醒許

多,不久病就痊癒了。父子倆依照菩薩的吩咐,以種薄荷為生,後來竟成了小康人家。

再說菩薩離開了太倉,一路向西北前行。行入海虞地界,路上聽說,近來虞山忽然生出了一種怪蟲,似蛇非蛇,通體翠綠,長有四腳,形似壁虎卻又大上幾倍,當地人稱之為四腳蛇。這東西藏匿在草叢之中,行動極為迅速,且與草木本色相近,很不容易辨認。這種蟲子毒性無比,被牠咬到的人,不出十步就會毒發身亡,無藥可救。所以當地靠山為生的人,嚇得不敢進山,斷絕了生計,都叫苦連天呢!

菩薩聽到此話,記在心裡,就化身成一個賣眼藥的捕蛇化子,來到海虞城外,一打聽,果然有此事。大家看他是外來的捕蛇人,認為他有些本領,便都來請他設法除掉四腳蛇,以絕禍害。菩薩當時立即答應,便一個人揹著裝蛇的筐子,走進深山,找到蛇洞,施展無邊法力,將全山的四腳蛇捉了,放入筐中,帶下山來。菩薩對眾人說:「這東西雖然毒性劇烈,卻能入藥救人,世上缺牠不得,所以我沒把牠殺死。等我下了禁咒,使牠以後不再咬人就是。」

眾樵夫看他如此厲害,自然也無話

**吼獅子吐寶**
琢玉稿本(潘秉衡繪)/近代/中國北京工藝美術研究所藏

獅子,本來是印度,以及非洲與南美一些國家的祥獸。中國上古並沒有關於獅子的繪畫,佛教傳入後,獅子才逐漸為中國人喜愛,後來還像長頸鹿變形為麒麟一樣,成了神物,被稱為「瑞獅」。觀音騎在獅背上,手持蓮花,似正在訓誡善財童子。由於此圖是為了琢玉而畫的鐵線稿本,還沒製作成雕塑,所以很多地方與一般的觀音圖並不相符。潘秉衡是中國近代的工藝美術大師,是完美繼承傳統玉雕藝術的罕見天才,留下了不少作品,我們從他的手稿就可以看到他精湛的技藝。

195

觀音菩薩的故事：治病醫痧

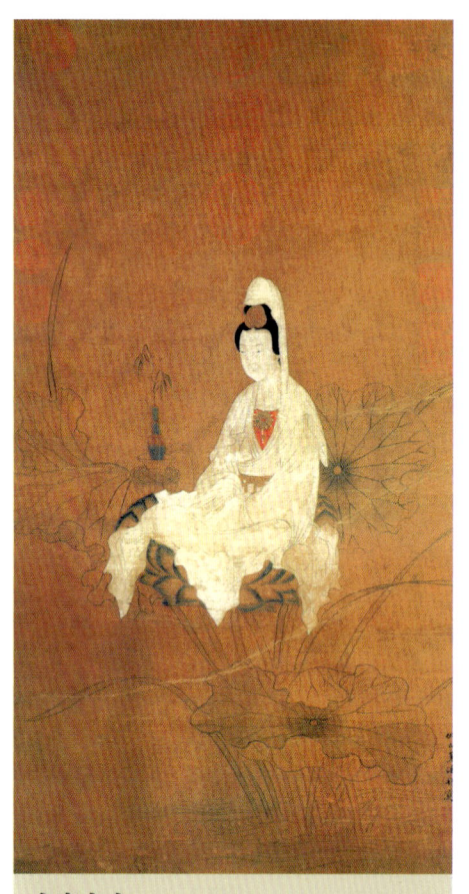

**白衣大士**
絹本國畫（杜陵內史畫）／明代／中國北京故宮博物院藏

觀音的身體穩穩端坐在荷葉上，輕盈得幾乎沒有重量。乳白色的裝束被勾勒成一個三角形，彷彿落在蓮花上的一堆雪，清涼明淨。經過了近千年的歷史，觀音轉變成了女身。自六朝之後，觀音就以女身出現，但一開始並未引起人們注意。後來，梁高祖和武則天都自稱菩薩，人們才開始認識到「女性也是佛性的一部分」。白衣大士，就是「白衣自在」，也稱「白衣觀音」，因穿白衣、坐於白蓮花之中而得名，白色代表純淨，以此象徵菩提之心。

可說。只見菩薩咬破了自己的中指，從筐中捉出一條條四腳蛇，在每條的額頭上滴上一點兒鮮血，然後放回草叢中。說也奇怪，自此以後，那四腳蛇雖然數量多，卻見人就逃，更別說咬人了。直到現在，虞山的四腳蛇額上仍有一點鮮紅的印記，據說這個特點，別處的四腳蛇都沒有。

閒話少說，卻說那時正是春夏交替時節，天氣忽熱忽冷的，很多小孩都患上了一種叫痧疫的怪病，而且是最危險的丹痧，一不留心，受一點風或熱得太狠，就會導致內陷，一旦毒氣攻心，便無藥可救。

菩薩見了，心生不忍，扳指一算，發現藥物之中只有赤檉柳能救治這種病症。可幸的是，民間有很多野生的赤檉柳，現在又恰逢夏季，正是它鼎盛生長的時候。

菩薩計劃找一個有緣人，傳授他醫治痧疫的藥方，以保一方小孩兒的性命。於是一路來到辛峰之下，聽見兩個人坐在山坡上講話。

年輕那個說：「如今天道淪喪，行善積德，被弄得要家破人亡；惡貫滿盈，反而在那裡逍遙快活。老伯伯你想，城東嚴家的老員外，他真正是個慷慨好心的大善人，修橋補路，他哪一件

不做。夏天開堂施診給藥,冬天開廠施粥給衣,也不知道救了多少人的性命。如今他自己的孫兒出了丹痧,據說受了一點風,丹痧就隱了,請了很多醫生都束手無策,看來已經沒有生還的可能了。你想這氣人不氣人?」

老漢說:「這也是命中注定的事。照理說嚴員外這種人家,本不該有這種讓人難受的事,倒應是要長命百歲的。但現在既然發生在他身上,又有什麼辦法呢?大家只能搖頭歎氣了。」

原來他們嚴姓一族,是嚴文靖公的後代,其中有一位道徹先生,生就一副慈悲心腸,喜歡做善事。但唯一的缺憾是年過三十仍膝下無子,大家都勸他納妾,他一直沒找到合適的人。有一天他到親戚家中,見到一名婢女,光著頭沒有蓄髮。先生無意間問起,才知道她還是個啞巴。於是他便向那親戚說:「讓她把頭髮留起來,我就娶她為妾。」

親戚哪裡肯信,嚴道徹便寫約留聘,第二年真的就娶了回去。人家都很奇怪他為什麼會納一個啞巴為妾。嚴道徹說:「她天生不能言語,已是十分可憐了,何況主人不許她蓄髮,人家知道她是啞巴,自然不會去娶她,那她後半輩子豈不是更加悽慘?因此我才納她為妾啊!」

菩薩正巧從路上採了一束赤檉柳,聽了二人的話就走上前去:「丹痧內陷確實不好醫治,只有用這赤檉柳煎服才能痊癒,你們可以拿去送到嚴家,叫他們趕緊煎成濃汁服下。一個時辰後,如果再不見效,就另外用一只炭風爐,燒了熾炭,取紅棗放在炭中煨燃,痧子自然會被推出來的。這是祕方,你們要是能廣為傳播,就是無量功德了。」

那少年接過赤檉柳正要走,忽然又轉過身來說:「先生,敢問您老人家尊姓大名,家住哪裡?回頭嚴老員外問起,我好回話。」

菩薩說:「我無名無姓,要是嚴老員外問你,你就說有一個洛伽山人雲遊到此,聽說員外家小孩病重,所以特地傳此祕方,員外聽了,他自然會知道的。」說完便向二人告別下山。

再說少年拿了那一束赤檉柳,拔腳飛跑,直入嚴府,將前面遇到老者的事說了個明白。

員外問:「既然這樣,你可問過那人的姓名?」

少年說:「他說沒有名姓,卻叫做洛伽山人。」

員外一聽此話,倒身便拜,把少年嚇了一跳。

# 38 割股療疾

人家說割股療親是不覺得疼痛的，這句話卻也不見得。試想好好的皮肉，用針刺一下便覺疼痛，更何況是剪去一塊呢？這只不過是割股的人，因專注於救人，無心顧及自己的疼痛罷了。

嚴道徹聽少年說出「洛伽山人」四個字，就知道是菩薩顯靈，立刻跪倒向天空拜謝。拜完起身後，要少年稍等，自己便拿著那束赤檉柳到裡面，說明用法，要家人快去煎給孫兒吃了。家中的上下人等聽說是菩薩指示，都喜出望外笑逐顏開，知道小公子這次有救了。

嚴道徹拿了五十兩銀子酬謝少年，這才對少年說，他所遇見的是觀音菩薩，又向他打聽菩薩顯靈的地方。那少年毫不費力就得了白花花的五十兩紋銀，喜不自勝，便將菩薩現身地點仔細告訴嚴道徹，道謝而去。

嚴道徹重新入內，見藥已煎好，灌給小孩吃了一盞，隔了半個時辰，面部已斑斑點點地推出痧子來，當晚就推齊了，大家小心呵護，一週後，孩子漸漸恢復了元氣，嚴道徹又請明醫調治，不久便痊癒了。

再說那少年回去，知道遇見的是菩薩，便告訴那老漢。他們認為藥方是菩薩所傳，自然靈應，於是廣為傳佈。患有同樣病症的人家，如法炮製，果然十分靈驗，這一來不少小孩兒因此得救。大家為了感激觀音菩薩的大恩大德，就將赤檉柳改名為「觀音柳」。

嚴道徹在孫兒病好之後，便招工雇匠，大興土木，在辛峰的東面、菩薩當日顯靈的地方建起一座廟宇，題名白衣庵，塑白衣觀音的法像。這位菩薩的手裡拿的不是楊枝，而是一枝赤檉柳，做施捨之狀。大家因為菩薩救護小孩，使他們延年益壽，所以稱之為「延命觀音」。這座白衣庵一直香煙鼎盛，留傳到現在，依然矗立在山腰上，每天進香朝聖的人絡繹不絕。每逢二、六、九月的十九日，四鄉八鎮的人都來燒香，盛況一點也不輸杭州三月的香市呢！

菩薩傳了藥方之後，便離開了海虞地界，一路依江傍岸而行，到處廣施恩澤，拯救眾生，但從不輕易以真面目示人，所以很多受過恩惠的人，並不知道祂就是救苦救難的觀音菩薩。

那一日，菩薩去到滄州地界，在一個小村子求宿。走到一家門前，只見裡頭走出一個婦人，面有愁容，手裡拿著一個藥罐，出來倒藥渣。觀音菩薩這時已化身成一名中年婦人，於是上前說：「大嫂，我路過此地，因天色已晚，無處存身，所以特來與大嫂商量，看看是

觀音菩薩的故事：割股療疾

否願意借宿一晚。」

那婦人說：「本來可以留你借宿，但現在婆婆生病，家中又缺人手，恐怕照顧不周，所以不敢留宿貴客。請你還是另找別家去吧。」

菩薩說：「別人家都有男子，諸多不方便，還請大嫂行個方便。我也並不要大嫂照顧什麼，只求一席之地，過了這一夜，明早就會告辭，絕不再打擾清淨。」

那婦人心地善良，見她是外地來的人，不願拒人千里之外，就答應了。倒了藥渣，她讓菩薩進入屋裡在廚房坐下，向她說：「鍋裡有飯，壺中有茶，饑渴時就自己取用。我去服侍婆婆，等一會兒再拿被褥來給你。」說完就離開了，菩薩就在廚房暫時坐著。

現在，我先敘述一下這戶人家的來歷。她家姓汪，那婦人是劉氏，丈夫早已過世，只留下她和一位年已七旬的婆婆。幸虧家裡有些積蓄，足夠婆媳二人

**大士像** 絹本國畫（賈師古繪）／宋代／中國北京故宮博物院藏

這尊觀音菩薩慈祥大度，猶如一座雪山，俯視著芸芸眾生。祂的頭髮捲曲幽雅，還帶著印度男性的特徵。手中的淨瓶飛出清澈水流，澆灌著一朵在岩石上盛開的蓮花。整個畫面使用了小寫意的隨意筆法，又以工筆勾勒了菩薩的五官，使他看上去安詳而豐潤。賈師古是宋朝很有名的國畫大家，是釋道畫宗師李公麟的弟子，梁楷的老師。他繼承了唐朝以前的佛教繪畫傳統，刻意表現觀世音本為男身的歷史事實。宋代佛教藝術表現觀音時，往往都作男身，直到宋末女畫家管道升編輯完成《觀音菩薩傳略》後，妙善公主的觀音形象才逐漸完善，開始深入人心。

度日。劉氏對待婆婆十分孝敬，一切總是先聽婆婆的意見，從不違抗，一直都相安無事。

不料這次婆婆患了呃逆，請了很多大夫醫治，服了百藥都不見好轉，眼看

199

病勢一天比一天重，劉氏十分著急。她曾聽人家說起割股療親，據說此法非常靈驗。她當下打定主意，要割一片自己的肉治療婆婆的危疾。此時恰巧菩薩來了，無能拒絕，又不便讓外人看見自己割肉，只好先將她安頓在廚房。劉氏先去看了看婆婆，見她呼呼熟睡，這才回到自己房中，取來一把鋒利的剪刀，捲起衣袖，咬住小臂上的一塊肉，扯起一剪，頓時鮮血直冒。她放下口中咬的一片肉，然後摻了把香灰，蓋住傷處，又扯了一塊布條，綁縛妥當。然後，無事人一般地拿了那塊肉，走到外面廂房，放進瓦罐中煎煮。

人家說割股療親是不覺疼痛的，這句話卻也不見得。試想好好的皮肉用針刺一下便覺疼痛，何況是剪去一塊呢？這只不過是割股的人因專注救人，無心顧及自己的疼痛罷了。劉氏煎煮時，驚動了菩薩，便走過去問：「大嫂啊，你在那裡做什麼？」劉氏只說是煎藥，菩薩說：「你不要瞞我了！你的左臂剛才還好好的，現在為何裹了布條呢？罐中所煎的是不是人肉呀？」

劉氏知道瞞不住，只好明白告訴她。菩薩長歎：「世上哪有用人肉才治得好的病呀？毀傷了父母賜給你的身體救人，也是有悖常理的。但是你一片純孝之心，卻是世間少有。何況婆媳之間不比母女親厚，別人家吵鬧打罵的多得是。大嫂能夠如此孝順婆婆，真是萬分難得，令人十分敬佩。不知道你婆婆患了什麼病？」

劉氏說：「是呃逆的病，接連不斷地咳著，吃些藥下去稍微平復一點，隔不了一會兒又發作起來。我想婆婆年事已高，長期下去即便是健壯的人也會被拖累的。我實在沒有別的辦法了，才決定割股治病，想不到被大嫂知道了。要是再治不好，那該如何是好呢？」菩薩說：「要治這病並不難，我倒有一個靈驗的藥方，只要去藥店買一兩大刀豆、一兩柿蒂，和水煎服，自然見效。」

次日清晨，菩薩告別離去。劉氏按照菩薩的話託人到街市藥鋪，買了這兩味東西回家，濃濃地煎上一碗，給婆婆吃了，接著再煎兩盅。一碗藥喝下，老婆婆的咳嗽頓時平伏了不少，隨後沉沉睡去。醒來時雖還有些呃逆，但已不像先前那麼厲害了。劉氏又讓她吃了兩盅，隔了半天工夫，呃逆竟然完全平息，就像服了仙丹妙藥般靈驗。呃逆既然好了，經過劉氏的悉心照顧，沒多久，婆婆就完全康復了。

此時，菩薩已遊遍中土各地，廣傳佛法。中原的佛教已十分興盛，菩薩心

中很是喜悅,便轉向南方去,意圖取道閩粵,回歸南海。不料,半路上又遇見了一個吳璋,菩薩暗想近來所遇的,都是一些孝子賢婦,確實難得。但這吳璋一生劫數很多,要受很多折磨,還是讓我來保護他吧。

你想知道這吳璋是什麼人物?聽我慢慢講來。這吳璋是個孤兒,十歲就沒了父親,他母親陸氏工於刺繡,貞靜幽賢,在家安心守寡。想不到皇上突然下令要挑選民婦,供皇宮內廷及各王府差遣,陸氏不幸被選入皇都,留下了孤兒吳璋,寄養在叔父家裡。吳璋天性淳厚,自從母親離開後,對她念念不忘。一連讀了幾年書,直到十六歲時,他想:「世上哪有沒有母親的人,我明明有母親,如今卻不去相見,還算是人嗎?」於是便辭別叔父,收拾盤纏行李,搭船去皇都尋訪母親。

一路上吳璋坐舟步行,逢人就打聽母親的下落,好不容易打聽到母親被分派在某親王府,心中非常欣慰。經過許多時日,終於到達都城,找了家客店安頓行李,便去王府打聽。一問之下,才知道那個親王已被分封到廣東,陸氏自然也隨同前往。吳璋頓時像迎頭被澆了一盆冷水,不過轉念又想:他們能夠去的地方,難道我就去不成嗎?縱然盤纏用完了,討飯我也要去廣東。

他打定主意後,回到客店中,準備歇息一晚就上路。不料,病魔這時卻趕來相擾。

**竹林大士像** 紙本國畫(張大千繪)/近代

這是很典型的「敦煌主義」繪畫,是張大千多年臨摹敦煌壁畫的結果。觀音的色彩幾乎和在密宗裡一樣繁複,表情顯得有些激動,氣氛不乏神祕色彩。祂的眼神更像是妙善成道之後,對世俗功名和皇宮奢華的藐視。張大千在繪畫上的成就雖不如齊白石,但功底卻十分深厚,如此逼真仿古的佛畫,是今人無法企及的。

# 39 萬里尋親

吳璋鼓足勇氣，拚命趕路，但腳步還是遲緩了不少。跑了一天，身上又冷又餓，看著天色已晚，鵝毛般的雪花紛紛落下，更覺淒寒。

吳璋聽說母親在廣東，本來十分懊喪，後來一想：他們能夠去的地方，難道我就去不成嗎？縱然盤纏用完了，討飯也要去廣東。回到客店，準備休息一晚，然後再動身。

不料，這天半夜他突然覺得肚子疼痛，一連瀉了幾次，直到天亮，只覺渾身乏力，精神恍惚。但他還是付了房錢，勉強上路。走了三天路，實在是走不動了，腹瀉的次數也越來越多，他只好找一座破廟暫且容身。不想在廟中寒熱大作，不省人事，昏迷之中常呼喚著母親。

恰好此時菩薩經過，便化身成一個行腳和尚替他醫治，費了七天的工夫，總算治好他。吳璋跪著問菩薩的姓名，菩薩只說叫蘊空，並不言明真意，又送他數百貫銅錢做路費，吳璋才得以重新上路。一路上歷盡坎坷，好不容易被他摸到了廣東。可是，又撲了一個空。你知道為什麼？原來那親王又被改封到江右饒州，現已不在廣東了。吳璋見母心切，既然有了著落，便又轉向饒州而去。

吳璋一路在沙石中行走，高一腳低一腳地十分艱難，一連走了幾天，鞋破襪穿，吳璋無錢購買，只好赤腳行走。又是幾天，吳璋已走得兩足迸裂，濃血橫流，寸步難行。他倒在野寺的走廊中，思前想後，不覺悲從中來，放聲大哭：「母親啊，我千里迢迢，奔來跑去，原只是想見你一面，想不到天不從人願，如今是再不能走到你跟前了呀！」

這一哭驚動了廟裡的一位焦老道，老道出來問明情由，便說：「不要哭、不要哭，我這裡有現成的藥能醫好你的腳。」老道取來一瓶藥、一盆清水，替他沖洗乾淨，然後將藥敷了，揹他到房中，要他安心睡覺。告訴他，三天之內包管可以行動。吳璋伏枕叩頭，謝了又謝。

第二天，老道又替他沖洗換藥。三天之後，果然全好了。道人又送他一雙麻鞋，對他說：「現在你可以上路了，但此去山深林密，路途遙遠，要十分小心謹慎，不可大意。」吳璋記在心裡，當即拜別了道人重行上路。路上果然是山巒疊嶂，起起伏伏。他謹記道人的話，小心地走，翻山越嶺，兩日來倒也安然無事。

不料第三天午後，吳璋爬上了一座林深葉密的山頭，披荊斬棘地往前走，

眼看就要走上平坦大道,草叢裡卻突然遊出一條長蛇。吳璋見了,正想躲避,可哪裡還來得及,那蛇已竄到身前,對準他的足踝就是一口。這一口讓吳璋真是痛徹心肺,他眼前一黑,兩條腿哪裡還站得住,「撲通!」一聲,跌倒在草叢中。原來那一條是歧首蛇,毒性無比,不消半個時辰就會毒氣攻心,任你用什麼仙丹靈藥,也無法救治。就算有了好藥及時救治,也不是絕對有效。

吳璋當時跌倒在地,暈厥過去,不省人事。觀音菩薩這次現了大慈寶相,遠遠走來,先將吳璋扶到平坦的大石上躺著,然後將楊枝甘露灑在他的創口上。

半晌,吳璋果然悠悠醒來,大呼道:「母親在哪裡?」菩薩在旁應聲說道:「吳璋啊,你為了母親能夠忘記軀體的痛苦,真是個純孝的鐵漢。上天絕不會辜負你這一片苦心的。你與母親相見的時刻距今不遠了,只是前途還有一點小小的魔障,只要保持心念,或許能夠避免。」吳璋見是觀音菩薩顯靈指點自己,不由得喜出望外,一骨碌從石上爬起,倒身就拜下去,謝了菩薩救命之恩。

菩薩說:「如今你可以過嶺去了,時候也不早了,切記我剛才的話,不要

**觀音賜子**
版畫(沈瀛繪)/清代/中國南京博物院藏

送子觀音左手持一枝楊柳,右手結「施願印」,表示要滿足人間信佛者的願望。手掌送下的氣流之中,有一位頭戴太子冠、騎著麒麟的童子,象徵所有尚未降生的嬰兒,善財童子則在一旁迎接菩薩的恩賜。此圖中,觀音衣紋的畫法接近蘭草筆法,據說畫家叫沈瀛,是清朝揚州一位畫竹蘭的高手。此畫作於1842年農曆二月十九日,恰逢觀音的誕辰日。當時,中國正處於兩次鴉片戰爭前後,民間信佛之風濃厚,人們無不期望佛教的智慧和觀音的慈悲能拯救中國,並為普通人帶來天倫之樂。由於傳說中的觀音,肉身是妙善公主(女性),人們自然認為祂主管生育,而使祂在民間尤其受到敬重。

忘懷。我去了！」說完，菩薩的法相即隱沒不見。吳璋於是尋路下山，剛到山下，天色已經昏黑，恰好看到一座山神廟，他就在裡面留宿一宵，第二天黎明便動身起程。

那時正是十二月中旬，天氣極冷，彤雲密布，朔風怒號，吹在身上好像刀割針刺一樣，十分難熬。他雖然鼓足勇氣，拚命趕路，但腳步還是遲緩了不少。跑了一天，身上又冷又餓，看著天色已晚，鵝毛般的雪花紛紛落下，更覺淒寒。不過叫人振奮的是，前面有個村舍，煙囪裡正嫋嫋地冒著炊煙，吳璋便向那村舍走去。

走到門口，正好有位白髮老漢倚靠在門前看雪景，吳璋走上前去，拱手作禮說：「老丈您好，我要到饒州去尋親，路過寶莊，天晚雪大，無法趕路，所以斗膽借貴處留宿一宵，明早就走，如您肯收留，我感激不盡。」老者一聽他是江南口音，知道他所言不虛，便說：「好說、好說，如此便請裡面坐吧。」

兩人一同到了中堂，見禮後，分賓主坐定，互問來歷。原來老者姓尤名鼎，早年以販貨為生，著實有些積蓄。有一個兒子，現已子承父業在外經商。媳婦白氏，年紀尚輕，是一個風流人物。如今家裡除了翁媳二人，沒有別人。所以，當吳璋入內敘話的時候，尤鼎就要白氏出來相見，烹茶敬客。不料那白氏一見吳璋，就動了邪念。當晚尤鼎擺酒切肉款待客人，晚餐之後，領著吳璋到廂房休息，翁媳二人也各自回房。

那白氏和衣躺了一會兒，一心只想

**隋代觀音雕像** 雕塑／隋代

隋代觀音造像不再是北魏的瘦骨清像風格，臉型變得方且厚重，身姿拙重樸實，服飾也深具裝飾性。

著吳璋相貌堂堂、清秀可愛，哪裡還睡得著？大概到了半夜光景，便悄悄走到廂房跟前，輕輕地叩門。

吳璋正好一覺醒來，聽得叩門聲，便問：「外面是誰？」白氏說：「是我呀，因為怕你孤眠難宿，特來陪伴。」吳璋聽了大驚說：「使不得、使不得，娘子的名節要緊，不可貪一時的歡愉，玷污了終身清譽，請快點回房歇息。」

無奈那白氏此時已邪心蕩漾，而廂房的門本沒有鎖，她竟自行推門進屋來了。吳璋急忙披衣下床，好言相勸。不想那白氏居然鑽進他的被窩，吳璋無可奈何，心想除非立刻離開這裡，否則兩人的名節絕對不保。於是他便拿著自己的東西，不辭而別。開門出去，藉著地上積雪的反光，認明了路徑，連夜踏雪而去。那白氏未能如願，便將廂房裡不相干的東西藏了兩件，悻悻地回到自己房間。

第二天起身，尤鼎不見吳璋，正在詫異，白氏假意檢查什物，這也不見了，那也沒有了，硬說吳璋是個竊賊。尤鼎因為損失不大，並未追究，絕想不到昨夜有這麼一回事。

再說吳璋一路走去，雖然風雪漫天，卻都是平坦大路，不止一日，已到饒州地界，打聽到了親王府，他母親陸氏果然在那裡。吳璋便上書親王，企求帶回母親終養天年。親王不准，屢次上書，始終無法得到親王允許。他於是在王府附近租了間屋子住下，匾額上書「尋親」二字，門上貼著一副對聯，寫著「萬里尋親歷百艱而無悔」「一朝見母縱九死以何辭」。他獨居在內，虔誠地念誦《觀世音經》。

如此大約過了一個月光景，一天恰好親王從他門前經過，看見匾額對聯，不覺驚異地說：「想不到吳璋這個人，倒算得上是個孝子。」便召他相見，問明一切。

吳璋便將路上的事原原本本敘述了一番，親王聽了也為之感動，便依了他的請求，命陸氏相見，准吳璋奉母回籍，又贈給他不少盤纏路費。

母子倆心知，吳璋全靠菩薩的一路救護、指點，他們才能有今大。所以母子倆決定先買船前往南海朝拜，然後再回原籍。後來吳家子孫繁榮，也算是純孝之報，我算一言表過。

正當他母子去朝南海之時，觀音菩薩正化身為一個漁民，在粵海之濱，結那不空釣羈索、萬法紫金光明鉤，釣取海中一個怪物，替那裡的百姓除害呢！

# 40 回歸南海

菩薩一路回到南海普陀洛伽山，自有善財童子、龍女出來迎接。菩薩便將金鼇放入白蓮池中，教牠悔過修心，自己則走入紫竹林，高坐蓮台，享受清福。

　　菩薩自從解救吳璋受毒蛇咬足之難後，就一路雲遊來到粵海之濱，見這裡蠻夷交雜，風俗遠比不上蘇杭等地，塵劫也較深重。蠻煙嵐嶂固然厲害，但最近海中出的一件怪物才是民間大害。

　　觀音菩薩暗想：雖然塵劫早已注定，解度不開，但只要能行方便總要給他們些方便。那海中怪物，我不替他們除了，還有誰能除掉牠呢？於是菩薩便化身為一個漁民，來到海濱，準備寶索金鉤，去擒那怪物。你知道那怪物是怎樣的一種東西嗎？且聽我細細說來。

　　那東西似魚非魚，似龜非龜，頭生得如龍頭，卻沒有龍鬚；身上披著一層堅厚甲殼，與龜相似；身體的長度卻比龜要大上兩倍；頭頸完全像龜，尾巴卻像大魚，也長著四腳，趾間有厚皮相連，用來做划水的工具；通體深褐色，略現出金色光采，體長一丈六、七尺，形狀極為恐怖。

　　這東西平常藏匿水底，覓食便浮出水面，如同一隻小船且行動極快。最奇怪的，牠不僅能在水中活動，還能上岸行走，憑著一副鋒利的牙齒和堅厚的甲殼，什麼都不怕。牠最喜歡的食物就是豬羊牛犬之類的家畜，尤其喜歡吃人。牠力大無比，海船遇見牠，無論船身有多大，只消牠用背一掀，不是打個大窟窿沉下去，就是翻身打滾，絕無倖免。上岸時，即便是農家最大的水牛，被牠一口咬住，拖著走時，強也強不得一下。其餘的畜類遇到牠，自然更不消說了。

　　粵海中本來沒有這怪物，是在前一年的夏季，不知從哪裡闖入粵海來的。開始還不過為害漁船海舶，大家已經受夠牠的牽累，商人視為畏途，漁民絕了生計。於是，近海的漁民都在商議捕捉辦法，屢次用大網滾鉤與牠火拚，不但無法捕獲怪物，反而死傷累累。這一來，反激怒了那怪物，牠本來只在水中狩獵，並不上岸為害；火拚之後，牠索性闖到陸地上來橫行霸道，見了人畜便肆意攻擊。有時深夜還撞破牆垣，到屋裡捉人充飢，人家在睡夢之中，如何防得住？即使以火銃鳥槍去打，也對牠毫無作用。附近的村落百姓，受不了怪物侵擾，都遷到內地去住了。

　　這時恰好菩薩住進這裡，知道金鼇在此為害，所以大發慈悲，為民除害。當下，菩薩就在海濱尋了一座空屋藏身，找了十萬八千根天蠶絲，編成一條

觀音菩薩的故事：回歸南海

羈索，又取寶瓶中的楊柳枝，削成九個倒刺鉤兒，串連在羈索的一頭。然後取來海濱沙土，堆捏成一個人形，將九個倒刺鉤兒深深埋在泥人的肚子裡。

菩薩做這幾件東西倒也費了不少時日。附近百姓之中有幾個膽大的人，時常到海邊打探，看見菩薩這般舉動不免要問。菩薩便將捕捉金鰲的事告訴他們。大家聽了，都有點不信，認為那隻連火銃都不怕的怪物，難道這幾件微小的物件就能制服牠嗎？

菩薩做好那幾件東西後，等了幾天。有一天傍晚，蟄伏在海底的金鰲，連日捕捉魚蝦充饑，吃得膩煩了，就到海面上張望，又不見船舶經過，一想還是到陸地上去尋找，或許有些人畜可食。牠便湧著波浪，直向海濱而來。

那時，恰有百十來人聚在海濱與菩薩講話，一聽那波浪的聲音不對，都嚷著：「怪物來了，怪物來了！」果見波掀浪湧，壁立數仞。菩薩便右手抓著羈索的一頭，左手提著泥人，喝退眾人，自己迎了上去。

**玉印觀音** 大足石刻雕塑／唐代／四川重慶

大印，在中國是政治權力的象徵。妙善公主出家之前，也算是半個政治人物（皇室成員），所以有「玉印觀音」這種形制。這種觀音像存世不多，大都神態嚴肅，嘴唇呈方形，盤腿跏趺於金剛座上。此雕塑存於大足石刻的轉輪經藏窟，神態大方，端正無私，與權印的意義互相協調，技法精湛。

金鼇到了岸邊,便冒出水面來,一見菩薩又沉到水面下。只聽見一陣呼呼吸水的聲音,水面現出了一個大漩渦。牠吸足了一口水,重新冒出水面,昂著頭伸著脖子,把嘴一張,只見一道水柱像遊龍般衝著菩薩射過來。菩薩站立不動,那股水打在身上,水花四散飛濺,如同下起一陣傾盆大雨,濺得那班圍觀百姓個個渾身濕透。眾人都暗暗替菩薩擔心,可是看到他那副安閒鎮靜的樣子,又覺得他好像十分有把握,急著看他如何捕捉。

金鼇噴射那股水,足足費了抽完一袋旱煙的工夫,方才射完。牠見這股水沒將菩薩打倒也十分驚異,接著忿怒起來,大叫一聲,張牙舞爪,直向菩薩迎面撲來。

菩薩等牠到了跟前,喝道:「孽畜休得無禮,連我也認不得了嗎?今天賞你一個人吃吃。」說完將手中的泥人迎頭摔去。

那金鼇一見有人吃,便張開血盆大口,「啪!」的一聲,囫圇吞下,接著還想撲菩薩。不料,那泥人一入牠腹中,立刻融化開了,羈索上九個倒刺楊枝鉤,生生地綁在牠一顆心四周,纏得緊緊的,無從擺脫。牠往菩薩身上撲時,只見菩薩將手中羈索輕輕一扯,那金鼇就狂叫起來,不住地在沙灘上打滾,失卻了以往的威猛勢頭。

**象牙送子觀音**
雕塑(無名氏)/明代

象牙的裂紋細膩優美,好像是專為觀音製作的衣紋。觀音被雕刻得好像一名普通中年婦女,但圓潤有神。象牙由磷酸鈣和有機體組成,在氣溫懸殊不定、乾燥或冷熱無常的情況下,很容易龜裂。不過,此種風化毀壞卻反而增加了藝術品本身的古樸美。在明朝的象牙觀音像中,最多的要數送子觀音,由於祂迎合了多子多孫的中國傳統,所以受到所有富貴家庭的歡迎。

### 觀世音真經
紙馬（無名氏）／近代／廣東佛山出品

紙馬是中國民間的喪葬用品，廣東佛山自宋朝起就有各種「祿馬」印刷品。人們用它來祭奠亡靈，也祈求吉利。1949年之後為破除迷信，紙馬藝術幾乎消失殆盡。到了文革期間，由於冤假錯案普遍增多，又有人開始漸漸復活它的功能，這幅《觀世音真經》就是當時的作品，因此全為紅色。觀音造型簡樸，左邊刻有《大悲咒》，是那個年代人們崇拜觀音的寫照。

菩薩接著說：「孽畜在人間時日已久，不知殘害了多少生靈，照理應受天誅。如今我本著慈悲的意旨，度你到南海修行，也好懺除罪孽。你願意也不願意？」

說著鬆了手中羈索，那金鼇畢竟有些通靈，聽了這話，伏在沙灘之上，眼望著菩薩，一動也不敢動，好像表示滿意一樣。那一班人看了都覺詫異，暗想：怎麼如此一根羈索，就能制服這麼一個巨大怪物？

但是天下事事理都一樣，且瞧一頭絕大的牛只因鼻子穿了一根繩，就是幾歲小兒也能呼叱牠，俯首貼耳，一強也不敢強；要是去了這根穿鼻繩，那可對不起，不要說是小兒，就是大人牠也不買你的帳。這就叫一物降一物。何況那金鼇被菩薩的楊枝鉤綁住了心，自然再也發不了威。

菩薩收了金鼇，便向眾人作別：「我替你們將怪物捉了，你們都能重歸故土、安居樂業了。現在我要回南海去，不能在此久留。傳語給世人，要他們多行善事，少種惡因，虔誠信佛，自有你們的好處。」說罷便跳到金鼇背上，現出莊嚴寶相，只見那隻金鼇奮開四足，轉身入海，浮在水面，一路往南游去。

眾人這時才終於恍然大悟，知道是觀音菩薩顯靈，無不倒身下拜，謝過除怪大恩。以前遷移離開的百姓，都搬了回來，重新開始生活。因為感激菩薩的大恩，大家集資建了一座觀音禪院，塑造菩薩踏金鼇的法像，虔誠供奉不在話下。

再說菩薩一路回到南海普陀洛伽山，自有善財童子、龍女出來迎接。菩薩便將金鼇放入白蓮池中，教牠悔過修心，自己則走入紫竹林，高坐蓮台，享受清福。我書寫到這裡，也就此結束，所有餘事不再詳敘了。菩薩的事跡本來

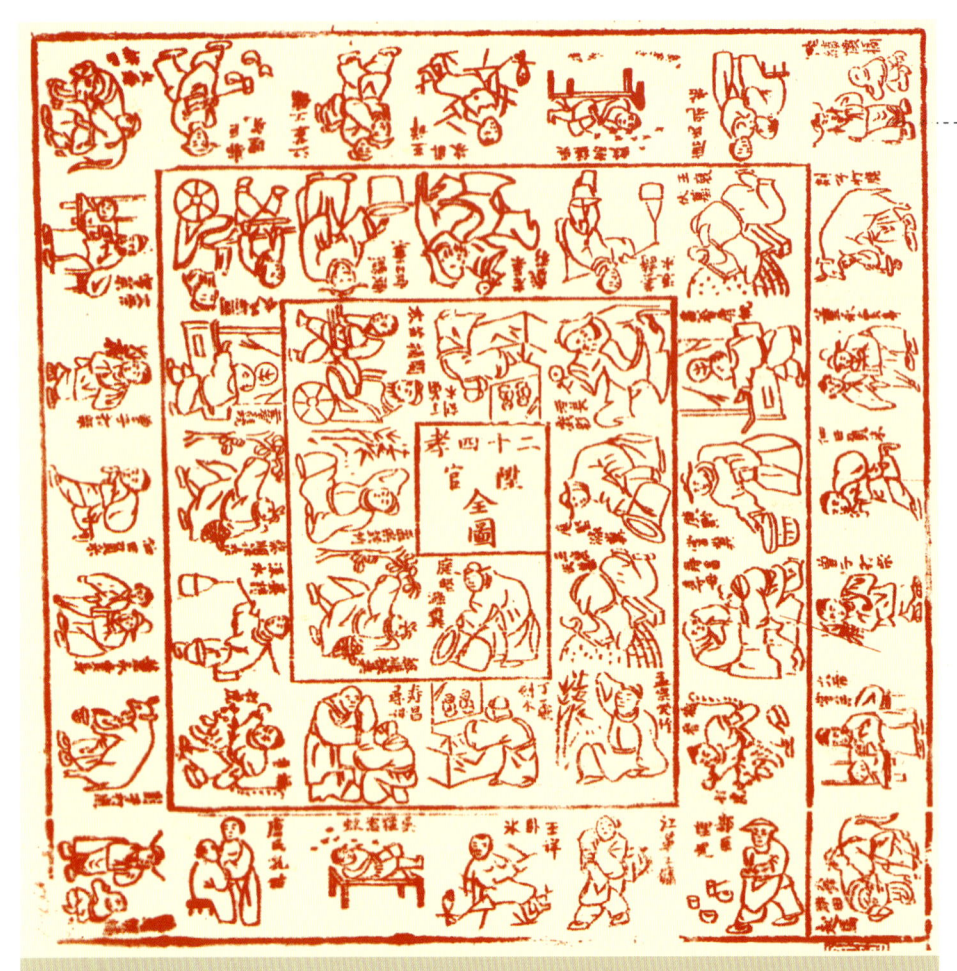

**二十四孝圖** 朱線版印年畫（無名氏）/ 清代

二十四孝的故事成形於元朝。蒙古王朝為中國古老的儒家傳統帶來了巨大衝擊，中國社會世風日下。有鑒於此，文人郭守正收集了古代的一些孝子故事，編輯出版，結果引起轟動，其中包括哲學家曾子、漢文帝、文學家黃庭堅，以及傳說中的人物董永、楊香、郭巨等人的故事。妙善公主的傳說也在宋末元初成形，並十分強調她斷手挖眼，對父親盡孝，以此詮釋千手的由來。這正是受儒家孝道觀念影響的典型文化現象。

很多很多，大有記不勝記的感慨。除了經卷，還有《觀音靈感錄》、《普陀天竺各志高僧傳》等等，都記述了菩薩的很多事跡。有了這些書，我更不必抄襲陳篇，納入本書了。

觀音菩薩赤腳入中原，前後一共現化了三十三尊寶相，其間男女身都有，所以現在各處廟宇所供的觀音菩薩法像，也各不相同。這最後一尊法像，大家都稱之為「鼇頭觀音」，寺院中往往塑在三世諸佛的後壁，這倒是各地都相同的做法。

觀音菩薩的故事：回歸南海

**觀音美神** 壁畫／唐代／敦煌第57窟
這幅敦煌壁畫中的觀音體態婀娜、肌膚細膩、長目修眉、唇紅鼻直，是典型中國美人形象。

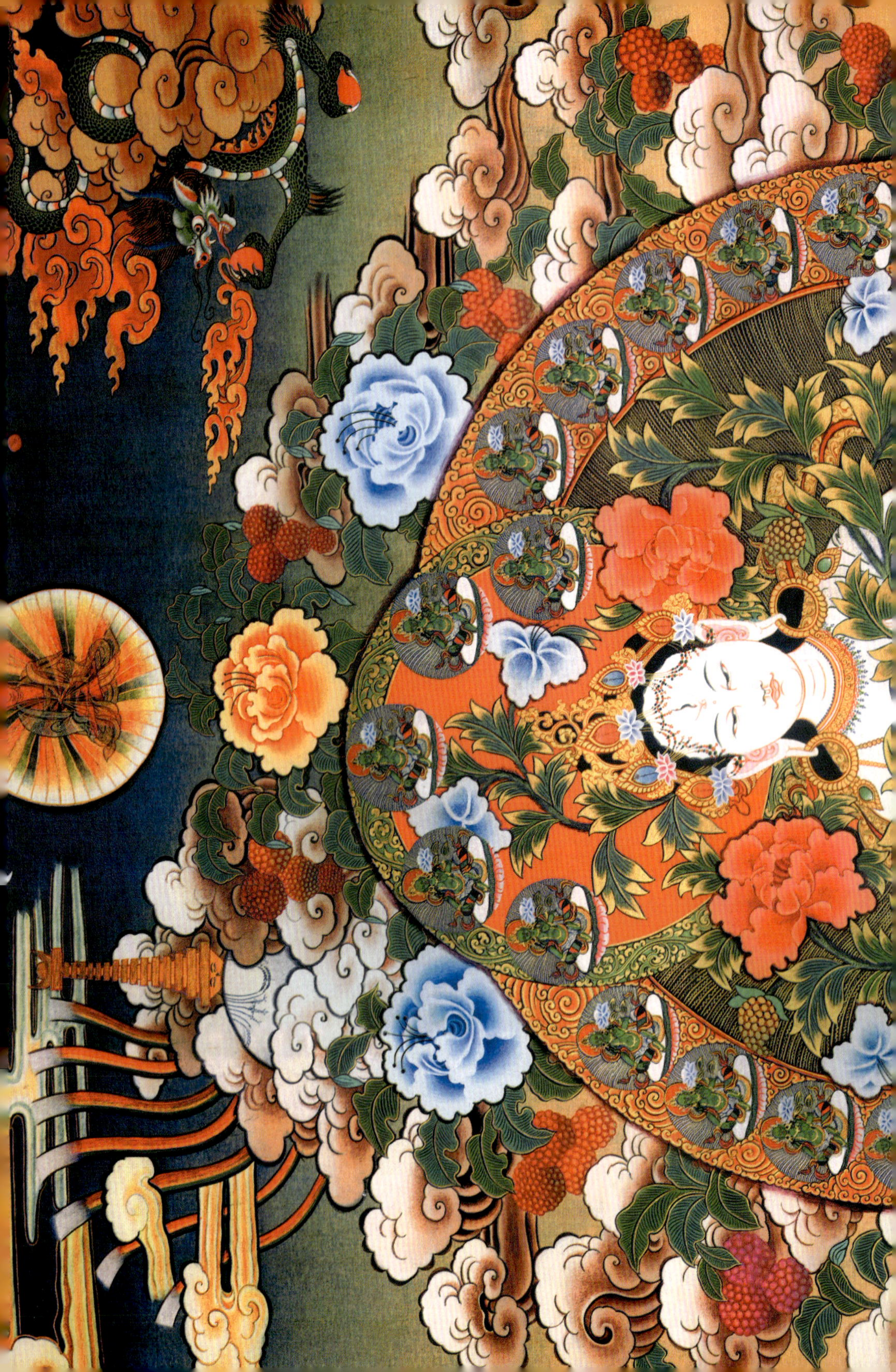

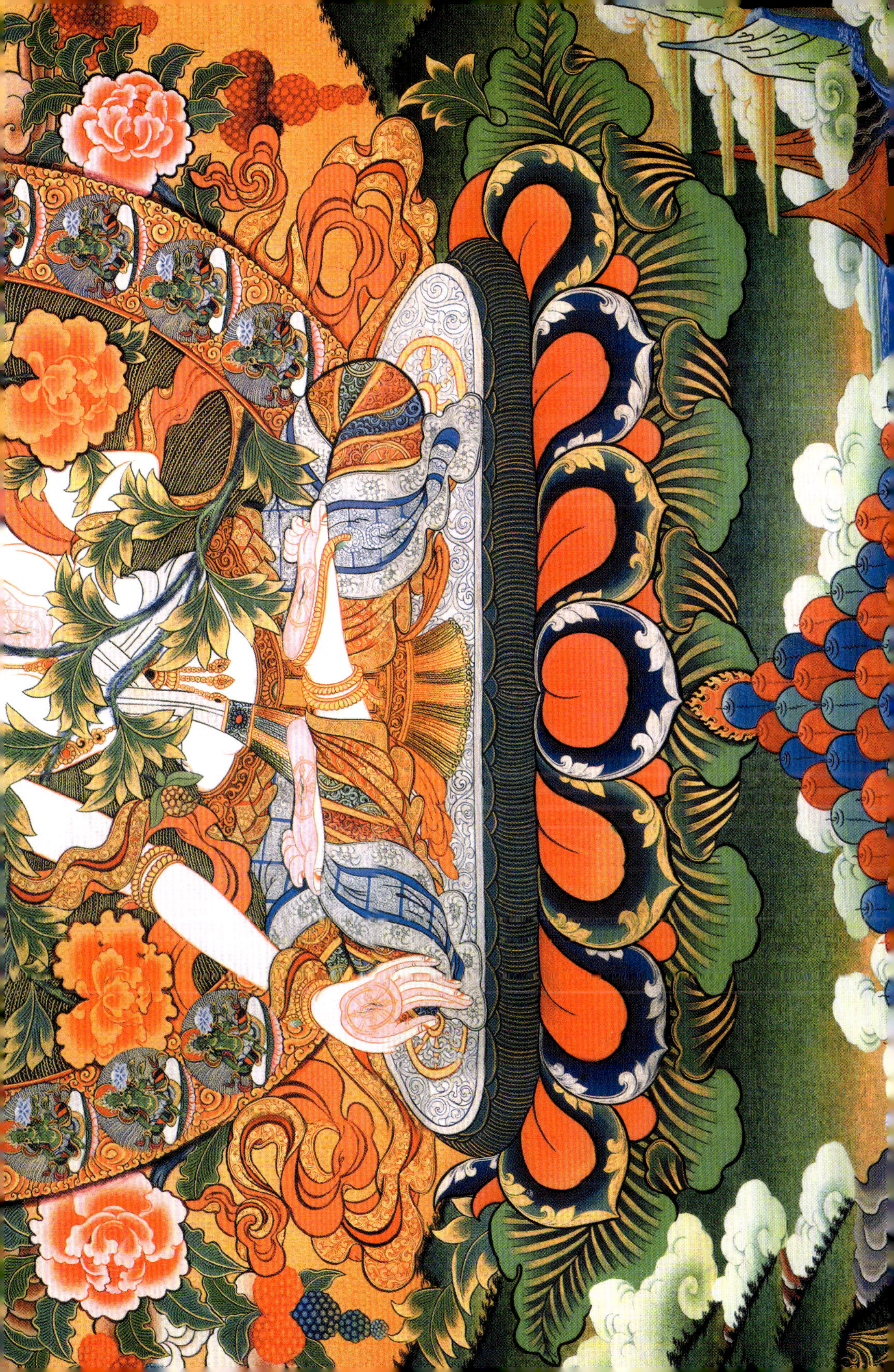

# 《法華經》〈普門品〉

佛經中，有關觀音菩薩的經典最流行的莫過於經中之王——《法華經》〈觀世音菩薩普門品〉。裡頭敘述了觀音菩薩大慈大悲、普度眾生的功德和能力，所以這一品為人們廣泛傳抄，單獨流行，又稱《觀世音經》。

## 觀世音菩薩普門品
### 後秦・鳩摩羅什／譯

爾時，無盡意菩薩即從座起，偏袒右肩，合掌向佛而作是言：「世尊，觀世音菩薩以何因緣，名觀世音？」佛告無盡意菩薩：「善男子，若有無量百千萬億眾生受諸苦惱，聞是觀世音菩薩，一心稱名，觀世音菩薩即時觀其音聲，皆得解脫。若有持是觀世音菩薩名者，設入大火，火不能燒，由是菩薩威神力故；若為大水所漂，稱其名號，即得淺處。若有百千萬億眾生，為求金銀、琉璃、硨磲、瑪瑙、珊瑚、琥珀、真珠等寶，入於大海，假使黑風吹其船舫，飄墮羅剎鬼國，其中若有乃至一人稱觀世音菩薩名者，是諸人等皆得解脫羅剎之難，以是因緣，名觀世音。

「若復有人臨當被害，稱觀世音菩薩名者，彼所執刀杖尋段段壞，而得解脫。若三千大千國土，滿中夜叉羅剎，欲來惱人，聞其稱觀世音菩薩名者，是諸惡鬼尚不能以惡眼視之，況復加害。設復有人，若有罪、若無罪，杻械、枷鎖檢繫其身，稱觀世音菩薩名者，皆悉斷壞，即得解脫。若三千大千國土，滿中怨賊，有一商主將諸商人，齎持重寶，經過險路，其中一人作是唱言：『諸善男子，勿得恐怖，汝等應當一心稱觀世音菩薩名號，是菩薩能以無畏施於眾生。汝等若稱名者，於此怨賊當得解脫。』眾商人聞，俱發聲言：『南無觀世音菩薩！』稱其名故，即得解脫。

「無盡意，觀世音菩薩摩訶薩威神之力，巍巍如是。若有眾生多於淫欲，常念恭敬觀世音菩薩，便得離欲。若多瞋恚，常念恭敬觀世音菩薩，便得離瞋。若多愚癡，常念恭敬觀世音菩薩，便得離癡。無盡意，觀世音菩薩有如是等大威神力，多所饒益，是故眾生常應心念。若有女人設欲求男，禮拜供養觀世音菩薩，便生福德智慧之男；設欲求女，便生端正有相之女，宿植德本，眾人愛敬。無盡意，觀世音菩薩有如是力，若有眾生恭敬禮拜觀世音菩薩，福不唐捐，是故眾生皆應受持觀世音菩薩名號。

「無盡意，若有人受持六十二億恆河沙菩薩名字，復盡形供養飲食、衣服、臥具、醫藥，於汝意云何？是善男子、善女人功德多不？」

無盡意言：「甚多，世尊。」佛言：「若復有人受持觀世音菩薩名號，乃至一時禮拜供養，是二人福正等無異，於百千萬億劫不可窮盡。無盡意，受持觀世音菩薩名號，得如是無量無邊福德之利。」

無盡意菩薩白佛言：「世尊，觀世音菩薩云何遊此娑婆世界？云何而為眾生說法？方便之力，其事云何？」佛告無盡意菩薩：「善男子，若有國土眾生應以佛身得度者，觀世音菩薩即現佛身而為說法。應以辟支佛身得度者，即現辟支佛身而為說法。應以聲聞身得度者，即現聲聞身而為說法。應以梵王身得度者，即現梵王身而為說法。應以帝釋身得度者，即現帝釋身而為說法。應以自在天身得度者，即現自在天身而為說法。應以大自在天身得度者，即現大自在天身而為說法。應以天大將軍身得度者，即現天大將軍身而為說法。應以毘沙門身得度者，即現毘沙門身而為說法。應以小王身得度者，即現小王身而為說法。應以長者身得度者，即現長者身而為說法。應以居士身得度者，即現居士身而為說法。應以宰官身得度者，即現宰官身而為說法。應以婆羅門身得度者，即現婆羅門身而為說法。應以比丘、比丘尼、優婆塞、優婆夷身得度者，即現比丘、比丘尼、優婆塞、優婆夷身而為說法。應以長者、居士、宰官、婆羅門婦女身得度者，即現婦女身而為說法。應以童男、童女身得度者，即現童男、童女身而為說法。應以天、龍、夜叉、乾闥婆、阿修羅、迦樓羅、緊那羅、摩睺羅伽、人非人等身得度者，即皆現之而為說法。應以執金剛神得度者，即現執金剛神而為說法。

「無盡意，是觀世音菩薩成就如是功德，以種種形，遊諸國土，度脫眾生，是故汝等應當一心供養觀世音菩薩。是觀世音菩薩摩訶薩於怖畏急難之中，能施無畏，是故此娑婆世界皆號之為施無畏者。」

無盡意菩薩白佛言：「世尊，我今當供養觀世音菩薩。」即解頸眾寶珠瓔珞，價值百千兩金，而以與之，作是言：「仁者，受此法施珍寶瓔珞。」時觀世音菩薩不肯受之。無盡意復白觀世音菩薩言：「仁者，愍我等故，受此瓔珞。」

爾時，佛告觀世音菩薩：「當愍此無盡意菩薩及四眾，天、龍、夜叉、乾闥婆、阿修羅、迦樓羅、緊那羅、摩睺羅伽、人非人等故，受是瓔珞。」即時，觀世音菩薩愍諸四眾及於天、龍、人非人等，受其瓔珞，分作二分，一分奉釋迦牟尼佛，一分奉多寶佛塔。「無盡意，觀世音菩薩有如是自在神力，遊於娑婆世界。」

爾時，無盡意菩薩以偈問曰：

世尊妙相具　我今重問彼　佛子何因緣　名爲觀世音
具足妙相尊　偈答無盡意　汝聽觀音行　善應諸方所
弘誓深如海　歷劫不思議　侍多千億佛　發大清淨願
我爲汝略說　聞名及見身　心念不空過　能滅諸有苦
假使興害意　推落大火坑　念彼觀音力　火坑變成池
或漂流巨海　龍魚諸鬼難　念彼觀音力　波浪不能沒
或在須彌峰　爲人所推墮　念彼觀音力　如日虛空住
或被惡人逐　墮落金剛山　念彼觀音力　不能損一毛
或值怨賊繞　各執刀加害　念彼觀音力　咸即起慈心
或遭王難苦　臨刑欲壽終　念彼觀音力　刀尋段段壞
或囚禁枷鎖　手足被杻械　念彼觀音力　釋然得解脫
咒詛諸毒藥　所欲害身者　念彼觀音力　還著於本人
或遇惡羅刹　毒龍諸鬼等　念彼觀音力　時悉不敢害
若惡獸圍繞　利牙爪可怖　念彼觀音力　疾走無邊方
蚖蛇及蝮蠍　氣毒煙火然　念彼觀音力　尋聲自迴去
雲雷鼓掣電　降雹澍大雨　念彼觀音力　應時得消散
眾生被困厄　無量苦逼身　觀音妙智力　能救世間苦
具足神通力　廣修智方便　十方諸國土　無刹不現身
種種諸惡趣　地獄鬼畜生　生老病死苦　以漸悉令滅
眞觀清淨觀　廣大智慧觀　悲觀及慈觀　常願常瞻仰
無垢清淨光　慧日破諸闇　能伏災風火　普明照世間
悲體戒雷震　慈意妙大雲　澍甘露法雨　滅除煩惱焰
諍訟經官處　怖畏軍陣中　念彼觀音力　眾怨悉退散
妙音觀世音　梵音海潮音　勝彼世間音　是故須常念
念念勿生疑　觀世音淨聖　於苦惱死厄　能爲作依怙
具一切功德　慈眼視眾生　福聚海無量　是故應頂禮

爾時，持地菩薩即從座起，前白佛言：「世尊，若有眾生聞是觀世音菩薩品自在之業，普門示現神通力者，當知是人功德不少。」佛說是普門品時，眾中八萬四千眾生，皆發無等等阿耨多羅三藐三菩提心。

216

# 《心經》

《心經》即《般若波羅蜜多心經》，經文相當簡練，僅兩百六十字。全經前後均昭示般若能度一切苦厄，以慧益、度脫一切眾生為歸依，顯示了大乘佛法的根本，已經成為佛道中人千餘年來人生哲學的圭臬。

唐·玄奘／譯

觀自在菩薩，行深般若波羅蜜多時，照見五蘊皆空，度一切苦厄。

舍利子，色不異空，空不異色，色即是空，空即是色。受想行識，亦復如是。

舍利子，是諸法空相，不生不滅，不垢不淨，不增不減。是故空中無色，無受想行識，無眼耳鼻舌身意，無色聲香味觸法。無眼界，乃至無意識界，無無明，亦無無明盡；乃至無老死，亦無老死盡。無苦集滅道，無智亦無得，以無所得故。

菩提薩埵，依般若波羅蜜多故，心無罣礙，無罣礙故，無有恐怖，遠離顛倒夢想，究竟涅槃。

三世諸佛，依般若波羅蜜多故，得阿耨多羅三藐三菩提。

故知般若波羅蜜多，是大神咒，是大明咒，是無上咒，是無等等咒，能除一切苦，真實不虛。

故說般若波羅蜜多咒，即說咒曰：揭諦揭諦，波羅揭諦，波羅僧揭諦，菩提薩婆訶。

## 觀音菩薩相關節日與齋期

- **觀音菩薩誕生日**：二月十九日
- **觀音菩薩成道日**：六月十九日
- **觀音菩薩出家日**：九月十九日
- **燃香禮佛日**：每月初一日、十五日正月初八日、二月初五日、二月初七日、三月初三日、三月初六日、三月十三日、四月二十二日、五月初三日、五月十七日，六月十六日、六月十八日、六月二十三日、十月初二日、十一月十九日、十一月二十四日、十二月二十五日。
- **十齋期**：每月初一日、初八日、十四日、十五日、十八日、二十三日、二十四日、二十八日、二十九日、三十日（月小二十七日起）。
- **六齋期**：每月初八日、十四日、十五日、二十三日、二十九日、三十日（月小二十八日起）。
- **花齋期**：每月初一日、十五日。

## 觀音菩薩以五觀化度眾生

- **真觀**：即契入實相，擺脫虛妄觀念和名相，進入真如。
- **清淨觀**：當觀念和矛盾消融之後，我們就擁有了清淨無妄的心境。
- **廣大智慧觀**：即般若波羅蜜，體證到「空」和「互即互入」的本性。
- **悲觀**：即了知眾生的痛苦，並尋求使眾生從痛苦中解脫的方法。
- **慈觀**：深入觀察眾生，知道做什麼能夠帶給眾生幸福，就去做什麼。

# 觀音菩薩三十三種化身

01. **楊柳觀音**

02. **龍頭觀音**：是為三十三身觀音內天龍身。

03. **持經觀音**：是為三十三身觀音內聲聞身。

04. **圓光觀音**：在圓光中現出色身，可使人免災消禍。

05. **遊戲觀音**：乘五彩雲，左手安放於偏臍處，做遊戲法界狀。

06. **白衣觀音**：是三十三身觀音內的比丘、比丘尼身。

07. **臥蓮觀音**：合掌坐於池中的蓮花座上，是三十三身觀音內的小王身。

08. **瀧見觀音**：倚身於斷崖上觀瀑布的姿勢。

09. **施樂／藥觀音**：右手撐頰，倚於膝上。

10. **魚籃觀音**：其像乘於大魚背上，一手提盛有大魚之籃，謂可排除羅剎、惡龍等障礙，民間稱「馬郎婦觀音」，表明觀音在中國的民俗化、民族化。

11. **德王觀音**：右手持綠葉一枝，趺坐於岩石上，是三十三觀音的梵王身。

12. **水月觀音**：為三十三身的辟支佛身。

13. **一葉觀音**：乘一葉蓮花漂於水上，是三十三身內的宰官身。

14. **青頸觀音**：坐於斷岩上，右膝立起，左手扶岩壁，是三十三身內的佛身。

15. **威德觀音**：左手持蓮花在岩上觀水的姿勢，是三十三身內的天大將軍身。

16. **延命觀音**：右手掌頰，倚於水邊岩上，此為〈普門品〉中「咒詛諸毒藥」的象徵，能除此諸害而得命。

17. **眾寶觀音**：右手著地，左手置於立者的膝上，是三十三身內的長者身。

18. **岩戶觀音**：坐於岩窟內欣賞水面，是〈普門品〉中「蚖蛇及蝮蠍」一句的象徵。

19. **能淨觀音**：佇立海邊岩石上，做靜寂相，是〈普門品〉中「假使黑風吹」一句的象徵。

20. **阿耨觀音**：左膝倚於岩上，兩手相交眺望海景，可避海上遭遇龍魚諸鬼大難之險，〈普門品〉中有「龍魚諸鬼難」一句。

21. **阿摩提觀音**：三目四臂，白肉色，乘白獅，身有光陷，天衣瓔珞，左膝倚於岩上，兩手置於膝上，是三十三身中的毘沙門身。

22. **葉衣觀音**：身披千葉衣，頭戴玉冠，冠上有無量壽佛像，四臂，右第一手持吉祥果，左第一手持鉞斧，第三手持羂索，是三十三身中的帝釋身。

23. **琉璃觀音**：又名「香王觀音」，乘一片蓮花，輕浮水面，雙手捧香爐，是三十三身中的自在天身。

24. **多尊羅觀音**：做直立乘雲的姿勢，是〈普門品〉中「或值怨賊繞」一句的象徵。

25. **蛤蜊觀音**：出現在蛤蜊貝殼中，是三十三身內的菩薩身。

26. **六時觀音**：右手持梵夾的立像，是三十三身中的居士身。

27. **普照觀音**：雙手披衣，立於山嶽之上，是三十三身中的大自在天身。

28. **馬郎婦觀音**：即「魚籃觀音」，身披天衣，兩手垂立，是為三十三身內的婦女身。

29. **合掌觀音**：合掌立於蓮花台上，是三十三身內的婆羅門身。

30. **一如觀音**：坐於雲中蓮花座上，左立膝，是〈普門品〉中「雲雷鼓掣電」一句的象徵。

31. **不二觀音**：兩手垂直，乘一片荷葉，浮於水面，是為三十三身中的執金剛神身。

32. **持蓮花觀音**：乘坐荷葉，兩手執蓮莖的姿勢，是為三十三身中的執金剛神身。

33. **灑水觀音**：右手執灑杖，左手執灑水器，做灑水相，是〈普門品〉中「若為大水」一句的象徵。

# 佛門密宗六觀音／十五觀音

## 六觀音

**01.千手千眼觀音**：即「大悲觀音」。

**02.馬頭觀音**：即「馬頭明王」。馬頭觀音頭頂原為馬形，形象憤怒威猛。馬頭觀音，稱「獅子無畏觀音」，此觀音專門懲治惡人，行療眾生，息天災地變。

**03.十一面觀音**：又名「大光普照觀音」，密號「慈愍金剛」。有多種不同形面，一種為前三面作菩薩面，左三作面，左三面似菩薩面，狗牙上出，後一面作大笑，頂上一面作佛面，面部都向前。另一種說法，其一面為目瞋面，化惡有情；其二為慈面，化善有情；三為寂面，化導出世淨業。這三面教化三界便有九面。九面上有一暴笑面，表示教化事業需要極大的威嚴和極大意樂方能成就，最上有一佛面，表示以上一切總為成佛的方便。另外還有一說，即象徵觀音修完了十個階位，功行圓滿達到十一地。

**04.准提觀音**：也稱「準胝觀音」「七俱胝佛母准提」「天人丈夫觀音」等等。准提，意為潔淨，指此觀音心性潔淨。

**05.如意輪觀音**：亦名為「大梵深遠觀音」，因手分別持寶珠和輪寶，故名如意輪，密號「持寶金剛」。如意輪觀音戴莊嚴冠，冠有阿彌陀佛。觀音有六臂，右第一手做思維相，第二手持如意寶，第三手執念珠，左邊第一按明山，第二手持蓮花，第三手持寶輪，六臂表示能以大悲心解除六道眾生的各種苦惱。

**06.天台宗六觀音**：大悲觀音、大慈觀音、獅子無畏觀音、大光普照觀音、天人丈夫觀音、大梵深遠觀音。大悲即千手觀音、大慈即聖觀音、獅子無畏即馬頭觀音、大光普照即十一觀音、天人丈夫即准提觀音、大梵深遠即如意輪觀音。

## 十五觀音

**07.不空羂索觀音**：梵名為「阿车伽皤賒」，以手持不空羂索而得名，象徵此菩薩以從不落空之羂索，普度眾生。

**08.白衣觀音**：又名「白處觀音」。白衣觀音身著白衣，處白蓮花中，手執白蓮花。中國民間稱白衣觀音為「白衣大士」。

**09.葉衣觀音**：葉衣觀音身披樹葉，名柔和忍辱衣，做天女形，頭戴寶冠，有四臂。

**10.水月觀音**：水月觀音一般都以一輪圓月為背景，觀音結跏趺坐於岩石的蓮花座上。而岩石往往聳立於一池碧波之中，上有月下有水，月照人，水映月，而美麗的觀音在其中，給人一種空靈靜謐的美感。

11. **楊柳觀音**：楊柳觀音以手持楊柳枝為特徵。

12. **阿摩齒來觀音**：又稱為「阿摩提觀音」，意譯為「無畏觀音」（即馬頭觀音）。

13. **多羅觀音**：多羅，意為眼或做瞳子，是從觀音眼中所生。《曼殊師利經》稱此觀音為「一切之慈母，天人藥叉無一非子者，故號世間母。」多羅觀音，合掌持青蓮，為一名端莊的婦女。

14. **青頸觀音**：又稱「青頭觀音」，往往坐在斷崖上，左手撫岩，右手撫膝，誦此觀音，臨危不懼。

15. **香王觀音**：右臂下垂，五指皆伸，左臂屈肘，手當左胸，拈青蓮花。

國家圖書館出版品預行編目資料

觀音菩薩的故事【新裝珍藏版】／清・曼陀羅室主人著
——四版.——臺中市：好讀出版有限公司,2025.8
面：　　公分，——（新視界；6）

ISBN 978-986-178-760-2（平裝）

1.觀世音菩薩　　2.通俗作品

229.2　　　　　　　　　　　　　　　114008376

好讀出版

新視界　6

## 觀音菩薩的故事【新裝珍藏版】

作　　者／清・曼陀羅室主人
總 編 輯／鄧茵茵
文字編輯／簡綺淇、鄧語葶
美術編輯／許志忠

發 行 所／好讀出版有限公司
　　　　　台中市407西屯區工業30路1號
　　　　　台中市407西屯區大有街13號（編輯部）
TEL:04-23157795 FAX:04-23144188　http://howdo.morningstar.com.tw
（如對本書編輯或內容有意見，請來電或上網告訴我們）

填寫讀者回函
好讀新書資訊

讀者服務專線／ TEL：02-23672044 / 04-23595819#212
讀者傳真專線／ FAX：02-23635741 / 04-23595493
讀者專用信箱／ E-mail：service@morningstar.com.tw
網路書店／ http：//www.morningstar.com.tw
郵政劃撥／ 15060393（知己圖書股份有限公司）
印刷／上好印刷股份有限公司
如有破損或裝訂錯誤，請寄回知己圖書更換

四版／西元 2025 年 8 月 15 日
定價／350元

本書圖片及圖說為北京紫圖圖書有限公司所有，並授權臺灣晨星事業群在台灣發行中文繁體字版
未經北京紫圖圖書有限公司事先書面許可，不得進行複製和轉載
E-mail:right@readroad.com　　http://www.readroad.com

Published by How Do Publishing Co. ,LTD.
2025 Printed in Taiwan
All rights reserved.
ISBN 978-986-178-760-2